Eberhard Rondholz
Griechenland

Eberhard Rondholz

Griechenland

Ein Länderporträt

Ch. Links Verlag, Berlin

Die Deutsche Nationalbibliothek verzeichnet diese Publikation
in der Deutschen Nationalbibliografie;
detaillierte bibliografische Daten sind im Internet über
http://www.dnb.de abrufbar.

2., durchgesehene und erweiterte Auflage, Dezember 2011
© Christoph Links Verlag GmbH, 2011
Schönhauser Allee 36, 10435 Berlin, Tel.: (030) 44 02 32-0
www.christoph-links-verlag.de; mail@christoph-links-verlag.de
Umschlaggestaltung: KahaneDesign, Berlin,
unter Verwendung eines Fotos von einem Fischer
im venezianischen Hafen von Náoussa auf der Insel Páros
(Schapowalow / Huber)
Lektorat: Günther Wessel, Berlin
Karte: Christopher Volle, Freiburg
Satz: Agentur Siegemund, Berlin
Druck und Bindung: Druckerei F. Pustet, Regensburg

ISBN 978-3-86153-630-7

Inhalt

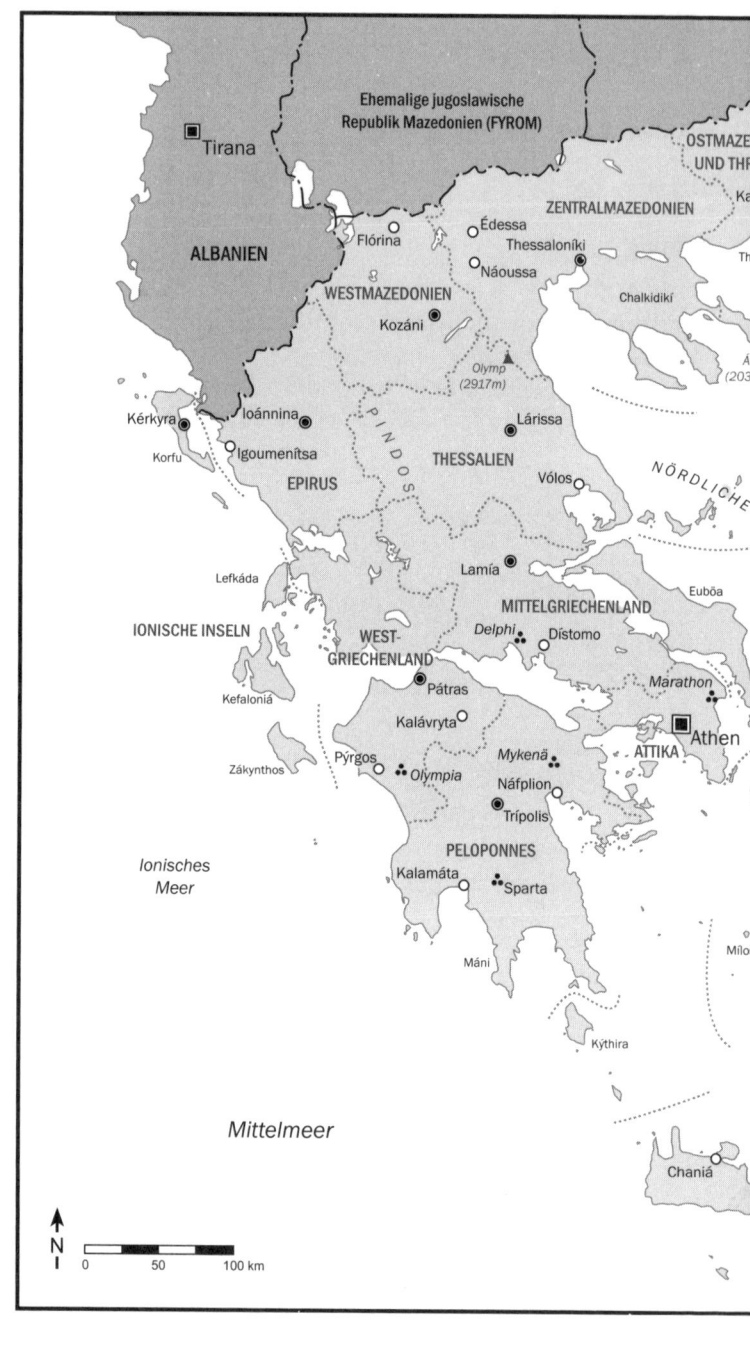

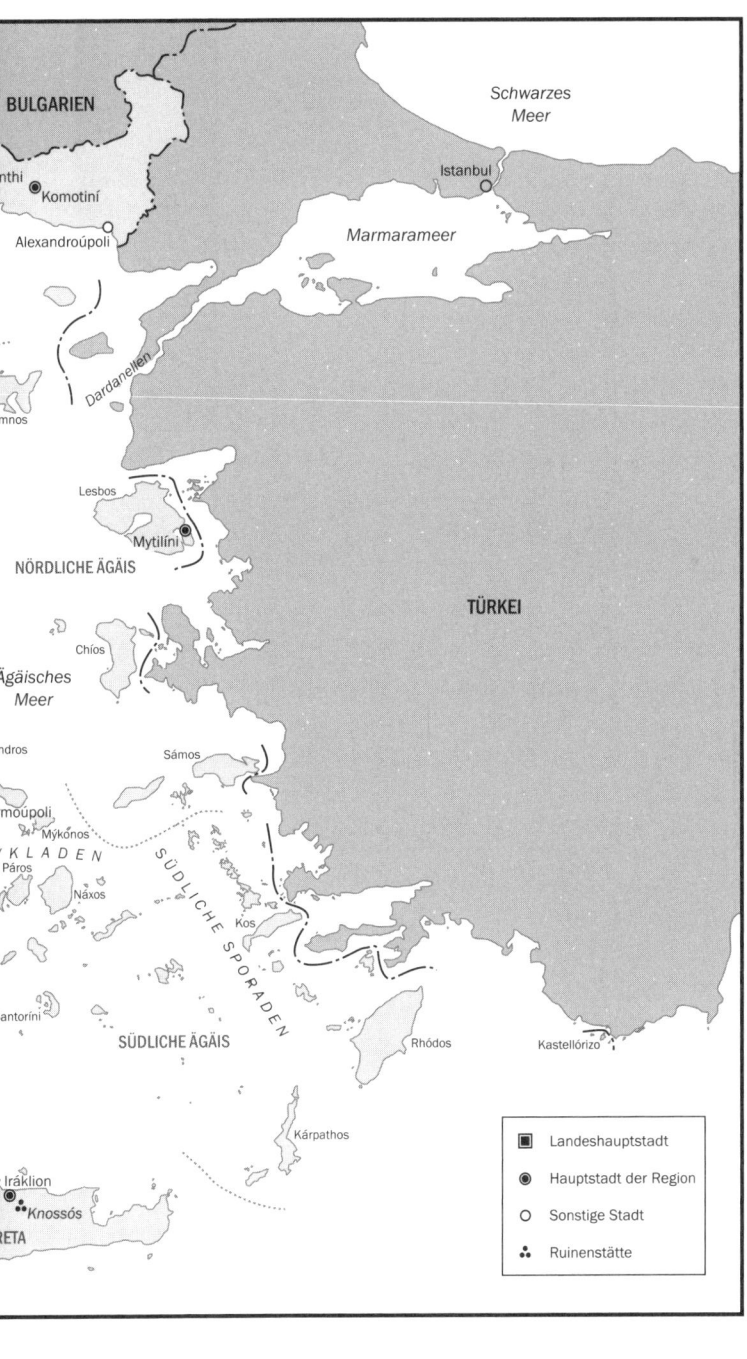

BULGARIEN

Schwarzes
Meer

nthi

Komotiní

Istanbul

Alexandroúpoli

Marmarameer

Dardanellen

mnos

Lesbos

TÜRKEI

Mytilíni

NÖRDLICHE ÄGÄIS

Chíos

Ägäisches
Meer

ndros

Sámos

moúpoli

Mýkonos

KLADEN

Páros

Náxos

SÜDLICHE SPORADEN

Kos

antorini

SÜDLICHE ÄGÄIS

Rhódos

Kastellórizo

Kárpathos

Iráklion

Knossós

RETA

■	Landeshauptstadt
◉	Hauptstadt der Region
○	Sonstige Stadt
⁂	Ruinenstätte

Einleitung

Es ist noch gar nicht so lange her, da war das Griechenlandbild des Durchschnittsdeutschen geprägt durch den Sirtáki tanzenden Urtyp Aléxis Sorbás und durch jene Hafenhure, die es im Kino Sonntags nie trieb – Melína Merkoúri wurde mit dem Film weltbekannt. Imagebildend kam der Pauschal-Urlaub auf einer der vielen griechischen Trauminseln hinzu. Bei Retsína und Souvláki konnte man in der Taverne am Meer die griechische Gastlichkeit genießen.

Mich hatte jemand anders nach Griechenland gelockt, ich war gerade mal 17 Jahre alt. Werner Helwig hieß der, und er hatte 1936 ein Buch über die wilden Dynamitfischer am Pílion geschrieben, das immer noch viel gelesene Buch heißt »Raubfischer in Hellas«. Es erzählte die Lebensgeschichte eines frühen Aussteigers aus Österreich, der die Pilioniten vergeblich zu einer schonenden Form des Fischfangs zu bekehren versuchte, und schließlich einer der ihren wurde.

Das Griechenland, das wir damals, in den späten 1950ern, kennenlernten, war faszinierend. Jede Trampfahrt dorthin war ein Stück Zivilisationsflucht. In vielen Dörfern gab es noch kein elektrisches Licht, in der Taverne am Meer musste eine (vom befreundeten LKW-Fahrer immer wieder aufgeladene) Autobatterie dem Plattenspieler für die Bouzoúki-Musik Strom geben. Das Leben war einfach, wir lernten, dass man mit einer Handvoll Oliven, Wein und Brot, ein wenig Fetakäse und ein paar Tomaten auskommen konnte, wie gut eine weiße Bohnensuppe, das griechische Nationalgericht *fassouláda*, schmecken kann, oder die gegrillten *marídes*, die kleinen Sardellen. Fleisch gab es nur an Festtagen. Und wir trafen auf die griechische Gastfreundschaft, die überwältigend war. So etwas kannten wir von zuhause nicht – dass man von wildfremden Menschen nicht nur zum Essen sondern auch zum Übernachten ins Haus eingeladen wurde. Dass wir Deutsche waren, änderte an dieser Gastfreundschaft nichts. *Filoxenía* heißt sie, *o xénios zevs* heißt der Gott der Gastfreundschaft, *se filoxenó,* sagt der Grieche, wenn er dir Gastrecht gewährt. Hätten wir gewusst, was Deutsche noch wenig mehr als ein Jahrzehnt zuvor in Griechenland angerichtet hatten, wir hätten uns richtig geschämt. Aber unsere Väter hatten uns nichts gesagt von all dem. Und wenn wir beim Trampen mit einem der damals noch raren LKWs beim Überqueren eines Flusses eine Furt benutzten statt einer Brücke, hatten wir keine Ahnung, wer diese Brücke zerstört hatte. Dass die Griechen uns, die jungen Gäste, nicht mit dieser deutschen Schuld konfrontierten, nötigt mir noch heute eine Menge Respekt ab. Es ist diese Bereitschaft zu verzeihen, die die Griechen immer noch auszeichnet. Dass das nicht in jedem Fall vergessen heißt, das werden wir später noch sehen.

Das Griechenland, das ich heute nach wie vor gern besuche, hat mit dem der 1950er Jahre nur noch wenig Ähnlichkeit. Nicht nur ist alles teurer geworden, auch die Gastlichkeit ist heute ein Geschäft. Wie könnte es anders sein, Tourismus ist in Griechenland schließlich der Ersatz für die fehlende Schwerindustrie. Doch hat auch die kommerzialisierte Gastlichkeit etwas von ihrer Herzlichkeit und Wärme behalten. Und für das Gefühl, zu Gast zu sein, sorgen die Griechen, mit denen man ausgeht, als freigebige Gastgeber immer aufs Neue.

Die Globalisierung hat auch Griechenland nicht verschont, ganze Gewerbezweige sind am Verschwinden, kleine und große Betriebe haben zugemacht. Und wenn ich auf der Insel Skópelos im Gemischtwarenladen, der heute, sei er auch noch so klein, *supermarket* heißt statt *bakáliko,* Zitronen aus Argentinien in der Auslage vorfinde, Knoblauch aus China oder tiefgefrorenen Fisch vom Viktoriasee, muss ich schon mal den Kopf schütteln. Mit Kopfschütteln haben viele Griechen, aber auch Deutsche, Anfang 2010 reagiert, als die Presse, von *Bild* bis *Focus,* eine Kampagne gegen Griechenland begann, die Fakten entstellte und jedes Maß einer sachlichen Kritik vergaß. Ein Sündenbock wurde gesucht für eine Finanz- und Wirtschaftskrise, die viele Verantwortliche hatte. Da wurden Griechen zu »Betrügern in der Eurofamilie«, als wären sie die Einzigen gewesen, die Bilanzen frisiert und über ihre Verhältnisse gelebt hatten. Alte Vorurteile kamen hoch, das andere, sehr alte deutsche Griechenlandbild, geprägt von den enttäuschten Philhellenen des 19. Jahrhunderts. Und die Griechen förderten nun ihrerseits längst vergessen Geglaubtes zutage, wie die verdrängte Schuld der deutschen Okkupation. Natürlich weiß der informierte Zeitgenosse auch um die Schattenseiten an den »Küsten des Lichts« (Peter Bamm): dass Griechenland ein Schmiergeldbiotop besonderer Art ist und der Siemensskandal nur einer von vielen, dass die politische Klasse Griechenlands sich schlimme Dinge geleistet hat, eine Art kreativer Buchführung bei der Darstellung des Bruttoinlandsprodukts, die weit über das hinaus ging, was auch die anderen EU-Länder sich angewöhnt hatten, dass sie Schulden gemacht und sich bereichert hat über das EU-übliche Maß hinaus. Aber was wissen wir wirklich von unserem EU-Nachbarn im Südosten, von Geschichte, Politik und Kultur der Neugriechen, ihrem gebrochenen Verhältnis zu den antiken Vorfahren, ihren Leiden unter der deutschen Besatzung im Zweiten Weltkrieg? Von ihrem Dauerkonflikt mit dem Nachbarn im Osten, der sie zu einem der weltweit wichtigsten Kunden des Rüstungsexporteuropameisters Deutschland machte? Vom Ansturm der Migranten und wie die Griechen mit ihnen umgehen? Von ihrem Talent, sich auch in Zeiten der größten wirtschaftlichen Krise durchzuwurschteln und dabei die Lebensfreude nicht zu verlieren? Wie lebt man mit der Last, immer wieder gemessen zu werden an dem Erbe der Antike, von dem die Griechen von heute 1000 Jahre Byzanz und 400 Jahre Türkenherrschaft trennen?

Sie fluchen im Kafeníon auf ihre Politiker, die den Staat als Beute betrachten und sich vor aller Augen mästen, am Ende dann aber doch wiedergewählt werden, weil sie auch allerlei Gefälligkeiten zu verteilen haben. Kurz: Man arrangiert sich und tut sich nicht weh, knirscht höchstens mal mit den Zähnen. Es war schließlich schon immer so, Liberale und Konservative wechseln sich ab an der Macht wie in den USA Demokraten und Republikaner, und wirklich etwas ändern wollen nur die Kommunisten, aber die kommen über die Zehn-Prozent-Marke selten hinaus (immerhin). Ökologen haben bei den Wahlen keine Chance, und mit der Umwelt geht der Grieche ruppig um. Aber für die Touristen bleibt immer noch genug Landschaft übrig, die man vermarkten kann, und die EU-Strafen für illegale Mülldeponien und andere Umweltsünden zahlt Athen aus der Portokasse. Im Handeln ist der Grieche Weltmeister, als großzügiger Gastgeber aber auch, das hat schon so mancher beim abendlichen Gelage in der Taverne erfahren. Oder bei einer durchzechten Nacht in einem der sündhaft teuren Rebétiko-Lokale, wo man sich als Mitteleuropäer fragt: Wie bezahlt der Grieche das bloß? Auf diese und andere Fragen wollen wir auf den folgenden Seiten Antworten versuchen. Eine chronologische Darstellung der neugriechischen Geschichte enthält dieses Buch nicht, lediglich eine tabellarische Zeittafel, von 1821 bis 2010. Erzählt wird stattdessen von historischen Ereignissen und Gestalten, die den Griechen besonders wichtig sind und die das Bewusstsein der Griechen von heute prägen.

Griechen und Deutsche

Vom Unglück, ein Grieche zu sein

»Ich bin ein unglücklicher Grieche!« erzählt seit 35 Jahren der Schriftsteller Níkos Dímou jedem und er verdient nicht schlecht daran. In die 30. Auflage geht seine erstmals 1975 erschienene Aphorismensammlung *Das Unglück ein Grieche zu sein*. Inwieweit es ihm gelungen ist, seine Landsleute von eben diesem Unglück zu überzeugen, ist nicht überliefert. Er selber ist ein unglücklicher Grieche (und war es schon vor dem Beinahe-Staatsbankrott seines Heimatlandes) und berichtete dem Athener Korrespondenten Gerd Höhler, warum:

»Ich war immer ein unglücklicher Grieche. Wenn wir das Glück definieren als den Abstand zwischen dem, was wir wünschen und dem, was ist, dann war dieser Abstand für die Griechen immer sehr groß. Denn sie wollen alles. So ist ihr Charakter, das ist ihre Überschwänglichkeit, ihr Temperament. Aber ihnen wird wenig gegeben. Und sie sind unglücklich, weil sie ein Identitätsproblem haben. Sie wissen nicht wirklich, wer sie sind. Sie sagen, sie seien Europäer, aber sie fühlen sich nicht als Europäer. Sie sagen, dass sie Nachkommen der alten Griechen sind, die Kinder des Aristoteles und des Platon. Aber zugleich ist das etwas, das sie bedrückt. Man fühlt sich wie der Sprössling eines Nobelpreisträgers, der in der Schule keine guten Noten hat. Die Deutschen sind daran nicht unschuldig, wenn man bedenkt, wie Winckelmann & Co. die griechische Antike quasi neu erfunden und zu einem Idealbild der Vollkommenheit verklärt haben. Das ist eine schwere Bürde. Ich glaube, kein Volk könnte einem solchen Anspruch gerecht werden.«

Für den erfolgreichen Krimiautor Pétros Márkaris – den im deutschen Sprachraum meistgelesenen griechischen Schriftsteller unserer Tage, ist ein zu plötzlicher Reichtum die Ursache des griechischen Unglücks. Der *Berliner Zeitung* sagte er:

»Griechenland war bis Ende der 70er Jahre ein sehr armes, aber auch ein sehr anständiges Land. Die Griechen hatten eine Kultur der Armut. Sie haben es trotz ihrer Armut immer verstanden, gut zu leben. Ich meine das nicht im materiellen Sinne. Alle großen intellektuellen und künstlerischen Leistungen des modernen Griechenland fallen in diese Zeit: die Nobelpreise für Elýtis und Seféris; Theodorákis mit seiner Musik; Rítsos, der begnadete Dichter; Károlos Koun, der großartige Regisseur – das ist die Kultur der Armut. Dann kam der EU-Beitritt 1981, und das Geld begann zu fließen. Milliarden kamen jedes Jahr aus Brüssel. Plötzlich waren die Griechen reich. Aber was hat dieser Reichtum kulturell produziert? Gar nichts! Denn den Griechen fehlt es an einer Kultur des Reichtums. Die Griechen konnten mit dem Geld, das sie plötzlich hatten, nicht umgehen, weil sie immer arm waren. Sie hatten kein Gefühl für den Wert des Geldes. Sie dachten, man kann damit machen, was man will. Die Bauern haben die EU-Subventionen nicht in ihre Höfe investiert, sondern damit dicke Geländewagen gekauft und Villen gebaut. Von der politischen Klasse wurden sie dazu auch noch verführt, und alle haben mitgemacht.«

Wir wollen dem Schriftsteller Márkaris nicht grundsätzlich widersprechen. Aber von einem Zurück zu den Jahren der Armut werden die meisten Griechen nichts hören wollen, waren es doch für viele, das kann ich aus eigener Anschauung bestätigen, Zeiten des bitteren Elends, in denen Familienväter, die die Ihren nicht mehr ernähren konnten, zu hunderttausenden auf der Suche nach Arbeit das Land verließen. Und von einer Kultur der Armut kann unbefangen nur reden, wer sie nicht kennengelernt hat, weil er immer ein ordentliches Auskommen hatte. Die Mehrheit der Griechen interessiert das Problem der Sprit fressenden Geländewagen herzlich wenig: Sie werden sich so einen nie im Leben leisten können. Sie sehen zu, wie sie mit ihrem kargen Salär über die Runden kommen.

Es stimmt aber auch: Es gibt diese Euro-Profiteure mit der Villa und dem Geländewagen, die korrupten Politiker mit Konten in Liechtenstein und auch die Steuerflüchtlinge. Lebenskünstler waren auch die übrigen Griechen immer, arm oder nicht, der Gang in die Taverne gehörte für sie einfach dazu. Aber es dürfte die meisten von ihnen nur am Rande interessieren, was gut verdienende Intellektuelle sich voller Selbstmitleid für Gedanken machen über die Last des antiken Erbes. Vielleicht empfindet es ja mancher als eine schwere Bürde, gemessen zu werden an einem Idealbild, das ein Winckelmann im 19. Jahrhundert in seiner edlen Einfalt von der Antike gezeichnet hat, und das bekanntlich denkbar fern der Wirklichkeit war. Aber dem Durchschnittsgriechen dürfte es ziemlich egal sein, was die deutschen Philhellenen von den alten Griechen erzählten, nicht hingegen, was im Jahr 2010 in *Bild* und *Focus* über ihn zu lesen stand. Und das war ziemlich unfair, meint auch Níkos Dímou, der seinen Mitgriechen sonst gern die Leviten liest.

Im Übrigen haben sich viele Griechen, wenn überhaupt an einem der großen Vorfahren, eher am listenreichen Odysseus ein Vorbild genommen, nicht an Aristoteles, bestimmt jedenfalls der Großreeder Onássis, auch wenn seine Eltern ihm den Namen des großen Philosophen aufgebürdet haben. Auch hält sich die Leidenschaft der Neugriechen für die Sprache ihrer Vorfahren in Grenzen, selbst von dem großen Dichter Jánnis Rítsos, in dessen Werk die Aneignung des antiken Erbes eine zentrale Rolle spielt, ist bekannt, wie lästig ihm der Unterricht in Altgriechisch war. Er freute sich jedes Mal, wenn dieses Fach in der Schule ausfiel.

Was aber den Nobelpreis als Lohn der Armut angeht, so irrt Pétros Márkaris. Jedenfalls gehörten die beiden griechischen Literaturnobelpreisträger, Seféris und Elýtis, nicht gerade zum Proletariat. Jórgos Seféris war ein Leben lang wohlbestallter Diplomat, zuletzt königlicher Botschafter in London, hat an der Sorbonne studiert und konnte sich ausgedehnte Reisen leisten; Odysséas Elýtis entstammte der reichen Seifenfabrikantenfamilie Alepoudélis, auch er hatte viel Zeit für Müßiggang, Armut kannte er nicht, und das Land seiner literarischen Sozialisation war Frankreich. Der Vater von Jánnis Rítsos war reicher Großgrundbesitzer, dass er seinen Besitz im Kasino verspielte, zwang zwar seinen Sohn Jánnis, vor seinen großen literarischen Erfolgen, als Tänzer und Lektor sein Geld zu verdienen, doch hatte er die Sozialisation eines verwöhnten Kindes hinter sich. Der Vater des großen Regisseurs Károlos Koun war ein schwerreicher Kaufmann aus Smyrna, und Míkis Theodorákis schließlich hat früh von den Tantiemen seiner Erfolgskompositionen leben können. Und der Erfolgsschriftsteller Márkaris, der übrigens nicht nur Krimis schreibt, sondern auch renommierter Goethe- und Brechtübersetzer ist, der Kosmopolit mit der griechischen Mutter, dem armenischen Vater und dem Abitur vom österreichischen Realgymnasium in Istanbul? Er sagt von sich selber: »Ich habe eine deutsche und keine griechische Kultur – zu 90 Prozent.« Ist deshalb sein Blick aufs Griechische nicht ein wenig der deutsche?

Vieles von dem, was man über die griechischen Saus-und-Braus-Lebeleute in deutschen Zeitungen lesen konnte, war frei erfunden oder aufgebauscht. Die griechischen »Luxusrentner« leben von einer Eckrente von 780 Euro, bei den Kleinbauern sind es gerade mal 440 Euro. Ja, da gab es die viel zitierten Parlamentsboten mit dem 16. Monatsgehalt, da gab es viele griechische Beamte, die so früh in Rente gingen wie manch ein deutscher Berufsoffizier, dass es zuviele Beamte gab, stimmt ja alles, aber unterm Strich hat Griechenland insgesamt nicht mehr vom Bruttoinlandsprodukt für Renten ausgegeben als Deutschland, nämlich ca. 13 Prozent.

Was stimmt: Die Kreativität griechischer Statistiker bei der Zahlungsbilanzkosmetik übertraf das in anderen Ländern der Eurozone Übliche beträchtlich. Was nicht stimmt: Dass man davon in Brüssel nichts geahnt habe. Kein geringerer als Jean-Claude Juncker, Ministerpräsident von Luxemburg, hat im November 2010 bei einer Pressekonferenz am Rande eines Treffens des Weltwährungsfonds ausgeplaudert, dass die Zahlungsprobleme Griechenlands seit vielen Jahren bekannt waren, dass er mit Rücksicht auf die guten Griechenlandgeschäfte der Deutschen und der Franzosen aber zum Schweigen verurteilt war.

Von Fallmerayer bis *Focus* – das (manchmal etwas schiefe) Griechenlandbild der Deutschen

Als sich im Jahr 1821 die Nachricht vom Aufstand der Griechen gegen die Osmanen in Europa verbreitete, gab es eine Welle des Mitleids und der Solidarität. Man sah in Griechenland Freiheitskämpfer am Werk, die es zu unterstützen galt, doch es folgte bald die Ernüchterung. Allzu wenig glichen die kämpfenden Neugriechen jenem Bild vom klassischen Hellenen, das man sich vorgestellt hatte. Kein Alkibiades weit und breit, und griechisch sprachen die Aufständischen in vielen Fällen auch nicht, das klassische, wie es auf dem humanistischen Gymnasium gelehrt wurde, schon gar nicht. Viele der militärischen Führer des Freiheitskampfes waren albanischer Herkunft, wie die noch heute als Helden verehrten Strategen Márkos Bótzaris, Anastássios Kriekoúkis und Geórgios Karaïskákis sowie die Heldin Laskarína Bouboulína. Was sie zusammen mit den Griechen gegen die Osmanen in den Kampf ziehen ließ, war das gemeinsame Glaubensbekenntnis, das orthodoxe Christentum. So blieb bei vielen von denen, die damals nach Griechenland fuhren, um den Freiheitskämpfern zu Hilfe zu eilen, die Enttäuschung nicht aus. Der deutsche Gräzist Wilhelm Wagner brachte das im Jahr 1878 so auf den Begriff:

»Schwer haben es die heutigen Griechen seit der Errichtung eines selbständigen griechischen Staates büßen müssen, dass die ihnen seit dem zweiten Jahrzehnt unseres Jahrhunderts zugewandten und in ihrem Freiheitskampf bestätigten Sympathien Europas zum Theil auf einem Irrtum beruhten. Man schwärmte für die Griechen und stand ihnen gegen die Türken bei nicht aus allgemeiner Humanität, aus Mitgefühl für die Geknechteten und Unterdrückten, sondern doch hauptsächlich deshalb, weil man sie für die echten Nachkommen der alten Hellenen hielt – man wähnte, man müsse den Enkeln die Schuld abzahlen, derer die europäische Cultur den Ahnen gegenüber sich bewusst war. Es war ein Wahn, auf welchen der Rückschlag nicht ausbleiben konnte. Die ins Land geeilten Philhellenen wurden bald durch die nackte Wirklichkeit von ihren unklaren Schwärmereien geheilt und kehrten meist gründlich ernüchtert, oft mit Ingrimm und Haß gegen diese Griechen erfüllt, in die Heimath zurück.«

Dort lasen sie gern, was der Philologe und Publizist Jacob Philipp Fallmerayer aus Südtirol über die Neugriechen festgestellt hatte, dass nämlich bedeutende Teile der Bevölkerung im befreiten Griechenland albanische Dialekte sprachen, dass andererseits viele Ortsnamen, z.B. in der Peloponnes, slawischen Ursprungs waren, was sich aus einer zeitweiligen Besiedlung aus dem serbischen Norden der Balkanhalbinsel erklärte. Fallmerayer resümierte und provozierte: »Das Geschlecht der Hellenen ist in Europa ausgerottet, denn auch nicht ein Tropfen edlen und ungemischten Hellenenblutes fließt in den Adern der christlichen Bevölkerung des heutigen Griechenlands.«

Bei den gebildeten Griechen lösten die Thesen Fallmerayers heftigen Widerspruch aus, wobei sich ein Teil von ihnen auf das biologistische Argument einließ und versuchte, seine Behauptungen zu widerlegen. Andere, und das war sicher der richtigere Weg, argumentierten mit einem von der Aufklärung geprägten, geistig-kulturellen Begriff von Volk und Nation: Grieche ist, wer griechisch spricht und das griechische Kulturerbe als das seine betrachtet. Der deutsche Philologe Curt Wasmuth kam ihnen zu Hilfe. Er antwortete 1864 Fallmerayer:

»Schließlich aber ist ja fürwahr die Nationalität eines Volkes nimmer in absoluter Unversetztheit mit fremden Bestandtheilen beschlossen. Oder wären wir deswegen keine Deutsche mehr, weil wir ein gut Theil slavisches und wendisches Blut in uns aufgenommen haben? Das Wesen und die Eigenständigkeit einer Nation liegt, meine ich, ganz ungleich mehr in seiner Sprache, seinem Denken und Empfinden, seiner ganzen Art und Gesittung. Eine mit Händen zu greifende Ahnenprobe giebt vor allem die Sprache, der auch in erster Reihe die Griechen die Erhaltung ihrer Eigenart in den langen Jahrhunderten der Fremdherrschaft zu verdanken haben.«

Bis heute kennen die meisten Griechen Fallmerayer nur aus zweiter Hand. Und so ist den Griechen auch entgangen, dass es Fallmerayer nicht in erster Linie um die rassische Abwertung des Neugriechentums ging. Ihm ging es vielmehr um die Abgrenzung des katholisch geprägten Abendlandes vom in seinen Augen byzantinisch-orthodox geprägten Ost- und Südosteuropa insgesamt, nicht so sehr um Griechenland als um Moskau: die Gefahr aus dem Osten, wie er sie sah. Dort, in Russland, erblickte er den Abgrund alles Bösen und Schlechten, eine »Versumpfung und Verthierung des menschlichen Geschlechts«. In Deutschland liest man Fallmerayer heute schon lange nicht mehr. Aber dass sein Griechenbild nach seinem Tod 1861 nicht in Vergessenheit geriet, dafür haben einige Wissenschaftler und eine Menge Publizisten gesorgt.

Es gab immer auch den anderen, den von antikisierenden Illusionen unverstellten Blick auf das wiederentdeckte Griechenland. Der Byzantinist Karl Krumbacher mit seinem 1885 erschienenen Buch *Griechische Reise* ist nur ein Beispiel und bietet eine noch heute außerordentlich spannende Lektüre. Eingelassen auf die neuen Griechen haben sich auch Leute wie der Ausgräber Heinrich Schliemann, der sich in Athen niederließ, eine Griechin heiratete und ein Haus bauen ließ von einem, der es ihm gleichtat, in Athen heiratete und mehr als 500 neoklassische Bauten errichtete. Von diesem begnadeten Architekten namens Ernst Ziller aus Radebeul bei Dresden wird noch die Rede sein. Er und eine Reihe anderer Baumeister aus Deutschland und Dänemark gaben der jungen Hauptstadt ein schönes Gesicht, das sie heute leider verloren hat.

Zu denen, die für ein schiefes Griechenlandbild in Deutschland gesorgt haben, gehört der Theaterdichter Gerhart Hauptmann. Auf dem Weg vom Naturalismus zur Mythologie wollte er sich 1907 in Griechenland für einen Dramenzyklus in Anlehnung an die antiken Tragödien des Euripides inspirieren lassen und seine Atriden-Tetralogie vorbereiten. Den Verlauf seiner Reise nach Hellas hat er in dem, jahrzehntelang immer wieder neu aufgelegten, Buch *Griechischer Frühling* dargestellt. Ein zeitloses Buch insofern, als es zwar eine Menge über Landschaft, Klima und klassische Trümmer mitteilt, dafür aber die heutigen Bewohner des Landes mit Missachtung straft. Die Einwohner tauchen, wenn überhaupt, in Gestalt schwärzlicher, verdreckter Bettler auf, die Kinder erbärmlich schmutzig und von verkommenem Aussehen, die Frauen fast durchgängig brünett, nur ausnahmsweise auch als blonde, blauäugige Nordmenschen von zart weißer Haut, die an die Heimat erinnern. Nur ein einziger Landesbewohner kommt in diesem Band mit Namen vor, er heißt Adamántios Adamantíu, ist Ephor der Denkmäler des Mittelalters in Mistra, 30 Jahre alt, und weil Hauptmann den Namen wohl irgendwie komisch findet, nennt er ihn, als Kuriosum, dann gleich siebenmal. In Athen angekommen, interessiert sich der Autor nur für eines: die klassischen Ruinen. Die Akrópolis will er in weihevoller Ruhe auf sich wirken lassen, ebenso die Überreste des Diónysos-Theaters. Die Athener erfährt er nur als laut und störend. Die damals noch sehr ansehnliche

Residenzstadt, mit ihrem Stadtschloss, ihren Parks, ihren Avenuen, ihren von anderen Reisenden jener Zeit viel bewunderten repräsentativen klassizistischen Bauten, sie interessiert ihn nicht. Seine griechischen Schriftstellerkollegen interessieren ihn ebenso wenig, auch wenn einige, wie Emmanouíl Roïdis und Dimítrios Vikélas, längst ins Deutsche übersetzt waren. Selbst das von seinem Landsmann Ernst Ziller erbaute Königliche Theater würdigt er keines Besuchs. Wie die Neugriechen mit dem klassischen Erbe dramaturgisch umgehen, scheint ihn nicht zu interessieren, ebenso wenig wie sie seine Werke aufführen – man hatte 1902 in Athen immerhin den »Fuhrmann Henschel« gegeben, in der Spielzeit 1906/1907 stand »Die versunkene Glocke« auf dem Spielplan. Er war wohl der Meinung, dass diese Neuhellenen es sowieso nicht können.

Fragt man den durchschnittlichen deutschen Griechenlandreisenden, welches wohl seine erste literarische Begegnung mit Griechenland war, so dürften die weitaus meisten antworten: Aléxis Sorbás. Für Leute meiner Generation war es noch jemand ganz anderes: ein gewisser Karl May – auch wenn viele diese Jugendlektüre inzwischen vergessen haben. Deshalb hier, zur Erinnerung, ein Blick in die May-Bücher. Der Held der zu Anfang des 20. Jahrhunderts erschienenen sechs Orient-Reiseromane Karl Mays, ein Deutscher namens Kara ben Nemsi, durchreitet mit seinem arabischen Diener Hadschi Halef nacheinander eine ganze Reihe von Ländern des damaligen Osmanischen Reiches, und er begegnet dort bereits im ersten Band (»Durch die Wüste«) neben Vertretern aller möglichen anderen Völkerschaften auch einem Griechen. Koléttis heißt der Mann und ist ein ausgemachter Schurke. Nicht weiter bemerkenswert, durchzögen nicht Stereotypen vom verschlagenen griechischen Bösewicht die ganze Reihe der Bände eins bis sechs, und stünden dieser Koléttis und ein paar seiner Mitgriechen nicht, pars pro toto, für das ganze Volk. So heißt es an einer Stelle: »Wo in der Türkei ein Halunkenstreich verübt wird, da hat ein Grieche seine schmutzige Hand im Spiele.« Derartige Beispiele lassen sich zahlreich finden. Griechen taugen nichts, sind schlicht Gesindel.

Von einem Politiker wissen wir übrigens, dass er ein begeisterter Karl-May-Leser war: Adolf Hitler. Doch er schien von dieser Lektüre zunächst wenig beeinflusst zu sein. Der gescheiterte Kunstmaler Hitler war bekennender Philhellene, woher auch seine Vorliebe für die monströsen antikisierenden Statuen des Bildhauers Arno Breker stammt. Und so war er nach Abschluss des »Unternehmens Marita«, des deutschen Überfalls auf Griechenland im April 1941, des Lobes voll über die besiegten Griechen und ihre sowohl an der Albanienfront als auch an der Metaxáslinie im Kampf gegen die Invasoren gezeigten Kriegstugenden. Sie hätten »wie die Helden des alten Hellas gekämpft «, ließ er seinen Freund Arno Breker und dessen (griechische) Frau bei einem Besuch auf dem Obersalzberg im April 1941 wissen. Hitler befahl, die griechischen Kriegsgefangenen »ausgesucht gut zu behandeln«, und in einer Reichstagsrede sagte er: »Dem besiegten griechischen Volk gegenüber erfüllt uns aufrichtiges Mitleid«, es habe »so tapfer gekämpft, dass ihm auch die Achtung seiner Feinde nicht versagt werden kann.« Und nach der griechischen Kapitulation befahl er, die unterbrochenen archäologischen Grabungen in Olympia wieder aufzunehmen. Er bezahlte die Kosten zum Teil aus eigener Tasche, aus den Tantiemen, die ihm sein Bestseller *Mein Kampf* einbrachte. Zum Oberaufseher der Ausgrabungen wurde der SS-Sturmbannführer Hans Schleif bestellt, dafür eigens von einem wichtigen Leitungsposten im besetzten Polen abberufen. So waren die klassischen Stätten von Olympia für ein paar Jahre fest in »brauner« Hand, über dem Dach des noch von dem berühmten Archäologen Ernst Curtius begründeten Grabungshauses wehte die Hakenkreuzfahne. Doch das blieb eine Episode in der bald 135-jährigen Geschichte der deutschen Grabungen an diesem Ort.

Eine Episode blieb leider auch des Führers Sympathie mit dem besiegten griechischen Volk. Die Schonzeit für die Griechen war schon bald vorbei. Dem unerwartet heftigen Widerstand der Kreter gegen die Landung der Fallschirmtruppe im Mai 1941 folgten erste brutale Attacken auf die Zivilbevölkerung. Die Widerstandsbewegung machte den Besatzern schnell klar, dass sie nicht auf wohlwollende Duldung der unfreiwilligen griechischen Gastgeber zählen konnten. Und so machte sich Hitler schon bald die Rassevorstellungen seines Chefideologen Alfred Rosenberg zu eigen, der in seinem *Mythus des 20. Jahrhunderts* ein Bild vom levantinischen »Untermenschentum« gezeichnet hatte, dem auch die Griechen zuzurechnen seien. Rosenberg griff dabei die Stereotypen Fallmerayers wieder auf: Auf ewig habe der Hellene die Erde verlassen, schrieb er, und mit ihm »jene herrliche Rassenseele, die einst die Pallas Athene und den Apoll erschuf«, weil die »vielfache Übermacht des Vorderasiatentums durch tausend Kanäle einsickerte, Hellas vergiftete und anstelle des Griechen den schwächlichen Levantiner zeugte, der mit dem Griechen nur den Namen gemeinsam hat«. Und an dessen Stelle seien »die aufgewühlten Schlammfluten der Mischlinge Asiens und Afrikas, des ganzen Mittelmeerbeckens und seiner Ausläufer« getreten.

Solche rassentheoretischen Vorgaben fanden schon bald auch in Handreichungen für die Truppe ihren Niederschlag. Die Wehrmacht übernahm sie willig. In Schulungsschriften der Oberkommados der Wehrmacht werden die deutschen Soldaten eindringlich auf die völkische Minderwertigkeit des Neugriechentums hingewiesen, das rassisch und kulturell mit seinen hellenischen Namensspendern nur noch wenig gemein habe – so steht es etwa in einer Lehrgangsbroschüre aus der Feder des NS-Historikers Georg Stadtmüller. An anderer Stelle wird vor Eheschließungen mit Griechinnen gewarnt, da sie aus rassischen Gründen nicht »umvolkbar« seien. Auch galt für Griechenland schon bald der sogenannte »Bandenbefehl« vom 16. Dezember 1942 (»Banden« war das damals übliche Synonym für Partisanen): »Wenn dieser Kampf gegen die Banden sowohl im Osten wie auf dem Balkan nicht mit den allerbrutalsten Mitteln geführt wird, so reichen in absehbarer Zeit die verfügbaren Mittel nicht mehr aus, um dieser Pest Herr zu werden. Die Truppe ist daher berechtigt und verpflichtet, in diesem Kampf auch gegen Frauen und Kinder jedes Mittel anzuwenden, wenn es nur zum Erfolg führt.« Zugleich wird angeordnet: »Kein in der Bandenbekämpfung eingesetzter Deutscher darf wegen seines Verhaltens im Kampf gegen die Banden und ihre Mitläufer disziplinarisch oder kriegsgerichtlich zur Rechenschaft gezogen werden.«

Diese Freistellung von jeder Strafverfolgung war ein Freibrief für jede Art von Sadismus, wie er sich schon bald bei sogenannten »Sühnemaßnahmen« austobte, den Massentötungen von Zivilisten als Rache für Aktionen der griechischen Partisanen, der *Andarten*. Wobei zur Verrohung der Truppe im Umgang mit der Zivilbevölkerung auch der Ton beigetragen haben dürfte, in dem die Vorgesetzten von den Griechen sprachen. Vom »Sauvolk der Griechen« sprach etwa General von Le Suire, Kommandeur der 117. Jägerdivision. Und er beließ es nicht bei solchen Beschimpfungen: Nach einem verlorenen Gefecht mit Partisanen ließ er die peloponnesische Kleinstadt Kalávryta bis auf die Grundmauern niederbrennen und die gesamte männliche Bevölkerung ab dem 13. Lebensjahr, 696 Menschen, mit Maschinengewehren umbringen. Ein Massaker von vielen, die die Wehrmacht überall im Land verübte, die Namen Dístomo, Komméno und Klissoúra seien hier nur stellvertretend für mehr als hundert andere genannt. Die bundesdeutsche Justiz, ab 1950 selbst zuständig für die Rechtsprechung über Kriegs- und NS-Verbrechen, hat nicht einen der an den »Sühnemaßnahmen« beteiligten Täter vor Gericht gestellt, die Richter und Staatsanwälte übten sich in Täterschutz. Und während Namen wie Lidice und Oradour zu Symbolen des unmenschlichen Umgangs mit der Zivilbevölkerung in deutschen Besatzungsgebieten wurden, blieben Orte wie Kalávryta und Dístomo in Deutschland unbekannt, auch bei den ersten Touristen, die nach dem Zweiten Weltkrieg Griechenland besuchten.

Das war zunächst, in den 1950ern, ein Akademiker- und Rucksacktourismus. Doch dann entdeckten immer mehr sonnenhungrige Ferienreisende, dass es auf den griechischen Inseln Schöneres gab für die schönsten Wochen des Jahres als den Teutonengrill von Rimini und die Betonburgen der Costa Brava: traumhafte Strände und sehr freundliche Gastgeber. Es begann mit Rhódos, Mýkonos und Santoríni, bis schließlich auch die letzten der 100 bewohnten ägäischen Inseln bis hin nach Astipálaia »entdeckt« und für den Sommertourismus erschlossen waren. Und schließlich überstiegen die sommerlichen Touristenzahlen die Einwohnerzahl des Landes. Was nicht ohne Folgen blieb für die Umwelt ebenso wie für die Mentalität der Gastgeber. Aber es gab auch positive Folgen des Reisebooms (von den Folgen für die Zahlungsbilanz einmal abgesehen): Nicht überall wurde auf Betonpaläste gesetzt, in manch verlassenem Dorf wurde verfallende historische Bausubstanz restauriert, ob in der südpeloponnesischen Máni oder in den Zagoriá-Dörfern im griechischen Nordwesten, wo uralte Herrenhäuser zu Ferienwohnungen umgewidmet und so gerettet wurden.

Über eines wunderte sich die griechische Reisebuchautorin Évi Melás, sie fragte sich, »ob es Zufall ist, dass keiner der jungen Deutschen, die ich kenne, über die Rolle, die Deutschland im Zweiten Weltkrieg in Griechenland gespielt hat, Bescheid weiß, während sie über den Einmarsch der Deutschen in Frankreich, Belgien oder Holland gut unterrichtet sind«.

Das Ausbleiben der Strafverfolgung der Täter war einer der Gründe, ein anderer die Lektüre, die die Touristen der ersten Nachkriegsjahre mit sich führten. Soweit dies nicht »Täterliteratur« war, vom Landserheft bis hin zur idealisierenden Divisionschronik, waren dies vor allem die Griechenlandbücher eines Deutschen, der das Land als »Tourist in Uniform« besucht und im Auftrag der Wehrmacht beschrieben hatte, als Handreichung für die Truppe: Erhart Kästner schrieb Bücher, die noch heute, mehr als sechs Jahrzehnte nach ihrer Entstehung, immer neue Auflagen erleben. Die ersten 5000 Exemplare des ersten dieser Bücher (Titel damals: *Griechenland. Ein Buch aus dem Kriege*) trafen am Neujahrstag 1943, vom Autor persönlich im Güterzug begleitet, in Athen ein. Gleich zu Beginn teilte Kästner seinen uniformierten Landsleuten mit, dass sie sich kraft Haarfarbe und Körperbau als die rechtmäßigen Nachfolger der alten Hellenen betrachten dürften, ihre Invasion in Griechenland somit so etwas wie eine legitime Wiederinbesitznahme darstelle. Anlässlich einer Begegnung mit heimkehrenden Kreta-Kämpfern an einem Strand am Fuß des Olymp schreibt Kästner, ein wahrer Arno Breker der Feder: »(Da) saßen, standen und lagen gleichmütig die Helden des Kampfes, prachtvolle Gestalten. Sie trugen alle nur die kurze Hose, manche den Tropenhelm, und blinzelten durch ihre Sonnenbrille in den hellen Morgen. Ihre Körper waren von der griechischen Sonne kupferbraun gebrannt, ihre Haare weißblond. Da waren sie, die ›blonden Achaier‹ Homers, die Helden der Ilias. Wie jene stammten sie aus dem Norden, wie jene waren sie groß, hell, jung, ein Geschlecht, strahlend in der Pracht seiner Glieder. Alle waren sie da, der junge Antenor, der massige Ajax, der geschmeidige Diomedes, selbst der strahlende blondlockige Achill. Wie anders denn sollten jene ausgesehen haben als diese hier, die gelassen ihr Heldentum trugen und ruhig und kameradschaftlich, als wäre es weiter nichts gewesen, von den Kämpfen auf Kreta erzählten, die wohl viel heldenhafter, viel kühner und viel bitterer waren als alle Kämpfe um Troja. Wer auf Erden hätte jemals mehr Recht gehabt, sich mit jenen zu vergleichen als die hier – die nicht daran dachten?«

Was die »blonden Achaier«, die homerischen Helden der Neuzeit, in jenen Jahren in ihrer wieder in Besitz genommenen eigentlichen Heimat sonst noch trieben – viele hundert Orte ganz oder teilweise dem Erdboden gleichmachten –, das kam in Kästners Reisebegleiter für die Wehrmacht begreiflicherweise nicht vor. Wir könnten uns heute darauf beschränken, die Auftragsprosa des Unteroffiziers Kästner auf ihre literarische Qualität hin abzuschmecken, wären diese Werke nicht, in Rucksack und Koffer unzähliger Touristen gelandet, zu regelrechten Kultbüchern einer ganzen Generation von Hellas-Schwärmern geworden, vor allem das erste, das 1953 im Inselverlag neu erschien, unter dem Titel *Ölberge, Weinberge.* Zwar waren gewisse Blut- und Boden-Peinlichkeiten der Urfassung verschwunden, doch blendete auch die zweite Fassung die politische und soziale Realität der Jahre der Okkupation so gut wie vollständig aus, ohne dass indessen die Entstehungsumstände verschwiegen werden. Es entstand das Bild einer friedlichen Besatzungsidylle.

Und so las der Griechenlandtourist der 1950er Jahre so mancherlei von der Gastfreundlichkeit und edlen Einfalt griechischer Ziegenhirten, von der »dunklen Romantik, die darin liegt, dass wieder einmal Nordmänner das südliche Land überzogen«. Über die Begleiterscheinungen dieses Einfalls liest man bei Kästner etwa dies: dass der Krieg damals »kein Krieg zwischen Griechen und Deutschen« gewesen sei, sondern die Griechen vor allem unter sich selbst litten: »Die Unordnung des Landes, einst im Frieden ein heiter lebenssicheres Geschehenlassen, rächt sich nun furchtbar.« So Kästners Erklärung für das Massensterben im Besatzungswinter 1941/42, über das man sich als Deutscher also weiter keine Gedanken zu machen hatte – »solche Ausbrüche des Elends, solche Wuchten des Leidens gehören zum Bild des Südens ... Hier sind sie immer als Möglichkeit da!« So konnte man sich unbeschwert der zeitlosen Idylle widmen. Wie das Kästner ausgiebig tat, zum Beispiel in Kalávryta. Auf dem Weg dorthin besuchte er im August 1943 das Kloster Megaspílaion. Zehn Jahre später erinnert er sich an die gastliche Aufnahme beim Klosterbruder Simeón, an den freundlichen Bürgermeister im benachbarten Kalávryta, der Kästner ein Maultier und einen Führer besorgt hatte für seinen Aufstieg zu den Quellen des Styx. Dass die beiden vier Monate später tot waren, erschossen von seinen Wehrmachtskameraden von der 117. Jägerdivision, die auch das Kloster und den Ort Kalávryta niedergebrannt hatten, wird nicht erwähnt, ebenso wenig die vielen anderen Wehrmachtsverbrechen oder die Deportation der Juden von Rhódos, deren Augenzeuge er war. Nur an einer einzigen Stelle überhaupt in Kästners Griechenland-Büchern findet ein deutsches Kriegsverbrechen Erwähnung: In Ölberge, Weinberge beschreibt Kästner einen Besuch in der Gegend von Dístomo, Jahre nach dem Krieg. Dístomo war Schauplatz eines Massakers der Waffen-SS. Acht Zeilen immerhin widmet Kästner dem »sinnlosen Morden an Frauen, Kindern und Bauern, wie es ein Land noch nach hundert Jahren im Gedächtnis behält«. Was Kästner seinerseits vor allem im Gedächtnis behielt, war seine erfolgreiche Bemühung, auf dem Weg zum Kloster Óssios Loukás diesen Ort zu meiden, aus Furcht, man könnte ihn als Deutschen identifizieren.

In Kästners drittem Hellas-Buch aus dem Krieg, Griechische Inseln, gibt es ein ausführliches Kapitel über Rhódos. Farbige Schilderungen der prächtigen Kreuzritter-Paläste, eingehende Beobachtungen vom Leben der türkischen Minderheit auf dieser Insel. Kästner erzählt von einem Besuch der Süleiman-Moschee, von seinen Gesprächen mit dem Mufti von Rhódos. Es gibt in der Inselhauptstadt auch eine Synagoge, es gab eine 2500-köpfige jüdische Gemeinde, als Kästner 1944 nach Rhodos kam. Es gab sie nicht mehr, als er die Insel 1945 als Gefangener der Engländer verließ. Darüber findet man in Griechische Inseln kein Wort.

Es ist wichtig, ein wenig von all dem zu wissen, und in den Orten, wo Wehrmacht und Waffen-SS gewütet haben, etwas

Taktgefühl an den Tag zu legen. Das vorausgesetzt, wird man auch in Kalávryta mit offenen Armen empfangen, wenn man dort vorbeikommt, um sich, wie einst Erhart Kästner, von dort zu den Quellen des Styx aufzumachen. Oder zum Berg Chelmós, zum Skilaufen.

Raubfischer in Hellas

Und noch ein deutscher Autor prägte das Griechenlandbild der Nachkriegsdeutschen: Werner Helwig. Auch seine Bücher werden immer wieder nachgedruckt, vor allem der seit 1939 in einem Dutzend immer neuen Auflagen erschienene erste Band seiner Griechenland-Trilogie: *Raubfischer in Hellas,* die Biographie eines Freundes. Wer in dem Pílion-Städtchen Zagorá oder in dem nahe gelegenen Fischerdorf Choreftó einen älteren Einheimischen nach einem gewissen Alfón fragt, kann eine Menge hören über jenen österreichischen Aussteiger namens Alfons Hochhauser, der im Jahr 1927 in den Pílion kam und dort hängenblieb, eine Griechin heiratete und als Fischer, Schweinehirt und Fremdenführer sein Leben verbrachte. Er starb im Alter von 82 Jahren, auf eine Art, die den Griechen imponierte. Er hatte Krebs, stieg mitten im Winter in die Berge, setzte sich in den Schnee und erwartete dort den Tod. Man fand den Erfrorenen wenig später unweit von Véneto, seinem letzten Wohnort, auch den von ihm selbst vorbereiteten Grabstein, auf dem nur sein genaues Todesdatum fehlte. Das bewunderten die Pilioniten, *ítan levéndis,* kann man da hören, er war ein ganzer Kerl. Aber man hört auch Abschätziges über diesen Fremden, der es zu nichts gebracht hatte.

Dass Alfons Hochhauser Vorbild für einen in Deutschland noch heute viel gelesenen Roman wurde, wissen dort die wenigsten. Werner Helwig hatte seinen Schulfreund 1934 besucht und sich wochenlang aus dessen Leben erzählen lassen, die Aufzeichnungen dann literarisch verarbeitet. Den wenigsten bekannt, weil weder Helwig noch Hochhauser das öffentlich machten, ist auch dies: Zu Beginn des Zweiten Weltkriegs musste Hochhauser als Österreicher Griechenland verlassen, kehrte aber wenig später in deutscher Uniform zurück. Als des

Neugriechischen Kundiger wurde er als Dolmetscher von der Geheimen Feldpolizei (GFP) in Dienst gestellt, die so etwas wie die Gestapo der Wehrmacht war. Am 13. Juni 1944 wurde er in Stíri, nicht weit von Dístomo, in ein Gefecht mit Partisanen verwickelt und dabei verwundet. Wegen seiner Verwundung war er am nächsten Tag nicht mit dabei, als die 4. SS-Polizei-Panzergrenadierdivision den Ort dem Erdboden gleichmachte. Nicht dass er in seiner Eigenschaft als GFP-Mann Griechen verraten hätte, in einer 2010 in Volos erschienenen Hochhauser-Biographie ist eher vom Gegenteil die Rede. Weshalb er auch nach dem Krieg in seiner griechischen Wahlheimat wieder freundlich aufgenommen wurde.

Aléxis Sorbás

Das gibt es nicht oft – ein »Buch zum Film«, von dem allein im deutschen Sprachraum eine Million Exemplare verkauft werden. Von *Aléxis Sorbás* ist die Rede, dem Erfolgstitel von Níkos Kazantzákis. Noch heute prägt dieses Buch das Griechenlandbild allzu vieler Zeitgenossen. Zwar läuft der Film nur noch selten in den Kinos, das Buch aber ist ein Longseller. Zum Kummer vieler Griechen, die sich in diesem Buch nicht gern wiedererkannt sehen wollen. Mehr als zwei Drittel aller Griechen sind Städter, und es sind ja nicht eben erfreuliche Mitmenschen, die das kretische Dorf bevölkern, in dem der Unternehmer aus der Stadt und sein Gehilfe Aléxis Sorbás mit ihrem Projekt einer Seilbahn scheitern. Da wird einer schönen jungen Witwe unter dem Beifall des ganzen Dorfes die Kehle durchgeschnitten, weil sich ein junger Mann wegen verschmähter Liebe umgebracht hat. Da wird die Wohnung einer im Sterben liegenden älteren Frau geplündert, noch ehe sie richtig tot ist. Und Sorbás? Ein Lebenskünstler, aber einer, der von richtiger Arbeit nichts hält, ein Gauner, der den tumben Intellektuellen davon überzeugen kann, dass er ihn unbedingt brauche. Doch diese Geschichte aus dem Leben eines Taugenichts faszinierte ein zivilisationsmüdes Publikum und fasziniert es offenbar noch immer.

Der Autor Pétros Márkaris ist im deutschen Sprachraum einer der erfolgreichsten griechischen Schriftsteller überhaupt, und sein Kommissar Charítos genießt unter Griechenland-Fans mittlerweile Kultstatus. Ein Fall von Kommissar Charítos führt den Leser u. a. an einen historischen Schauplatz. Auf der Suche nach einem Mörder aus rechtsradikalen Kreisen, einem gewissen Záchos Kommatás, begegnet der Kommissar einem ehemaligen Partisanen, der ihm vom Massaker von Kalávryta erzählt, dem am 13. Dezember 1943 fast 700 Zivilisten zum Opfer gefallen waren. Der Widerstandsveteran erzählt dem Kommissar den Ablauf des Massakers so: »Die Deutschen hatten die generalstabsmäßige Planung und die Aufsicht übernommen, die Mitglieder der Sicherheitsbataillone das Töten. Kommatás tötete die meisten. Einer von den Dolmetschern der Deutschen sagte später, die Deutschen hätten ihn ständig ermahnt: ›Záchos, keine Frauen und Kinder!‹ Doch er tat so, als hätte er nichts gehört. Er steigerte sich in einen Blutrausch hinein.« Die Roman-Version der Geschichte entfernt sich ein wenig von den historischen Fakten. Die 117. Jägerdivision hat ihre Untat ohne fremde Hilfe ausgeführt. Der Tathergang ist minutiös dokumentiert. Auch wurden in diesem Fall ausschließlich Männer exekutiert.

Pétros Márkaris ist Schriftsteller und kein Historiker. Er will dem griechischen Leser einen Spiegel vorhalten, Verdrängtes in Erinnerung rufen. Er macht das sehr überzeugend, er leuchtet hinein in die hässlichen Nachtseiten der griechischen Hauptstadt, die Schmuddelecken jenseits von Akrópolis und Pláka, wo es um Rotlichtkriminalität, Xenophobie und anderes mehr geht. Im vorliegenden Roman nimmt Márkaris die Rolle mancher seiner Landsleute als willige Vollstrecker der Wehrmacht in den 1940er Jahren aufs Korn, die nach dem Ende der deutschen Besatzung ihrer Strafe entgingen und erfolgreich Karriere machten. Da kommt es ihm auf das genaue historische Detail nicht immer an. Das Problem: Deutsche Leser könnten das zurechtgemachte Stück Zeitgeschichte für die historische Wahrheit nehmen, sich über ritterliche deutsche Landser freuen, die griechische Killer vom Abschlachten griechischer Frauen und Kinder abhalten wollten. Rücksicht auf Frauen und Kinder aber war im deutsch besetzten Griechenland ganz und gar nicht die Regel. Doch eines kommt der Wahrheit jedenfalls nahe: Wo immer griechische Kollaborateure mit der deutschen Soldateska gemeinsame Sache machten, führten sie sich mindestens so schrecklich auf wie ihre Dienstherren, so etwa in dem nordgriechischen Dorfes Chortiátis bei Thessaloníki, in dem eine aus griechischem Lumpenproletariat rekrutierte Terror-Sondereinheit der Wehrmacht am 2. September 1944 wütete und alles niedermachte bis zum letzten Säugling, auch einige der Opfer lebendig verbrannte. Dies war einer der Fälle, auf den tatsächlich passte, was Márkaris in seinem Buch *Der Großaktionär* anprangern und den Griechen in Erinnerung bringen wollte.

Dass der Schriftsteller Pétros Márkaris die Geschichte von Kalávryta in einem Krimi aufgreift, zeigt: Die deutsche Okkupation ist in Griechenland nicht vergessen.

Und jetzt muss sich auch Berlin wieder damit beschäftigen, sechseinhalb Jahrzehnte nach Kriegsende. Dabei haben die Griechen den Deutschen sehr früh die Hand zur Versöhnung ausgestreckt. Sie haben als eines der ersten von Hitlerdeutschland überfallenen Völker die Kulturbeziehungen wieder aufgenommen, sie haben, früher als alle anderen, auf die Strafverfolgung der Wehrmachtsverbrecher verzichtet.

Doch die Absicht, sich um jede Entschädigung für das während der Okkupationszeit in Griechenland Angerichtete zu drücken, bzw. »die Forderungen unserer einstigen Gegner durch Zeitablauf einer Verwirkung oder Verjährung zuzuführen« (so ein deutsches Botschaftspapier) hat dazu geführt, dass griechische Opfer nun, viele Jahre nach dem Krieg, die Justiz angerufen haben. Der Nationalrat für die Entschädigungsforderungen Griechenlands an Deutschland unter Vorsitz des legendären Widerstandshelden Manólis Glézos koordiniert die Aktivitäten. Prozesse sind anhängig, bis hin zum Internationalen Gerichtshof in Den Haag, und das Presseecho trägt zur Aufklärung über das Verdrängte bei. Und ein Film des Schweizer Regisseurs Stefan Haupt.

Dieser Film über das Leben des Argýris Sfountoúris, der mit seiner Schwester zu den ganz wenigen Überlebenden des Massakers von Dístomo am 10. Juni 1944 gehörte, ist seit einigen Jahren in den Programm-Kinos zu sehen und wurde auch vielfach im Fernsehen ausgestrahlt. Während die deutsche Soldateska alles was sich bewegte niedermetzelte, darunter seine Eltern und 30 weitere Familienangehörige, hatte er sich, kaum vierjährig damals, mit seiner Schwester in einem Keller versteckt. 1949 kam er als Vollwaise in das Pestalozzidorf von Trogen in der Schweiz, machte sein Abitur, studierte Mathematik und Astrophysik, wurde Gymnasiallehrer und ging später als Entwicklungshelfer in die Dritte Welt, nach Nepal und Indonesien. Zurück in der Schweiz, übersetzte er griechische Lyrik, gab eine Literaturzeitschrift heraus, engagierte sich publizistisch im Kampf gegen die Militärdiktatur in seiner Heimat. Doch das Trauma seiner Kindheit ließ ihn zeitlebens nicht los. Seit vielen Jahren ist Argýris Sfountoúris dabei, die Geschichte des Massakers von Dístomo aufzuarbeiten. Im Jahr 1994, zum 50. Jahrestag des Verbrechens, organisierte er einen internationalen Friedenskongress, mit Vertretern aus ganz Europa, Historikern und Pädagogen.

Geladen war auch der deutsche Botschafter in Athen. Doch von dem kam keine Antwort, stattdessen kamen zwei Sekretärinnen inkognito, die protokollierten, was denn da über Deutschland und seine Vergangenheit gesagt wurde. Sein Nachfolger rechtfertigte diesen Affront später mit den Worten: Er fürchtete an den Pranger gestellt zu werden von Leuten aus einem der Länder, »die damals gegen uns Krieg geführt haben«. Solche Äußerungen von Seiten des offiziellen Deutschland, und die Weigerung, die ausgestreckte Hand der Versöhnung anzunehmen, brachten Argýris Sfountoúris dazu, den Rechtsweg zu beschreiten und die Bundesrepublik Deutschland auf Entschädigung zu verklagen, auch im Namen seiner Schwester. Er war sich der geringen Chancen bewusst, vor einer deutschen Instanz Recht zu bekommen, er hoffte aber, dass eine solche Klage einen Beitrag zur Aufklärung der vielen Untaten der Wehrmacht in Griechenland leisten würde. Was beides dann auch der Fall war.

33

Dank seiner Initiativen ist Dístomo heute ein Symbol für deutsche Wehrmachtsverbrechen wie seit Jahrzehnten das französische Oradour und das tschechische Lidice. Und die Forderungen der griechischen NS-Opfer sind juristisch noch längst nicht erledigt. Gefordert wird auch weiterhin die Rückzahlung eines Zwangskredits, den die Besatzungsmacht Deutschland im Zweiten Weltkrieg den Griechen abgepresst hat. Um immerhin fünf Milliarden Euro in heutiger Kaufkraft geht es da, nach jüngsten Berechnungen, die der Historiker Hagen Fleischer auf Grundlage der im Politischen Archiv des Auswärtigen Amtes ruhenden Akten angestellt hat. Zinsen hinzugerechnet, käme man heute auf etwa 20 Milliarden. Die Angelegenheit sei verjährt, argumentieren deutsche Regierungskreise, was nicht stimmt. Wohl hat sich Griechenland im Februar 1953 in London mit einem Moratorium einverstanden erklärt. Doch in diesem Londoner Schuldenabkommen wurde auch festgelegt, welche Ereignisse zu neuerlichen Verhandlungen über die Schuldenfrage führen würden, und da werden ausdrücklich genannt: Ein Friedensvertrag zwischen Deutschland und den Siegermächten oder ein ähnliches Arrangement *(peace treaty or similar arrangement)*, und als solches betrachten viele Völkerrechtler das Zwei-plus-vier-Abkommen von 1990, oder die Wiederherstellung der deutschen Einheit, wörtlich: *the event of German unity being attained.* Und dieses Ereignis ist bekanntlich eingetreten.

Mit den Griechen gegen Hitler

Und noch eine kleine Geschichte zum Schluss dieses Rückblicks: Nicht alle deutschen Landser haben während der Besatzungszeit in Griechenland mitgemacht bei Unterdrückung und Massenmord. Einige haben an der Seite der griechischen Partisanen Widerstand geleistet. Bekannt geworden ist das nach dem Krieg in Deutschland (will sagen: in Deutschland-West) so gut wie nicht. Einer von ihnen war der Regisseur Falk Harnack, Bruder des in Plötzensee als Mann des Widerstandes hingerichteten Arvid Harnack. Falk Harnack war am Flughafen Tatoi bei Athen stationiert, als an seinen Vorgesetzten Gerhard Fauth der Befehl erging, ihn in die Heimat zu verfrachten – er sollte als

34

Mann der Gruppe »Weiße Rose« vor den Volksgerichtshof gestellt werden. Fauth aber gab ihm Gelegenheit zu fliehen. Harnack ging nach Athen, von wo ihm Thémos Kornáros, ein befreundeter griechischer Schriftsteller, in die Berge zu den Partisanen verhalf. Dort stieß er auf einige Dutzend deutscher Kameraden, die sich der Nationalen Befreiungsfront EAM angeschlossen hatten. Mit ihnen gründete er die deutsche Widerstandsgruppe AKFD (Aktionskomitee Freies Deutschland), die schließlich mehrere Hundertschaften umfasste. Sie bildeten Propaganda-Kompanien, die Flugblätter für die Wehrmacht entwarfen. Bei Kriegsende marschierten die deutschen AKFD-Partisanen, ausgestattet mit einem Passierschein aus der Hand des obersten griechischen Partisanenführers Áris Velouchiótis, durch das befreite Jugoslawien nach Hause.

Nur wenige von ihnen haben über ihre Zeit im griechischen Widerstand gesprochen. Sie fürchteten, als Verräter gebrandmarkt zu werden. Falk Harnack, der zu einem der wichtigsten Filmregisseure der ersten Nachkriegszeit wurde (»Das Beil von Wandsbek«) und nach einem Gastspiel bei der DDR-Produktionsfirma DEFA in Westberlin tätig war, hat sich erst vierzig Jahre nach dem Krieg als Partisan geoutet: Auf einer Tagung des Goethe-Instituts von Thessaloníki, wo er auch einigen seiner griechischen Kameraden von damals wieder begegnete, die ihn ehrten, stellvertretend für all die anderen vergessenen »Philhellenen« dieser Zeit.

Und das Bild der Griechen vom Deutschen? Zwiespältig. An der Befreiung von der Osmanenherrschaft hatten sie keinen Anteil, in zwei Weltkriegen waren sie Griechenlands Feinde, der Besatzungsterror ist unvergessen. Aber man bewundert deutsche Kultur und deutsche Technik, deutsche Ordnungsliebe und deutsche Disziplin. Auch fährt man gerne deutsche Autos. Und viele Griechen erinnern sich noch an deutsche Hilfe in den dunklen Jahren der Obristenherrschaft. Zwar hat die Bonner Regierung damals, in strikter NATO-Disziplin, gute Beziehungen zum Athener Obristenregime gepflegt, aber dennoch fanden damals viele politische Flüchtlinge Asyl in der Bundesrepublik. Was sich auszahlen sollte – nicht wenige dieser Asylanten fanden sich später in politischen Schlüsselpositionen in ihrer Heimat wieder – ein Staatspräsident, ein Ministerpräsident und mindestens ein halbes Dutzend Ressortminister, darunter ein Verteidigungsminister, der sich mit milliardenschweren Rüstungskäufen in Deutschland revanchierte.

Viel Sympathien hat sich in der Obristenzeit auch das Goethe-Institut Athen mit seinem regimekritischen Programm erworben, das allerdings gegen den Widerstand der Deutschen Botschaft, die schließlich die Versetzung des Programmchefs Johannes Weissert nach London durchsetzte.

»Edho Deutsche Welle«

Woran man sich in Griechenland heute auch noch gern erinnert: Das griechische Programm der »Deutschen Welle«, eine Stimme der antidiktatorischen Opposition aus Köln. Millionen Griechen hörten es, allabendlich, das »edho doitze welle« – »Hier ist die Deutsche Welle«, um sich über das zu informieren, was in der zensierten heimatlichen Presse nicht zu lesen und im vom Militär kontrollierten Fernsehen nicht zu sehen war. Auch bei den Kommunisten hängte der Sender aus Köln Radio Moskau ab, weil aus Köln mehr zu erfahren war. Mehr auch als bei der britischen BBC. Es gab regelmäßig Interviews mit griechischen Exilpolitikern, bissige Kommentare gegen die Politik der Obristen, und, nicht zuletzt, verbotene griechische Musik. Dass die Deutsche Botschaft in Athen nichts unversucht ließ, diesem Programm die Zähne zu ziehen, weil es die guten Beziehungen zur Militärjunta störte, erfuhren die griechischen Hörer ja nicht, lediglich, dass der griechische Programmchef Kóstas Nikoláou von einem Tag zum anderen durch einen deutschen ersetzt wurde. Als die Diktatur zu Ende ging, wurde die Deutsche Welle in Athen feierlich geehrt, und es sonnte sich in dieser Ehrung auch der Deutsche Botschafter, dem es beinahe gelungen wäre, diese kritische Stimme aus Köln zum Schweigen zu bringen.

Übrigens hören die Griechen auch heute noch Deutsche Welle, aber längst nicht mehr auf den alten Kurzwellen-Frequenzen, sondern auf UKW – viele griechische Sender, auch private, übernehmen täglich das griechische Programm aus Köln (zu dessen Mitarbeitern einst der heutige Staatspräsident Károlos Papoúlias gehörte).

Mit diesem von vielen Griechen noch heute gern erinnerten Kapitel deutsch-griechischer Mediengeschichte hat Deutschland bei den Griechen eine Menge Boden gutgemacht. Viel verspielt hat es hingegen im Frühjahr 2010, als anlässlich der griechischen Finanzkrise die deutsche Boulevardpresse gegen Griechenland mobil machte. Überall in den Niederungen der Publizistik, von *Bild* bis zum *Stern,* wurden die Griechen pauschal als Betrüger und Schuldenmacher denunziert, die sich einen Lenz machten auf unsere Kosten, in einem Ton, der so nirgendwo sonst in Europas Presse auch nur im entferntesten zu finden war. Und das Titelblatt des Münchner Wochenmagazins *Focus* vom 22. Februar 2010 (Titelgeschichte: »Betrüger in der Euro-Familie«) zierte eine Montage, welche die Aphrodite von Milos mit einem »Stinkefinger« zeigte. Was die Griechen indes noch mehr erboste: Im Innern griff das Blatt die längst tot geglaubten Theoreme Fallmerayers und Rosenbergs von der rassischen Minderwertigkeit der Neugriechen wieder auf, übernahm der Autor die Rede vom »entarteten Geschlecht« jener »slawischen Unholde«, »die im fünften und sechsten Jahrhundert über das byzantinische Reich hereinbrachen und die hellenische Nationalität mit Stumpf und Stiel ausrotteten«.

In Griechenland revanchierte sich daraufhin die Zeitung *Eléftheros Týpos* auf ähnlichem Niveau: ein Foto der Berliner Siegessäule zeigt die Göttin Viktoria (in Berlin auch »Goldelse« genannt) mit einem Hakenkreuz in der Hand. Auch wenn das in den griechischen Medien die Ausnahme blieb – man wird als Deutscher neuerdings öfter als zuvor auf die Vergangenheit angesprochen, auf die Jahre der Okkupation. Und dann ist es gut, wenn man weiß warum.

Geschichte im Alltag

Münzen, Statuen und Straßen – alles voller Helden

Auch wer, wie in einem alten Sprichwort empfohlen, jeden Pfennig vorm Ausgeben dreimal umdreht, widmet der Münzenrückseite, dem Avers, in der Regel keine große Aufmerksamkeit. Und im Normalfall sind die Rückseiten auch nicht besonders spannend. Eichenlaub und Brandenburger Tor in Deutschland, Mozart in Österreich, und in Ländern mit gekrönten Staatsoberhäuptern eben diese, gleich auf allen Münzen. Bei den griechischen Münzen waltet etwas mehr Fantasie, und die Münzen verraten auch etwas über das eigene Geschichtsverständnis. Wen und was bekommt man da zu sehen? Ein bisschen Antike darf nicht fehlen, Zeus, der in Stiergestalt die Europa entführt, ist auf der 2-Euro-Münze zu sehen, eine Eule, Symbol der Weisheit der Athene, auf dem 1-Euro-Stück. Eine attisches Kampfschiff, eine Triere, schmückt die 1-Leptó-Münze (*leptó* dürfen die Griechen ihren Euro-Cent nennen); mit einer Korvette aus dem Befreiungskrieg von 1821 geht es auf der 2-Leptá-Münze weiter, und ein Großtanker demonstriert auf dem 5-Leptá-Stück den Stolz der Griechen auf ihre bedeutende, weltweite Rolle in der Handelsschifffahrt von heute.

Drei Nationalhelden schmücken die anderen, die 10-, 20- und 50-Leptá-Stücke. Wer sind drei Porträtierten? Da ist, auf der 10-Leptá-Münze, ein Mann namens Rígas Feraíos, ein Revolutionär und Märtyrer der nationalen Befreiung, über den selbst viele Griechen nicht allzu viel wissen. Da ist Ioánnis Kapodístrias, erster Staatschef des jungen griechischen Nationalstaats (von 1828–1831), und schließlich Elefthérios Venizélos, er prägte das politische Leben des Landes über Jahrzehnte und war zwischen 1910 und 1933 fünfmal Premierminister. Ein Gottesmann ist nicht dabei, erstaunlich genug. Ein solcher ist als Statue im Zentrum der griechischen Hauptstadt verewigt: der

Patriarch Grigórios V., andere steinerne Helden sind der Militärführer Theódoros Kolokotrónis sowie die auch auf den Münzen
verewigten Ioánnis Kapodístrias und Rígas Feraíos. Der letztere und der Patriarch stehen nahe beieinander vor der Athener
Akademie, und sie stehen in einem merkwürdig zwiespältigen
Verhältnis zueinander; beide wurden von den Osmanen umgebracht, 1798 in Belgrad erwürgt und in die Save geworfen der
eine, 1821 in Konstantinopel an der Pforte des Patriarchats
gehängt und in den Bosporus geworfen der andere. Hier aber
endet schon die Parallele, denn sie waren Feinde.

Der ungeliebte Visionär – Rígas Velestinlís

Geboren wurde Rígas im thessalischen Velestíno, daher auch der
Name Rígas Velestinlís, mit dem er zeitlebens unterschrieb (den
Beinamen Feraíos hat man ihm später angehängt, nach der in
der Nähe von Velestíno ausgegrabenen antiken Stätte Pheraí).
Er absolviert das Gymnasium von Zagorá im Pílion, um anschließend seine Studien in Istanbul fortzusetzen, lernt Sprachen
und wird Privatsekretär des Phanarioten Aléxandros Ypsilántis.
Er studiert die französischen Schriften der Aufklärung, liest
Montesquieu, Voltaire und Diderot. 1790 geht er nach Wien,
beginnt mit dem Druck seiner revolutionären Schriften, darunter der bald weit verbreiteten »Charta von Griechenland«, er
übersetzt Montesquieus Hauptwerk *De l'Esprit des Lois* (Vom
Geist der Gesetze), aber auch ein Militärhandbuch aus der Feder eines deutschen Generals ins Griechische. Und er verfasst die
Thoúrios-Hymne, die als Lied der Revolution auf dem ganzen
Balkan Verbreitung findet.

Rígas macht sich mit seinen revolutionären Schriften nicht
nur die osmanische Obrigkeit zum Feind, sondern auch die grie-
chisch-orthodoxe Kirche. Und auch wenn Rígas als religiöser
Mensch gilt, macht ihn seine Begeisterung für die Französische
Revolution für das Patriarchat zu einem gefährlichen Boten der
Gottlosigkeit. Mit dem Herrscher des Himmels, den er im Thou-
rios-Hymnos anruft, ist, der Historiker Aléxis Polítis hat darauf
hingewiesen, eher das höchste Wesen der Französischen Revolution als der Gott der Christen gemeint. Und seine Auffassung

von dem einen Gott, dem Gott der Christen und der Muslime, macht ihn in den Augen des orthodoxen Klerus zum Ketzer.

Verhaftet wird er im Dezember 1797 in Triest, kurz vor seiner Abreise nach Griechenland (ein griechischer Kaufmann verrät ihn). Er hat fast 3000 Exemplare einer revolutionären Schrift im Reisegepäck. Die enthält eine Erklärung der Menschenrechte und einen Grundgesetz-Entwurf für eine nach der Revolution zu konstituierende polyethnische und multireligiöse Balkanunion. Im Artikel 7 seines Verfassungsentwurfs heißt es: Das souveräne Volk sind alle Bewohner ohne Ansehen der Religion und Sprache – Griechen, Bulgaren, Albaner, Vlachen, Armenier, Türken und Menschen jeden anderen Stammes. In seiner Proklamation der Menschenrechte geht er in Details, die erstaunlich anmuten für seine Zeit. Sich zu bilden, so fordert er, sei eine Verpflichtung für alle Bürger. Schulen seien zu errichten bis ins letzte Dorf, für Jungen und Mädchen gleichermaßen. Unter dem Begriff der Demokratie (das griechische Wort Δημοκρατία ist ja durchaus mehrdeutig) versteht er einen Staat ohne König, die Republik, was ihn auch für die Österreich-Ungarische Monarchie zu einem gefährlichen Subjekt macht. Die Häscher Metternichs schleppen ihn denn auch in Ketten nach Wien, wo man ihn und sieben seiner ebenfalls verhafteten Genossen über Monate unter der Folter verhört und schließlich als gefährliche Revolutionäre den befreundeten osmanischen Despoten ausliefert. Am 24. Juni 1798 wird Rígas mit den anderen in Belgrad erhängt.

Es war seine Tragik, dass mit den Ideen der Französischen Revolution und der Aufklärung, den Prinzipien von Freiheit, Gleichheit, Brüderlichkeit, auch die Idee des Nationalismus eng verklammert war, die besonders in der Balkanregion bis heute ihren Blutzoll fordert. Seine entschiedene Absage an den Nationalismus mag einer der Gründe dafür sein, dass man sich in Griechenland so lange nicht gebührend um sein schriftliches Erbe gekümmert hat. Erst 1953, fast 150 Jahre nach seinem Tod, wurde in Athen erstmals eine Gesamtausgabe seiner Schriften publiziert. Die erste ausführliche Rígas-Biographie erschien erst im Jahr 1989, geschrieben hat sie allerdings ein Brite. Immerhin – im Jahr 2004 nahm sich die PASOK-Regierung unter Ministerpräsident Simítis des verfallenden Neboisa-Turms in Belgrad an, seiner Hinrichtungsstätte. Für insgesamt 1,4 Millionen Euro aus dem griechischen Staatshaushalt wurde das historische Gebäude restauriert. Und zu seinem 200. Todestag gab es die erste »numismatische« Ehrung für Rígas – die Regierung versah den letzten 200-Drachmen-Schein vor Einführung des Euro mit einem Porträt des Revolutionärs. Sein Vermächtnis soll man kurz vor seinem Tod am 24. Juni 1798 aus dem Belgrader Kerker geschmuggelt haben: »Ich habe gesät, mögen nun andere kommen und ernten.« Doch ging die Saat nicht in seinem Sinne auf. Zwar war die Revolution nicht aufzuhalten, und der bewaffnete Kampf gegen die Osmanenherrschaft auf dem Balkan begann schon wenige Jahrzehnte nach seinem Tod in Belgrad. Aber noch vor der endgültigen Befreiung der Balkanvölker fielen die christlichen Untertanen des Sultans übereinander her, und die ethnischen Konflikte um die Aufteilung der ehemaligen Territorien des Osmanischen Reiches auf dem Balkan fanden bis heute kein Ende.

Der andere Märtyrer – der Heilige Grigórios

Im Jahr 1872 wurde vor der Athener Universität das Denkmal für den Patriarchen Grigórios V. aufgestellt. Seine Rolle im Befreiungskampf der Griechen war so zwiespältig wie die der Kirche insgesamt. Eingebunden in die Hierarchie des osmanischen Herrschaftssystems und Nutznießer desselben, war sein Interesse an einer Veränderung der bestehenden Verhältnisse denkbar gering. Und als ihn Sultan Mahmud II. 1821 zu Beginn des Aufstandes in der Peloponnes aufforderte, seine unbotmäßigen Schäflein zur Raison zu bringen, belegte der höchste Repräsentant der orthodoxen Christen alle Aufständischen mit dem Bannfluch. Das tat er nur zum Schein, sagen seine Anhänger, auf alle Fälle nicht, um seine eigene Haut zu retten, denn er hatte Gelegenheit zur Flucht gehabt. Doch wie wenig er mit den Aufständischen sympathisierte, belegen Dokumente. Vor allem den Revolutionär Rígas hielt er für ein gefährliches Subjekt, wegen dessen Nähe zu den Ideen der Französischen Revolution. Dass für Rígas Christen und Türken ein und denselben Gott verehrten, war Häresie, seine Schriften deshalb, so ein erhaltenes Schreiben an den Metropoliten Ánthimos von Smýrna, »voller Fäulnis und gegen das Dogma unseres christlichen Glaubens gerichtet«. Anders sah das Germanós, der Erzbischof von Pátras, der am 25. März 1821 die Fahnen der Aufständischen segnete und so der Kirche eine führende Rolle im Befreiungskampf sicherte. Patriarch Grigórios musste für die Tat des Erzbischofs büßen. Er wurde nach der Osternachtfeier 1821 vor der Kathedrale auf Befehl des Sultans von Janitscharen ergriffen, ins Gefängnis geworfen und gefoltert, und schließlich am 22. April 1821 vor dem Tor des Patriarchats aufgehängt. Seine Leiche wurde zwei Tage später durch die Stadt geschleift und in den Bosporus geworfen. Griechische Seeleute bargen sie und brachten sie nach Odessa. 50 Jahre später holte die griechische Regierung seine sterblichen Überreste nach Athen, und heute ruhen sie in der Athener Metropolis-Kathedrale. 1921 wurde Grigórios V. heiliggesprochen.

Theódoros Kolokotrónis – vom Räuberhauptmann zum Patrioten

Das große Reiterstandbild des Theódoros Kolokotrónis im Athener Stadtzentrum, nicht weit von Sýntagma-Platz entfernt, kann man nicht übersehen. Er gilt heute als einer der großen Helden der Nation, in den Erinnerungen mancher seiner Zeigenossen kommt er allerdings nicht allzu gut weg. Vor allem britische Beobachter kreideten ihm allerlei Scheußlichkeiten an. Geboren wurde er 1770 in Karítaina. Schon früh schloss er sich den Klephten an – ein Name, der Ehrentitel und Schimpfwort zugleich war. Er bedeutet im Wortsinn nichts anderes als Dieb oder Räuber, und Räuber waren die Klephten ja auch wirklich – Gesetzlose, die in die Berge gegangen waren und ihren Lebensunterhalt durch Überfälle verdienten. Sie raubten nicht nur reiche Osmanen aus, sie überfielen auch Griechen, zum Beispiel die als Verwaltungsbeamte der osmanischen Herren zu Besitz und Reichtum gelangten *Kotsabassides* (eigentlich türkisch *kocabaşi*), eine Art Gemeindevorsteher. In den Augen der besitzlosen Landbevölkerung genossen die Klephten einen Ruf wie anderswo Robin Hood oder der Schinderhannes. Im griechischen Befreiungskrieg wurden diese Gesetzlosen zu Patrioten, stellten die wichtigsten militärischen Führer im Kampf gegen die Osmanen, aber ihre Räubernatur sollte auch während des Kampfes gegen die Osmanenherrschaft noch zutage treten.

Der Klephtenführer Kolokotrónis flüchtete 1806 vor den Türken auf die Insel Zákynthos, eine der zu dieser Zeit unter britischer Verwaltung stehenden sieben ionischen Inseln. Dort wurde aus dem Banditen ein regulär ausgebildeter Offizier, und nach der Ausrufung des griechischen Aufstandes im März 1821 stieg er auf zu einem der bedeutendsten Anführer des Freiheitskampfes.

Dass die Klephten ihrem Namen auch nach Beginn des Freiheitskampfes weiter alle Ehre machten, zeigte sich nirgends drastischer als bei der Einnahme der peloponnesischen Provinzhauptstadt Tripolitsá, heute Trípolis, im September 1821. Monatelang hatten die Klephten diese osmanische Hochburg belagert, bis in der Stadt Nahrung und Wasser ausgingen. Den 2500 muslimischen Albanern innerhalb der Festung hatten die Belagerer freies Geleit gewährt, ebenso einigen wohlhabenden Türken, jeweils gegen ein mehr oder weniger hohes Lösegeld. Am 23. September 1821 stürmten Kolokotrónis' Leute die Festung und massakrierten in den folgenden Tagen nach Augenzeugenberichten mehr als 8000 Einwohner, auch die Frauen und Kinder fanden keine Gnade. Ermordet wurden auch alle Juden in der Stadt, wobei Auslöser der Tat, wie der Historiker Steven Bowman in seiner Geschichte des Judentums in Griechenland betont, nicht Antisemitismus war – die Juden galten einfach als Verbündete der Türken. In den zeitgenössischen Schilderungen ist die Rede von Szenen großer Grausamkeit, sie werfen ein düsteres Licht auf den späteren Nationalhelden Kolokotrónis und die anderen Militärführer und Clanchefs. Gewiss ging es hier auch um Rache und Vergeltung für vorangegangene Massaker der Türken. Doch ging es den Eroberern vor allem ums Plündern und Beute machen, auch Kolokotrónis soll sich bei der Einnahme von Tripolitsá persönlich erheblich bereichert haben. Kapodístrias und andere politische Führer des griechischen Aufstands reagierten mit Abscheu auf die Greueltaten der Klephten, ebenso die ausländischen Beobachter. Doch 1823 wurde Kolokotrónis von der ersten griechischen Nationalversammlung zum Oberbefehlshaber der griechischen Revolutionstruppen ernannt, denn sein militärisches Talent war wohl unverzichtbar.

Kapodístrias, ein Opfer der Zwietracht

Am 9. Oktober 1831 fielen Schüsse vor der Kirche des Heiligen Spýridon in Náfplion. Sie trafen Ioánnis Kapodístrias, den ersten Politiker, der es unternommen hatte, das neue Griechenland zu regieren, bzw. jenen Rumpfstaat, der nach den ersten Siegen über die Osmanen mit dem Segen der drei Schutzmächte England, Frankreich und Russland aus der Taufe gehoben wurde und nicht viel mehr als die Teilregionen Peloponnes, Attika und Böotien umfasste.

Kapodístrias hatte eine Karriere hinter sich, die ihn nicht dazu prädestinierte, mit jener anarchischen Situation fertig zu werden, die mit dem griechischen Befreiungskrieg entstanden war. Kosmopolit und weltgewandter Diplomat aus begüterter Aristokratenfamilie, hatte er es bis zum russischen Außenminister gebracht. Nun hatte es der Kybernet, wie sein Titel als Regierungschef lautete, zu tun mit selbstbewussten Warlords, wie man heute sagen würde, mit Räubern und Clanchefs, die auf Macht und Einfluss für ihre Großfamilien sowie für ihre jeweilige Klientel bedacht waren. Vor allem die *kocabaşi*, die während der Osmanenherrschaft auf lokaler Ebene eine Art Statthalterrolle ausgeübt hatten, dachten nicht daran, sich einer neuen Zentralgewalt zu fügen. Noch dazu kam dieser Kapodístrias aus einer der wenigen entwickelten Regionen Griechenlands, nämlich von den Ionischen Inseln, die lange unter venezianischer, dann unter napoleonischer Herrschaft gestanden hatten und seit 1805 britisches Protektorat waren. Kurz: Er kam aus einer anderen Welt und war daher sowohl den Klephtenführern als auch den Clanchefs aus der wilden Máni in der südlichen Peloponnes verdächtig, fremde, vor allem russische Interessen zu vertreten.

Die Großgrundbesitzer fürchteten zudem um ihre Privilegien und die Aussicht, das durch die Vertreibung oder Ermordung der Türken herrenlos gewordene Land in Besitz zu nehmen.

Seine Pläne für eine Bodenreform lehnten diese Notabeln ab, und weil Kapodístrias sich gezwungen sah, autoritär zu regieren, kam es schon bald zum offenen Konflikt, u. a. mit der mächtigen Máni-Familie Mavromichális. Als er den Chef dieser Familie, Pétrobey, verhaften ließ, wurde er von Mitgliedern der Familie erschossen. Was damals aus Griechenland geworden wäre, hätte der strenge Reformer Kapodístrias mehr Zeit bekommen, darüber zu spekulieren ist müßig. So jedenfalls blieben seine Reformen unvollendet. Es sollte noch 80 Jahre dauern bis die semi-feudalen Strukturen im ländlichen Bereich beseitigt wurden, und der liberale Politiker Elefthérios Venizélos einiges von dem verwirklichte, was der Kybernet Kapodístrias geplant hatte.

Ihm zu Ehren wurde übrigens die von dem Dänen Theophil Hansen erbaute Athener National-Universität, die zunächst den Namen des Königs trug, später in Kapodístrias-Universität umgetauft.

Vom Wittelsbacher Otto zu den glücklosen Glücksburgs – Exkurs über die Monarchie

Ein gekröntes Haupt findet sich auf keiner der griechischen Euro-Münzen. Die Griechen haben sich der ungeliebten Monarchie im Dezember 1974 per Volksentscheid endgültig entledigt, nach mehreren vergeblichen Anläufen zuvor. Mit allzu großer Fortüne waren Griechenlands Könige von Anfang an nicht eben gesegnet, denn die Griechen haben sich die Monarchie ja auch nicht ausgesucht. Sie war ihnen nach dem Mord an Kapodístrias von den »Schutzmächten« Großbritannien, Frankreich und Russland aufgezwungen worden. Ihre Wahl fiel auf den gerade 16-jährigen Wittelsbacher Prinzen Otto (sein Fürstenhaus hatte keine geopolitischen Interessen in der Region).

Doch dieser Otto, in Griechenland Othon genannt, und seine Regenten haben eine Menge Fehler gemacht. Ihr absolutistisches Regime schmeckte diesem rebellischen Volk, das sich gerade einer Despotie entledigt hatte, ganz und gar nicht, dass Othon nicht zum orthodoxen Glauben konvertierte, ebensowenig. Und im Jahr 1862 vertrieben die Griechen ihn und seine »Bavarokratie«. Heute wissen sie aber zu schätzen, was der Wittelsbacher damals so alles aus Bayern mitgebracht hat: Eine Truppe einigermaßen kompetenter Beamter für den Aufbau einer Zivilverwaltung, einen Rechtsgelehrten namens Maurer, der mit Gesetzestexten vom Bürgerlichen Gesetzbuch bis zur Verwaltungsgerichtsordnung für ein ordentliches Justizwesen sorgte, die Kunst des Bierbrauens – ein Brauer namens Johann Ludwig Fuchs brachte sie 1834 nach Athen, das Bier der Marke *Fix* behielt dann quasi Monopolstatus bis ins Jahr 1968 –, die erste Weinkellerei, deren Kellermeister Gustav Clauss hieß, ein halbes Dutzend Stadtplaner und Architekten, von deren Hinterlassenschaft weiter hinten die Rede sein wird, eine Universität und eine Akademie und einen königlichen Stadtpark, heute eine der wenigen Grünflächen der Hauptstadt, ein Stadtschloss, in dem heute das Parlament residiert, und, last but not least, ist ihm das bei den Touristen so beliebte Outfit der Evzonen-Garde zu verdanken, die stündlich vor diesem Parlament, am Grabmal des Unbekannten Soldaten aufmarschiert – König Othon fand die albanische Tracht der Freiheitskämpfer von 1821 samt dem weißen Röckchen Fustanella so attraktiv, dass er sie zur Uniform seines Wachbataillons bestimmte.

Ottos Nachfolger stammten aus dem Hause Schleswig-Holstein-Sonderburg-Glücksburg, im Volksmund respektlos stets die Glücksburgs genannt. Von Glück verfolgt war auch diese Dynastie am Ende nicht. Am längsten herrschte Georg I., nämlich von 1863–1913. Dann wurde er von einem Attentäter ermordet. Sein Nachfolger Konstantin I. wurde 1917 zur Abdankung gezwungen, um seinem Sohn Alexander Platz zu machen. Dieser beliebte Herrscher starb 1920 an einem Affenbiss, und ihm zu Ehren bekam die im selben Jahr im Vertrag von Sèvres an Griechenland gefallene thrazische Hafenstadt Dedeagatsch den Namen Alexandroúpolis. Ihm folgte, noch einmal, Konstantin I. 1922 musste er zum zweitenmal ins Exil, Nachfolger wurde für zwei Jahre Sohn Georg II., den 1924 die Militärs vertrieben. Griechenland wurde Republik. Im November 1935 brachten die Militärs diesen Georg zurück auf den Thron, und der revanchierte sich, indem er am 4. August 1936 dem Putsch-General Ioánnis Metaxás den Segen für eine fünf Jahre dauernde Diktatur gab. 1941, nach dem deutschen Einmarsch, floh Georg erneut ins Exil, 1946 setzten ihn die Briten wieder auf den Thron.

»Der wichtigste Gegenstand für einen König von Griechenland ist ein Koffer«, hat er einmal gesagt.

Der letzte griechische Monarch, Konstantin II., kam im März 1964 nach dem frühen Tod seines Vaters Paul mit 24 Jahren ein bisschen zu jung ins Amt. Er stand Zeit seiner Regentschaft ganz unter der Fuchtel der intriganten Königinmutter Friederike von Braunschweig – ihr Kosename im Volksmund: *Fríki*, der Schrecken. Ihr gelang es, sich mit dem Chef der liberalen Zentrums-Union, Geórgios Papandréou ebenso wie mit dem Oberhaupt der Konservativen ERE-Partei, Konstantínos Karamanlís, gleichermaßen anzulegen, und als im April 1967 die Putschisten mit Panzern in die Hauptstadt rollten, zwang sie ihren Sohn, ihnen seinen königlichen Segen zu geben. Als der zögerte, den Putschisten die Ernennungsurkunden zu unterzeichnen, soll sie ihn angefaucht haben: »Halts Maul und unterschreib!« Dann stellte er sich mit den Obristen der Presse zum historischen Gruppenbild. Das war der Anfang vom Ende der glücklosen Glücksburgs in Griechenland. Nach einem dilettantischen Gegenputschversuch im Dezember 1967 ging der letzte König der Hellenen samt Königinmutter ins Exil. Heute kommt er nur noch gelegentlich als Tourist nach Griechenland. Sein Schwager Juan Carlos von Spanien hatte eine glücklichere Hand im Umgang mit Puschisten, aber das ist eine andere Geschichte. Einen positiven Eintrag im griechischen Geschichtsbuch hat der junge König Konstantin II. hinterlasssen: Er holte bei den Olympischen Spielen 1960 eine Goldmedaille nach Griechenland – im Drachensegeln. Das beherrschte dieser Herrscher ohne Fortüne offenbar wirklich.

Venizélos, der Staatsmann aus Kreta

Elefthérios Venizélos, der 1864 geborene große Kreter, erfreut sich heute der Verehrung fast aller Griechen. Und das, obwohl er über Jahrzehnte die Nation gespalten hat, in Republikaner und Monarchisten. Es ist ihm gelungen, das griechische Territorium beträchtlich zu vergrößern, ja, nahezu zu verdoppeln. Aber er trug auch Mitverantwortung für den Exodus der Griechen aus Kleinasien.

Seine politische Karriere begann er in den 80er Jahren des 19. Jahrhunderts als Vorkämpfer für die *Énosis*, die Vereinigung seiner Heimatinsel Kreta mit dem Mutterland, und er erreichte zunächst eine begrenzte Autonomie von der osmanischen Herrschaft. 1908 proklamierte er vergeblich den Anschluss der Insel an Griechenland (der tatsächlich erst 1913 gelang), 1909 riefen ihn revoltierende Militärs nach Athen, er kandidierte bei den von ihnen ausgerufenen Wahlen und führte die von ihm gegründete Liberale Partei zum Sieg. Den nutzte er, um das Land von Grund auf zu reformieren. Nicht alles ist ihm gelungen, vieles blieb Stückwerk, aber einiges verdankt ihm das Land denn doch: Eine Bodenreform, die der Kybernet Kapodístrias einst nicht durchführen konnte, die Gründung von landwirtschaftlichen Genossenschaften, die Einführung der Koalitionsfreiheit für die Gewerkschaften. Eine von ihm (mit Beratern aus Frankreich und Großbritannien) eingeleitete Heeresreform ermöglichte Griechenland seine Siege in zwei Balkankriegen, am Ende bekam es im Frieden von Bukarest von 1913 die Provinz Ípiros und den größten Teil von Mazedonien, inklusive Thessaloníki, zugesprochen.

Am Vorabend des Ersten Weltkrieges brach ein Konflikt zwischen dem Republikaner Venizélos und der Krone aus. König Konstantin I., Schwager von Kaiser Wilhelm II., sympathisierte mit dem Deutschen Reich; er konnte zwar nicht an der Seite der Mittelmächte in den Krieg eintreten, denn zu denen gehörten bereits Griechenlands Erzfeinde Türkei und Bulgarien, aber er optierte für Griechenlands Neutralität. Venizélos seinerseits setzte auf den Sieg der Alliierten und spekulierte auf weitere territoriale Zugewinne, bildete eine Gegenregierung in der »Nebenhauptstadt« Thessaloníki und führte das Land an der Seite der Entente in den Krieg. Das Resultat: Griechenland gewann mit dem Vertrag von Sèvres West- und Ostthrazien sowie, für kurze Zeit, Smyrna und das Hinterland. Dass ihn die Wähler 1920 trotz dieser Erfolge in die Wüste schickten, war sein Glück – für das Scheitern des Versuchs, die seit zweitausend Jahren griechisch besiedelte anatolische Küste zu annektieren, um die *megáli idéa*, die Große Idee von Großgriechenland zu realisieren, musste er keine politische Verantwortung übernehmen. Das Unternehmen endete in einer militärischen Katastrophe. Die von Kemal Atatürk geführte türkische Armee brachte den Griechen eine vernichtende Niederlage bei, Smyrna wurde verbrannt, ein Großteil der Bevölkerung massakriert, der Rest flüchtete auf die ägäischen Inseln. Sechs Minister und Generäle wurden in Athen als Verantwortliche für das Desaster zum Tode verurteilt und hingerichtet, während Venizélos die Aufgabe übertragen bekam, den Frieden mit der Türkei und den Vertrag von Lausanne auszuhandeln, der die Zwangsumsiedlung von 1,5 Millionen Griechen aus der Türkei und einer halben Million Türken aus Griechenland besiegelte. Noch dreimal wurde er in der unruhigen Zwischenkriegszeit Premierminister. Er starb 1936 und erhielt den Ehrentitel Ethnarch, Führer der Nation.

Melína Merkoúri – ein nationales Idol

Wenn man Griechen heute nach einem beliebten Politiker fragt, wird man auf eine positive Antwort lange warten müssen. Das war nicht immer so. Da gab es einmal eine Kulturministerin, die höchste Verehrung genoss, Melína Merkoúri hieß sie und die kannte man ja auch außerhalb des Landes, als Schauspielerin und Sängerin. Aber es war nicht allein die prominente Künstlerin, die Andréas Papandréou 1975 in die PASOK holte, sondern eine ganz andere Melína: die widerspenstige, die als Kämpferin gegen die Putschobristendiktatur von 1967 um die Welt reiste.

Für die meisten Deutschen ist Melína Merkoúri diese große Blonde, die in dem Erfolgsfilm »Sonntags nie« die Edelhure vom Piräus spielte, und mit ihrer unverwechselbar rauchigen Stimme das Lied der Kinder vom Piräus sang. In zumindest einem weiteren Film unter der Regie ihre Mannes Jules Dassin haben sie viele gesehen: »Topkapi«, der Geschichte eines erfolgreich ausgeführten, aber am Ende dann doch gescheiterten Juwelenraubs in Istanbul. Aber ihre Landsleute haben auch die geflügelten Worte nicht vergessen, die sie aus dem Exil dem Putschgeneral Pattakós nach dem Entzug der griechischen Staatsbürgerschaft entgegen schleuderte: »Ich bin als Griechin geboren und werde als Griechin sterben. Pattakós ist als Faschist geboren und wird als Faschist sterben!« Bei ihren vielfachen Auftritten auf Veranstaltungen gegen das Militärregime füllte sie Säle, ihre ohnehin schon große Popularität nahm bei den Griechen noch zu. Und wie in vielen anderen Fällen auch war diese Art Popularität allemal gut auch für eine politische Karriere. So schmückte Andréas Papandréou seine PASOK mit der populären Melína, bot ihr einen Listenplatz bei den Parlamentswahlen von 1977 an, und sie reüssierte. Im Oktober 1981 holte Papandréou, nun Ministerpräsident, sie als Kulturministerin in sein Kabinett. Dieses Amt bekleidete sie von 1981 bis 1989 und dann wieder von 1993 bis 1994. Wobei man von ihr wohl nicht mehr als die Rolle einer Galionsfigur erwartet hatte und sich gewaltig irrte – sie hat an diesem Platz sehr viel angestoßen und bewirkt. Und über diese andere Melína, diese politische Powerfrau, wissen wir eigentlich noch immer zu wenig. Wie keine Frau vor ihr hat sie, ihre Prominenz einsetzend, in der griechischen Macho-Männerwelt ein Zeichen gesetzt. Dabei half ihr auch ihr *arvanítiko kefáli,* der sprichwörtliche Dickschädel der Arvaniten, stammt sie doch aus einer Familie albanischen Ursprungs. Und die Tatsache, dass Vater und Großvater aktive Politiker waren, kam hinzu; der Großvater, erzkonservativer Royalist, war jahrzehntelang Athener Oberbürgermeister, ihr Vater war auf der anderen Seite aktiv – er war Abgeordneter der Partei der Einheitlichen Demokratischen Linken, der EDA, die die Kommunistische Partei in den Jahren der Illegalität nach dem Zweiten Weltkrieg ersetzte. Beide, Vater und Großvater, wollten nicht, dass sie Schauspielerin werde, doch sie setzte sich durch, und das gelang ihr auch als Politikerin immer wieder.

Kulturminister in Griechenland sind in der Regel blasse Politiker, dafür sehr eifrig auf den eigenen Vorteil bedacht. Das Budget ihres Ministeriums ist überraschend hoch, hier werden, zum Beispiel, alle Eintrittsgelder aus den griechischen Museen und archäologischen Stätten verwaltet. Das ist eine Menge Geld, und eine große Versuchung für die Verwalter – als sich im Januar 2008 der Kulturstaatssekretär Záchópoulos aus dem Fenster stürzte, ging sogleich die Rede von drohenden Enthüllungen über Untreue im Amt (oder war es in Wirklichkeit eine Sex-Affäre, die ihn zum Selbstmordversuch trieb?). Hier eine unvollständige Liste der Aktivitäten von Melína Merkoúri in ihrer Amtszeit: Sie schuf die Einrichtung der Kulturhauptstadt Europas, eine Ehrung, die natürlich zum ersten Mal an ihr Athen fiel. Sie kämpfte erfolgreich für die Sanierung der unter der Militärjunta total heruntergekommenen Altstadt Pláka, begann eine Kampagne für die Heimkehr der vom britischen Lord Elgin von der Akrópolis entwendeten Teile des Parthenon-Frieses aus dem British Museum in London, die noch immer gern nach ihrem Entführer die *Elgin Marbles* genannt werden. Ihr verdankt die Hauptstadt den Bau des neuen Akrópolis-Museums und das Konzept der Vereinigung der archäologischen Stätten rund um die Akrópolis, die Rettung des Schliemannhauses und anderer Baudenkmäler. Auch dafür verehren die Athener ihre Melína, und sie haben ihr, der 1994 verstorbenen Schauspielerin und der Politikerin, unweit der Akrópolis ein Denkmal aufgestellt.

Panzerkorso und Paraden – Geschichte im Gedenktag

Die Auswahl der Nationalfeiertage sagt uns einiges darüber, worauf ein Volk stolz ist. Die Griechen haben zwei davon. Da ist zuallererst der 25. März. Am 25. März 1821 weihte der Bischof von Pátras, Germanós, im Kloster Agía Lávra in der Peloponnes die Fahnen einer Gruppe von Aufständischen, und dieser Tag gilt traditionell als der Beginn des griechischen Freiheitskampfes. Die Datierung auf den 25. März ist eine Konvention, die den Vorteil hat, dass hier auch die orthodoxe Kirche ihren Platz bekommt. Die Idee zur Begründung eines neugriechischen Nationalstaats war ja nicht von ihr ausgegangen, und auch nicht vom griechischen Kernland, wo das Griechentum nicht mehr seinen Mittelpunkt hatte. Der befand sich in der osmanischen Metropole Konstantinopel, der einstigen Hauptstadt von Byzanz und dem Sitz des Patriarchats der orthodoxen Kirche, die auch Wohnort einer wohlhabenden griechischen Elite von Kaufleuten und Diplomaten war. Weil diese (wie das Patriarchat) im Leuchtturmviertel, dem Fanar, ansässig waren, nannte man sie auch Fanarioten. Aber diese Fanarioten hatten sich mit der osmanischen Herrschaft gut arrangiert.

So erwachte die Sehnsucht nach einem eigenen griechischen Nationalstaat in der entfernteren griechischen Diaspora, in

Odessa, in Bukarest und in Wien. Verschwörerzirkel mit so unverdächtigen Namen wie die *Philikí Etairía* (Gesellschaft der Freunde), die *Philómoussos Etairía* (Gesellschaft der Musenfreunde) bereiteten den Aufstand vor, Vordenker waren Rígas Feraíos und Aléxandros Ypsilántis. Doch erst als es ihnen gelang, die Klephten wie die unter der Osmanenherrschaft privilegierten Notabeln, die *kocabaşi,* für die Idee der Revolution zu gewinnen, konnte der Aufstand beginnen. Für den Verlauf des Befreiungskrieges wurde schließlich ein anderes Datum wichtig, eines, das die Griechen heute gern übergehen: Der 20. Oktober 1827, der Tag der Seeschlacht von Navaríno. Aber an diesem entscheidenden Seesieg über die Osmanen hatten die Griechen keinen Anteil. Doch davon später mehr.

28. Oktober 1940 – der Óchi-Tag

Am 28. Oktober, dem zweiten Nationalfeiertag, erinnern sich die Griechen alljährlich eines anderen stolzen Moments ihrer Geschichte. Am 28. Oktober des Jahres 1940 stellte der italienische Diktator Mussolini seinem griechischen »Kollegen« Ioánnis Metaxás ein Ultimatum: Er forderte das Recht auf strategisch wichtige Operationsbasen in Griechenland und uneingeschränktes Durchmarschrecht. Dieses Ansinnen bekam der griechische Diktator vom italienischen Botschafter Emanuele Grazzi in den frühen Morgenstunden überreicht, verbunden mit der Drohung, eine Ablehnung bedeute Krieg. Doch Metaxás lehnte ab. Sein Nein zum Ultimatum, griechisch: *Óchi,* skandierten anderntags die Griechen auf der Straße, und da hatten Mussolinis Truppen bereits die griechische Nordgrenze, vom italienisch besetzten Albanien aus, überschritten. Doch die Griechen, bis zu diesem Tag tief zerstritten in verfeindete politische Lager, leisteten den Eindringlingen erbitterten Widerstand, auch die von Metaxás bis dahin brutal verfolgten Kommunisten, und sie verjagten die weit überlegenen, aber wenig motivierten Italiener in wenigen Wochen und verfolgten sie bis weit nach Albanien hinein mit einem Kampfgeist, der selbst Mussolinis Achsenpartner Adolf Hitler Respekt abnötigte. Zugleich aber sah der sich allerdings gezwungen, den Italienern zu Hilfe zu eilen, und so marschierte die Wehrmacht am 6. April 1941 (Codename: Unternehmen Marita) in Griechenland ein. Am 26. April besetzte sie Athen und es begann eine Zeit schrecklicher Leiden für das griechische Volk, die mit dem deutschen Abzug im Oktober 1944 noch kein Ende fanden. Wenn die Griechen heute nicht den Tag der Befreiung von der NS-Besatzung als Nationalfeiertag begehen, sondern den »Óchi«-Tag, liegt das vor allem daran, dass die befreiten Griechen nur kurz nach dem Ende der Okkupation übereinander herfielen. Der schon in den Jahren zuvor herrschende, von den Besatzern systematisch geförderte Bruderzwist zwischen Kommunisten und dem bürgerlichen Lager brach offen aus, und dieser blutige Bürgerkrieg sollte noch bis zum Sommer 1949 dauern. Hinzu kam noch etwas anderes: Längst nicht alle Griechen hatten dem deutschen Aggressor Widerstand geleistet, und allzu viele Kollaborateure waren nicht nur straflos davon gekommen, sie wurden auch im Nachkriegsgriechenland zu Teilhabern der politischen Macht. So lag es nahe, einen Tag zu feiern, der ein Symbol des Sieges für alle Griechen war und bis heute ist. Im Kampf gegen Mussolinis Truppen hatten die Griechen vereint den Faschisten ihre erste militärische Niederlage bereitet. Der Mythos der Unbesiegbarkeit der Achsenmächte war dahin. Die große zentrale Militärparade zum »Óchi«-Tag wird allerdings nicht in der Hauptstadt abgehalten, sondern in Thessaloníki – wie es heißt, aus Rücksicht auf die heute befreundeten und in der NATO verbündeten Italiener.

17. November 1973 – der Aufstand der Studenten

Ein offizieller Feiertag ist das nicht, aber begangen wird er jedes Jahr, dieser 17. November, und die Kinder haben schulfrei. Im November 1973, die Junta der Obristen war sechseinhalb Jahre an der Macht, schien der Widerstand der Griechen gegen das Regime gebrochen, oder er beschränkte sich auf die Publikation von Untergrundpresse. Da geschah das Unerwartete: Studenten besetzten das *Metsóvio Polytechnío*, die Technische Hochschule mitten im Stadtzentrum, Fachleute für Hochfrequenztechnik bastelten einen leistungsfähigen Rundfunksender. »Edó Polytechnío, edó Polytechnío«, »hier spricht die TH, hier spricht die TH«, so begannen die Studenten drei Tage lang ihre Sendungen, es folgte eine Schallplatte mit einem Lied von Jánnis Rítsos und Míkis Theodorákis, dem verbotenen Dichter und dem verbotenen Komponisten, dazu gab es Informationen und Aufrufe zur Wiederherstellung der Demokratie. Es war nur eine Frage der Zeit, bis die Obristen intervenieren würden. Und am dritten Tag der Besetzung geschah es: Panzer fuhren auf, walzten die eisernen Eingangstore zum Hof nieder, das Militär räumte mit Gewalt die Universität. Schüsse fielen. Die genaue Zahl der Todesopfer ist bis heute nicht bekannt, es waren mindestens 24. Dass dies der Anfang vom Ende für die Junta war, dürfte den Militärs nicht bewusst gewesen sein, sie hatten sich nach fast sieben Jahren im Amt an die stillschweigende Duldung ihres Regimes durch die befreundeten NATO-Regierungen gewöhnt. Doch die mutige Tat der Studenten und die Brutalität des Militärs schuf ein Image-Problem. Acht Monate später gab die Junta kampflos die Macht ab, nachdem sie auf der Insel Zypern einen Putsch gegen den Präsidenten Makários angezettelt und versucht hatte, die Insel mit ihrer türkischen Minderheit an Griechenland anzuschließen. So schuf sie einen Vorwand für die Militärintervention der Türkei, die im Juli 1974 Nordzypern besetzte. Dass der damalige US-Außenminister Henry Kissinger die Obristen in eine Falle gelockt hatte, glauben die Griechen noch heute, und es gibt eine Menge Indizien dafür. Die Teilung Zyperns entsprach einem Jahre zuvor von US-Außenminister Dean Acheson entworfenen Plan, der mit der türkischen Invasion gewaltsam realisiert wurde.

Die Studenten nutzen alljährlich den Gedenktag nicht nur, um an die ermordeten Kommilitonen zu erinnern, sie erinnern auch an uneingelöste Reformversprechen, gelegentlich ziemlich militant. Aber was eine kleine Gruppe von Terroristen 25 Jahre lang unter dem Namen »Revolutionäre Organisation 17. November« in ihrem Namen anstellte, dürfte wohl kaum in ihrem Sinne gewesen sein – 23 Morde, zunächst an Folterknechten der Junta und Geheimdienstlern, dann an Diplomaten und Politikern, Bankiers, Unternehmern und anderen Repräsentanten des verhassten kapitalistischen Systems, Dutzende von Bombenanschlägen. Bis es der Polizei 2002 endlich gelang, die Gruppe zu sprengen und die Täter zu verhaften.

Und noch ein Gedenktag: der 25. November

Kurz vor der Bahnstation Lianokládi, dem Bahnhof der Stadt Lamía, überquert der Zug von Athen nach Thessaloníki die Wildwasser des Gorgopótamos. Allzuviele deutsche Eisenbahn-Reisende dürften es nicht sein, die heute noch wissen, was in der Nacht vom 25. zum 26. November 1942 hier geschah. Und doch war es ein für die Geschichte des griechischen Widerstandes überaus wichtiges Ereignis. Es wird noch heute gefeiert, allerdings nicht von allen Griechen gemeinsam.

Der Plan zur Sprengung dieser strategisch wichtigen Eisenbahnbrücke stammte von den Briten, die sich eine Schwächung des deutschen Afrikakorps durch Unterbrechung einer wichtigen Nachschubroute erhofften. Doch ohne die Unterstützung einheimischer Partisanen war die Aktion (Deckname: »Harling«) nicht durchführbar. Die Anfang Oktober 1942 für die Sabotage-Aktion mit Fallschirmen abgesprungenen Geheimdienstoffiziere und Sprengmeister nahmen deshalb zunächst Kontakt mit der Widerstandsgruppe auf, die ihnen ideologisch am nächsten stand und der die Briten bereits mit Waffenlieferungen zu Hilfe gekommen waren: der Gruppe EDES unter Führung des republikanischen Generals Napoléon Zérvas. Allerdings verfügte Zérvas nicht über genügend Leute, zudem liegt die Gorgopótamos-Brücke in Thessalien, einem Gebiet, das 1942 von den Partisanen der ELAS, dem militärischen Arm der linken Widerstandsgruppe EAM, kontrolliert wurde. So mussten die Briten, angeführt von den Obersten Edmund Myers und Christopher Montague Woodhouse, außer mit der EDES auch mit dem militärischen ELAS-Führer Áris Velouchiótis Kontakt aufnehmen. Der willigte, nach Rücksprache mit der politischen Führung der EAM in Athen, ein und stellte ein Kontingent von 120 Partisanen zur Verfügung. 80 Mann kamen von der EDES. Aufgabe der Partisanen: Ausschaltung der italienischen Wachmannschaften beiderseits der Brücke, während die Sprengung Aufgabe der britischen Sabotagespezialisten war.

In der Nacht vom 25. zum 26. November schalteten die Partisanen nach kurzem Gefecht die schwache italienische Brückenwache aus, anschließend machten sich die britischen Sprengmeister an die Brückenpfeiler. Die italienische Besatzungsmacht rächte sich für den Sabotageakt am Gorgopótamos auf die übliche Weise: durch die Erschießung von unbeteiligten Zivilisten. 16 Bürger der nahe liegenden Gemeinde Ypátis wurden getötet. Es sollte sechs Wochen dauern, bis die Gorgopótamos-Brücke wieder benutzbar war. Am 6. Januar 1943 passierte der erste Zug wieder den Viadukt, neben den Versorgungsgütern für die Okkupationstruppen rollte auch der Nachschub für Rommel, der zwischenzeitlich über kleinere Häfen verschifft werden musste, wieder planmäßig nach Piräus. Welches die strategischen Auswirkungen der erfolgreich durchgeführten Operation Harling auf den Afrikafeldzug waren, ist umstritten. Wichtiger war die psychologische Wirkung der Sabotageaktion. Die Nachricht von der erfolgreichen Brückensprengung verbreitete sich schnell im besetzten Griechenland und gab der Résistance einen enormen Aufschwung. Die negative Seite: Sie verstärkte die Rivalität zwischen der linken, zur Massenorganisation anwachsenden Widerstandsorganisation EAM/ELAS und der von dem immer weiter nach rechts tendierenden ehemaligen Republikaner Napoléon Zérvas geführten kleineren Formation EDES. Bis heute wird um die Verdienste an der erfolgreichen Sabotageaktion gestritten. Bei den Feierlichkeiten zum 65. Jahrestag der Sprengung am 25. November 2007 ließen Staatspräsident Papoúlias (PASOK) und Regierungschef Karamanlís (Néa Dimokratía) von je einem Abgesandten Kränze niederlegen und Reden halten, auch sprach ein Abgeordneter der Linkspartei SYRIZA. Doch die Kommunistische Partei Griechenlands (KKE) und die ihr nahestehende Organisation der ehemaligen Widerstandskämpfer (PEAEA) zogen es wie seit Jahrzehnten vor, getrennt zu feiern.

Die Straßen der Philhellenen – von Béranger bis Byron

Es gibt, in der Nähe des Athener Omónia-Platzes, eine Menge Straßennamen, bei denen sich mancher fragen mag, wem sie wohl gewidmet sein mögen. Geht man da durch die *Odós Satovriándou* (die Straßennamen sind sowohl in griechischen als auch in lateinischen Buchstaben zu lesen), wird man, liest man sich den Namen einmal laut vor, vielleicht noch darauf kommen, dass hier der Vicomte François-René de Chateaubriand gemeint sein dürfte, einer der französischen Schriftsteller, die sich für die Sache der griechischen Revolution eingesetzt haben. Die Veränderung des französischen Namens rührt von den Problemen der neugriechischen Phonetik ebenso her wie von der Gewohnheit, fremdländische Namen durch eine griechische Endung zu hellenisieren. So wird in Griechenland dem Chateaubriand die Endung -os angehängt, und im Genetiv stattdessen ein -ou. Das »ch« wird zu einem »s«, das »b« zu einem β (beta/vita), das Ganze schließlich aus dem Griechischen phonetisch in lateinische Lettern übertragen und da haben wir dann den Buchstabensalat. Eine Ecke weiter darf gerätselt werden, wer denn wohl in der *Veranzérou* geehrt werden solle. Hier geht es um den Comte de Béranger, noch ein dichtender Philhellene aus Frankreich. Und wenn auch Deutschland beim griechischen Freiheitskampf keine aktive Rolle gespielt hat, so standen doch wenigstens die deutschen Dichter und Denker auf der Seite der aufständischen Griechen, und es hat deshalb auch ein deutscher Philhellene seine Straße bekommen, die *Odós Myllérou:* hier ist der als Lieferant der Texte für die beliebten Schubertlieder bekannte Wilhelm Müller gemeint, der zu Lebzeiten wegen seiner zahlreichen Hymnen für die griechische Revolution auch den Beinamen »Griechen-Müller« trug. Und so klangen seine Gesänge:

»Ohne die Freiheit, was wärest du Hellas / Ohne dich, Hellas, was wäre die Welt? / Kommt ihr Völker aller Zonen, / Seht die Brüste, die euch säugten / mit der reinen Milch der Weisheit! / – Sollen Barbaren sie zerfleischen? / Seht die Augen, die euch erleuchten / Mit dem himmlischen Strahle der Schönheit! / Sollen sie Barbaren blenden? / Seht die Flamme, die euch wärmte / Durch und durch im tiefen Busen, / Dass ihr fühlet, wer ihr seid, / Was ihr wollt, was ihr sollt, / [...] Kommt ihr Völker aller Zonen! / Kommt und helfet frei zu machen, / Die euch alle frei gemacht!«

Nicht bei glühenden Versen belassen hat es ein großer englischer Dichter, der Lord Byron, den die Athener in der *Odós Víronos* ehrten (und gar ein ganzes Athener Stadtviertel nach ihm benannten). Er reiste 1823 selbst an den Ort des Aufstandes, um dort ein militärisches Kommando zu übernehmen. Er ist dann nicht, wie so mancher andere Freiwillige, im Kampf gefallen, sondern starb 1824 bei Messolónghi am Fieber. Wilhelm Müller hat einen Nachruf auf ihn verfasst. Überhaupt waren es auf militärischem Gebiet vor allem die Briten, die sich in den Jahren des Aufstandes als Philhellenen auszeichneten. Man liest viele ihrer Namen auf Straßenschildern. Dabei konnten längst nicht alle bedacht werden, es waren immerhin rund drei Dutzend britische Generäle und Offiziere, die sich für eine praktische Solidarität mit den Neuhellenen entschieden. Da ist, allen voran, General Sir Richard Church, von April 1827 bis August 1929 Oberkommandierender der griechischen Truppen, dessen Name allerdings so verfremdet wurde, dass auch ein Brite kaum auf ihn kommt – *Tsortz* heißt der General Church am einen, *George* am anderen Ende der ihm zugeteilten Straße. Sie beginnt an der *Platía Káningos,* die dem Andenken von George Canning gewidmet ist, der in seiner Zeit als britischer Premierminister im Juli 1827 mit dem Londoner Vertrag, gemeinsam mit Russen und Franzosen, entscheidende Weichen für die staatliche Anerkennung Griechenlands stellte. In einiger Entfernung von dort erinnern schließlich drei Querstraßen der *Odós Patissíon* an die Helden der Schlacht von Navaríno (20.10.1827), den Konteradmiral Sir Edward Codrington, seinen französischen Kollegen Comte de Rigny und den (aus den Niederlanden stammenden) russischen Konteradmiral van Heyden.

Der 20. Oktober gehört nicht zu jenen Tagen, an denen die Griechen einen der großen Augenblicke ihrer jüngeren Geschichte feiern. Doch war es ein solcher. Im Oktober 1827 stand es schlecht um die griechische Sache. Nach der Ausrufung der nationalen Erhebung im März 1821 und ersten Siegen gegen die osmanische Besatzung folgte Rückschlag auf Rückschlag. Die Truppen Ibrahim Paschas verheerten die gesamte Peloponnes. Der Fall von Messolónghi im April 1826 und der Verlust der Akrópolis im darauffolgenden Juni waren nur zwei signifikante, demoralisierende Ereignisse. Hinzu kam, dass die europäischen Großmächte unentschieden über die Zukunft eines griechischen Nationalstaats waren. Doch angesichts der sich häufenden Greuelnachrichten wollten die europäischen Mächte wenigstens einen Waffenstillstand zwischen Ibrahim und den Griechen durchsetzen. Sie hatten zur Stärkung ihrer Verhandlungsmacht einen großen Flottenverband bereitgestellt, zehn Schlachtschiffe, siebzehn Fregatten sowie 58 Korvetten und Briggs, alle in der Ausrüstung, vor allem der Bestückung mit Kanonen, der ägyptisch-türkischen Flotte technisch überlegen. Die verfügte zwar über die größere Anzahl Schiffe, aber es waren nur drei Schlachtschiffe darunter, mit denen sie die osmanischen Truppen auf der Peloponnes von See aus unterstützten. Als Ibrahim Pascha auch nach einem alliierten Ultimatum seine Angriffe auf griechische Dörfer nicht einstellte, beschloss Codrington, die in der Bucht von Navaríno ankernde türkische Flotte zu stellen und als Demonstration der Stärke inmitten der feindlichen Schiffe zu ankern – ein riskantes Unterfangen. Was schließlich den Funken der Schlacht entzündete, waren ein paar Schüsse, abgegeben von einem türkischen Schiff auf eine Barkasse mit britischen Unterhändlern. Codrington sah diese Schüsse als Angriff und befahl zurückzuschießen. Es folgte ein fürchterliches Gemetzel. Die Schiffe der türkisch-ägyptischen Flotte waren den Breitseiten der vereinigten britisch-französisch-russischen Seemacht hilflos ausgesetzt. Von der gesamten türkisch-ägyptischen Armada blieben nach vier Stunden nur acht kleinere seetüchtige Boote übrig. 181 Tote zählte Codringtons Kriegstagebuch auf alliierter Seite, bei den Gegnern starben, je nach Quelle, 4000 bis 7000 Menschen. Aus britischer Sicht war der Ausgang der Schlacht von Navaríno ein Betriebsunfall, ein »untoward event«, wie es später in einer Thronrede hieß. Die völlige Vernichtung der türkischen Flotte passte nicht in das außenpolitische Konzept des Vereinigten Königreichs, da sie die Position des Zarenreichs im Mittelmeer stärkte. Codringtons eigenmächtiges Handeln wurde deshalb auch mit seiner Abberufung als Kommandeur der Mittelmeerflotte geahndet.

Politische Kontroversen

Die Blauen, die Grünen und die Roten –
Parteien und Dynastien

Wenn in einer griechischen Zeitung von den *galázia tzákia*, den »blauen Kaminen« die Rede ist, weiß der Grieche, was gemeint ist. *Tzákia* (türkisch *ocak*), das steht für die mächtigen Familien, die in den jeweiligen Parteien das Sagen haben. Wobei diese Familien auch schon einmal das politische Lager und die Partei wechseln, und dabei zumindest einen Teil ihrer Wähler-Klientel mitnehmen.

Seit dem Ende der Militärdiktatur 1974 wird der Kampf um die politische Macht in Griechenland im Wesentlichen zwischen zwei politischen Parteien ausgetragen: Der konservativen Neuen Demokratie *(Néa Dimokratía, ND)* und der, etwas irreführend, als Panhellenische Sozialistische Bewegung firmierenden PASOK *(Panellínio Sosialistikó Kínima)*. Ihre Parteifarben, blau und grün, entsprechen natürlich nur rein zufällig den Farben der historischen byzantinischen Zirkusparteien, die mit ihren Massenversammlungen im Hippodrom von Konstantinopel auf die eine oder andere Weise die kaiserliche Politik mitbestimmten. Doch zumindest eine Parallele lässt sich finden: In der byzantinischen Hauptstadt galten die »Grünen« als die Partei der Arbeiter, die »Blauen« als Partei der Wohlhabenden, der Konservativen. In der »blauen« ND, so umschrieb es einmal die Tageszeitung *To Víma,* rauchen die Kamine besonders dauerhaft, sind die Politikerdynastien mächtiger als bei den anderen. Aber Erbhöfe gibt es bei den anderen auch. Und selbst wenn die Macht der »Kamine« zurückgeht und in der PASOK mittlerweile auch die Mitglieder etwas zu sagen haben, stößt man auf den politischen Führungsetagen nach wie vor immer auf dieselben Namen.

Man schrieb das Jahr 1963, als erstmals ein Premier namens Konstantínos Karamanlís gegen einen Herausforderer namens

Geórgios Papandréou die Parlamentswahlen verlor. Im Oktober 2009 verlor wiederum ein Ministerpräsident Konstantínos Karamanlís die Wahlen gegen einen Geórgios Papandréou – um den Neffen und den Enkel der Vorgenannten handelte es sich diesmal, und man pflegt sie, zur Unterscheidung, bei ihren Kosenamen Kóstas und Jórgos zu nennen. In der Partei des Unterlegenen hätte nach dieser Niederlage um ein Haar Dóra Bakojánni die Macht angetreten, Tochter von Konstantínos Mitsotákis, Ministerpräsident von 1990 bis 1993, in den 1960er Jahren Wirtschaftsminister unter dem Führer der liberalen Zentrums-Union, nämlich Geórgios Papandréou dem Älteren. Mitsotákis ist Neffe des großen Elefthérios Venizélos, Abgeordnete waren auch schon sein Vater und seine beiden Großväter, Abgeordneter ist auch sein Sohn Kyriákos. Tochter Dóra war von 2003–2006 Bürgermeisterin von Athen, als erste Frau in diesem Amt, und 2006 wurde sie Außenministerin. Nachdem sie im Juni 2010 aus der ND ausgeschlossen worden war, weil sie die Sparpolitik der PASOK-Regierung unterstützte, gründete sie eine eigene Partei, die Demokratische Allianz. Ihr Bruder, Kyriákos Mitsotákis, Abgeordneter seit 2006, blieb in der ND. Der Mitsotákis-Clan ist ein griechischer politischer »Kamin« par excellence. Wobei es eine kleine Veränderung gibt: Hatte die Familie ihre traditionelle Wählerbasis früher auf der Insel Kreta, so musste sich das alte Familienoberhaupt 1985 einen neuen Wahlkreis suchen, weil man den Neukonservativen in der Heimat des liberalen Venizélos nicht mehr mochte. Seine Wiederwahl wurde unsicher, und so kandidierte er in Thessaloníki und Athen. Andere blaue »Kamine« sind die Familien Varvitsiótis, Tzitzikóstas und, nicht zuletzt, die Sippe Karamanlís.

Bei den Grünen (der PASOK) sind das, allen voran, die Papandréous. Der amtierende Ministerpräsident Jórgos Papandréou ist der dritte Premier aus dem Clan, Vorgänger im Amt waren Geórgios Papandréou (1944/45, 1963–1965), und dessen Sohn Andréas (1981–89, 1993–96).

Beide bürgerlichen Parteien, die konservative ND und die als sozialistisch firmierende PASOK, sind nach dem Ende der Militärdiktatur 1974 gegründet worden, haben aber das Erbe früherer Parteien angetreten. Die von Konstantínos Karamanlís gegründete ND ist Nachfolgerin der von ihm selbst 1954 ins Leben gerufenen rechtskonservativen Nationalradikalen Union (*Eth-niki Rizospastiki Énosis,* ERE), diese wiederum folgte der aus demselben Lager stammenden Sammlungspartei *(Synagermós)* des Generals Papágos, die ihrerseits die Volkspartei *(Laikón Kómma)* der Zeit zwischen den Weltkriegen beerbte. Bis zum Ende der Monarchie in Griechenland (1973) standen alle diese Parteien der Krone nahe, im Gegensatz zu den liberalen Parteien, deren Geschichte mit dem Aufstieg des Kreters Elefthérios Venizélos verbunden ist. Im Jahr 1961 vereinte Geórgios Papandréou die Liberalen zur Zentrums-Union *(Énosis Kéntrou).*

Die PASOK betrat die politische Bühne nach dem Ende der Obristendiktatur zunächst als Partei neuen Typs, nannte sich Bewegung *(kínima)* und ging mit radikalen linkspopulistischen Parolen auf Stimmenfang, wozu auch eine heftige antiamerikanische und antieuropäische Polemik gehörte. »EU und NATO, dasselbe Syndikato« lautete eine der griffigsten Parolen des Parteigründers Andréas Papandréou im Wahlkampf von 1981, und er schimpfte lautstark über den kurz vor den Wahlen erfolgten EU-Beitritt des Landes. Nach seinem Wahlsieg dachte der PASOK-Führer jedoch nicht mehr daran, die Europa-Bindung rückgängig zu machen oder aus der NATO auszutreten. Vielmehr ergriff er die Chance, mit dem Geldsegen aus Brüssel seine Klientel an sich zu binden, allen voran die Parteimitglieder und die Funktionäre. Und wer angesichts der linken Rhetorik von Andréas Papandréou zunächst erwartet hatte, dass hier tatsächlich eine sozialistische Partei entstanden war, sah sich bald getäuscht – mittlerweile unterscheidet sie sich in der wirtschafts- und sozialpolitischen Programmatik kaum von der Konkurrenzpartei ND. Ihre Mitgliedschaft in der Sozialistischen Internationalen steht dazu nicht im Widerspruch, andere sozialdemokratische Parteien haben mit neoliberalen Programmen auch keine ideologischen Probleme mehr.

Allerdings hat die PASOK, bevor sie wurde was sie ist, nämlich Nachfolgerin der linksbürgerlichen Zentrums-Union der Jahre vor der Diktatur, ein paar wichtige Reformen angestoßen: sie hat, gegen den heftigen Widerstand der orthodoxen Kirche, die standesamtliche Eheschließung eingeführt; sie hat die ärztliche Versorgung auf dem Land verbessert; neben der Einführung der Zivilehe ist ihr der eine oder andere Fortschritt auf dem

Weg zur Gleichberechtigung der Frauen zu verdanken. Und es wurde der Brauch der sogenannten *príka* abgeschafft, die vorher gesetzlich verankerte Mitgift, die die Väter von Töchtern arm machen konnte und die Schwiegersöhne zu Inhabern mehr oder weniger großer Immobilien (ein kleines Aktienpaket tat es in der jüngeren Vergangenheit auch). Waren die Väter tot oder nicht in der Lage, die Mitgift aufzubringen, die die Töchter zur guten Partie machten, waren die Brüder dran, und sie blieben, so wollte es der Brauch, solange Junggesellen, bis die Schwestern unter der Haube waren.

Zu den Wahlversprechen der PASOK hatte auch gehört, die Macht der traditionellen »Kamine« zu brechen. Tatsächlich sind nicht wenige Intellektuelle mit einem eher linken Hintergrund, auch ehemalige Kader der 68er Studentenbewegung, in die Führung der Partei aufgestiegen, der zeitweilige Außenminister und jetzige stellvertretende Ministerpräsident Theódoros Pángalos gehört dazu (und er erinnert mit seiner mitunter recht drastischen Rhetorik daran). Viele PASOK-Führungspersönlichkeiten verdanken ihren Aufstieg ihren antidiktatorischen Aktivitäten im (vornehmlich deutschen) Exil der Junta-Jahre, in der von Andréas Papandréou gegründeten Panhellenischen Befreiungsbewegung PAK *(Panellínio Apeleftherotikó Kínima),* welche Vorläuferin der PASOK war. Die Truppe treuer Anhänger, die er um sich versammelte und die später gern Grüngardisten *(prassinofrourí)* genannt wurden, ersetzte die alten »Kamine« und stieg in Regierungsposten auf. Manche wurden mächtig und vor allem reich und zeigten ihren Reichtum auch gern öffentlich, wie der ehemalige Verteidigungsminister Ákis Tsochatzópoulos. Andere, wie der Ex-Premier Kóstas Simítis oder der frühere Justizminister Geórgios Mangákis (beide in der Zeit der Diktatur in Deutschland als Hochschullehrer tätig), genießen einen Ruf als integre Reformpolitiker. Ihre Namen fallen auch nicht als potenzielle Empfänger, wenn von den dreistelligen Millionensummen die Rede ist, mit denen der Siemenskonzern das blaue wie das grüne Lager gleichermaßen bedachte, zum Zweck der politischen »Landschaftspflege«.

Die Kommunistische Partei Griechenlands (*Kommounistikó Kómma Elládas,* KKE) ging aus der 1918 gegründeten Sozialistischen Arbeiterpartei Griechenlands (SEKE) hervor und trat 1922 der Dritten Internationale bei. In den ersten Jahren ihrer Existenz trug sie eine schlimme Hypothek: Die Kommunistische Internationale (Komintern) hatte ab 1924 unter ihrem Generalsekretär Georgi Dimitroff geplant, ein Großmazedonien entstehen zu lassen, als Kern einer zukünftigen Kommunistischen Balkanföderation. Ein Projekt, das Griechenlands territoriale Integrität bedrohte: Der größte Teil dieser gedachten mazedonischen Republik lag nämlich in Griechenland, es war das gerade im Balkankrieg errungene Nordterritorium mit Thessaloníki als Mittelpunkt. Da die KKE diesem Plan zustimmte, galten alle Kommunisten als Landesverräter. Die große Stunde der griechischen Kommunisten kam während der deutschen Besetzung. Erfahren mit der Arbeit im Untergrund, war es leicht für sie, die Führung des Widerstandes gegen die Besatzer zu übernehmen. Die von ihr gegründete Nationale Befreiungsfront (*Ethnikó Apeleftherotikó Métopo,* EAM) hatte gegen Ende des Krieges eine Million Mitglieder, ihr militärischer Arm, die Nationale Volksbefreiungsarmee ELAS *(Ethnikós Laikós Apeleftherotikós Stratós)* verfügte über mehr als 100 000 Partisanen. Auf Klassenkampf verzichtete die Partei damals, die nationale und soziale Befreiung stand im Vordergrund. So leitete sie, wie in allen Ländern Ost- und Südosteuropas, den antifaschistischen Widerstand und brachte die meisten Opfer. Nach Titos Partisanenarmee war die EAM die stärkste Widerstandsorganisation in Europa. Zwischen ihr und der Macht im Nachkriegsgriechenland standen nur Stalin und Churchill: Im Moskauer »Prozentabkommen« vom Oktober 1944 hatten die beiden Männer eine Aufteilung Südosteuropas in Einflusssphären ausgemacht, die auf einem legendären Schmierzettel festgehalten wurde, wie in Churchills Memoiren nachzulesen ist. Griechenland wurde darauf Großbritannien zugeteilt, und Stalin hielt sich an die Abmachung. Polen, Tschechoslowakei, Rumänien, Bulgarien (wo die Kommunisten jeweils nach dem Einmarsch der Roten Armee die Macht ergriffen) waren ihm zu wichtig, als dass er mit einem Griff nach dem britischen Einflußgebiet etwas riskieren wollte. Den Bürgerkrieg zwischen den Kommunisten und den Monarchisten (siehe weiter unten) verhinderte Stalins Verzicht nicht.

Seit 1974 ist die KKE wieder eine legale Partei, und eine Splitterpartei ist sie heute nicht. Die Wahlergebnisse bei den Parlamentswahlen sprechen für sich: 2007 gaben 8,2 Prozent der Wähler ihr die Stimme, 2009 waren es immer noch 7,85 Prozent und bei den Europawahlen von 2004 stattliche 9,5 Prozent. Wer wählt diese orthodox marxistische Partei, die sich keine Chancen auf eine Regierungsbeteiligung ausrechnen kann und die sich noch heute mehr oder weniger offen zu Stalin bekennt? Von Proteststimmen lebe diese Partei, von der Unzufriedenheit mit den beiden bürgerlichen Parteien, sagen Kommentatoren. Eines spielt jedenfalls auch eine Rolle, neben der Ausstrahlung der Parteichefin Aléka Paparíga: Die Partei ist reich, reich geworden durch ihre einträglichen Kontakte zur DDR-Staatspartei SED, der für sie zuständigen »Mutterpartei« im sozialistischen Lager. Sie habe z. B. für die DDR lukrative Waffengeschäfte mit der Dritten Welt abgewickelt, so heißt es, und an den Geschäften der Griechen mit der damaligen Sowjetunion verdient. Sie besitzt zahlreiche Immobilien in Athen, dazu neben dem Zentralorgan *Rizospástis* einen eigenen Rundfunksender und eine TV-Station, betreibt eine Reihe lukrativer Firmen, und sie hat dort und in der von ihr kontrollierten Gewerkschaft PAME eine Menge guter Posten zu vergeben. Aber das reicht nicht für so viele Wählerstimmen. Ihre Geschichte als stärkste Kraft des antifaschistischen Widerstandes, ihre Opferbereitschaft in der Zeit der NS-Besatzung verleiht ihr noch heute ein großes Prestige, und sie hat, im Gegensatz zu den sich abwechselnden recht korrupten Regierungsparteien, eine saubere Weste. Gegen die Dauerherrschaft der beiden bürgerlichen Parteien richtet sich daher auch ihre Propaganda – gegen den *dikommatismós*, das faktische Zweiparteiensystem. Was sie nicht hindert, mit den beiden großen Parteien Koalitionen und Wahlbündnisse auf lokaler Ebene einzugehen, gelegentlich auch schon mal mit den Rechten gegen die linke Konkurrenz von der SYRIZA.

SYRIZA – die Linksradikalen

Im Frühjahr 1968, während der Militärdiktatur, haben sich die griechischen Kommunisten gespalten – in die streng nach Moskau orientierte Altpartei KKE und einen eurokommunistischen Flügel, der sich KKE-Essoterikoú (KKE – Inland) nannte, weil ihre wichtigsten Kader sich in Griechenland befanden. Das hieß: im Gefängnis oder im Untergrund, während das Zentralkomitee der KKE zunächst in Bukarest, später in der DDR seinen Sitz hatte. Die KKE-Inland ging dann nach dem Ende der Diktatur schließlich in einem »Bündnis der radikalen Linken« (Synaspismós Rizospastikís Aristerás, SYRIZA) auf, einer Vereinigung undogmatischer Linker, die heute von Aléxis Tsípras geführt wird. Ihre Basis findet sie vor allem in linksbürgerlichen Kreisen, die linke Arbeiterschaft wählt KKE.

LA.O.S – Aufsteiger am rechten Rand

2007 zog, zum erstenmal in der griechischen Geschichte, eine rechtsradikale Partei in das griechische Parlament ein, direkt mit zehn Abgeordneten. Sie nennt sich *Laikós Orthódoxos Synagermós* (Völkische Orthodoxe Sammlung), abgekürzt LA.O.S, ein Akronym, das (betont auf der letzten Silbe) zugleich Volk bedeutet. Mit wüsten nationalistischen und fremdenfeindlichen Parolen hat sie es bei den Parlamentswahlen von 2009 gar auf fünfzehn Abgeordnete gebracht. Parteigründer Karatzaféris ist Rechtspopulist, unter dem Dach seiner Partei haben aber, vor allem durch die Fusion mit der kleinen Hellenischen Front *(Ellinikó Métopo),* auch erklärte Neonazis und fanatische Antisemiten Unterschlupf gefunden. Ob sich diese Partei am rechten Rand, wie anderswo in Europa auch, auf Dauer wird etablieren können, dürfte nicht zuletzt von der Entwicklung der Wirtschafts- und Finanzkrise abhängen. Es wäre jedenfalls ein Novum in Griechenland.

Griechen gegen Griechen –
Exkurs über den Bürgerkrieg

Bürgerkriegsähnliche Auseinandersetzungen hat es in Griechenland oft gegeben, die ersten schon unmittelbar nach Beginn des Freiheitskampfes von 1821. Während des Ersten Weltkriegs spaltete sich die Nation über der Frage, ob und an welcher Seite das Land in den Krieg eintreten solle. Einen mörderischen mehrjährigen Bürgerkrieg aber, der in seinem Ausmaß dem spanischen von 1936 ähnlich war, gab es in den für Griechenland so tragischen 1940er Jahren. Er begann noch während der Zeit der deutschen Besatzung, und er hatte hier auch seine Ursache. Die beiden wichtigsten Widerstandsorganisationen, die linke EAM/ELAS und die rechte EDES, lieferten sich noch während der Besatzungszeit bewaffnete Auseinandersetzungen. Und die Furcht von Teilen des Bürgertums und der wohlhabenden Bauernschichten vor den Kommunisten machte sie anfällig für Anwerbeversuche der deutschen Besatzer, und so gab es neben der Athener Kollaborationsregierung überall in der Provinz Gruppen von Griechen, die sich für die Einheiten der *tágmata asfalías,* der Sicherheitsbataillone, anwerben ließen. Sie verrieten Landsleute an die Nazis, oder brachten sie eigenhändig um. Vielfach war ihr Motiv Plünderung, auch wurden verdiente Kollaborateure, etwa in Thessaloníki, mit dem Besitz deportierter Juden belohnt. Und anders als im übrigen Europa wurden sie für ihre Zusammenarbeit mit den Besatzern nach Kriegsende nur im Ausnahmefall zur Rechenschaft gezogen. Stattdessen bediente man sich der Kollaborateure nach dem Krieg im Kampf gegen die Kommunisten.

Die kommunistisch kontrollierte EAM erhielt hingegen keinerlei Unterstützung aus Moskau, ja es gab bis zum August 1944 nicht einmal einen sowjetischen Verbindungsoffizier in Griechenland, während mehrere britische Offiziere zu EAM/ELAS enge Verbindungen unterhielten und sich der linken Partisanen für ihre strategischen Zwecke bedienten. Mehr Waffen und Geld bekamen allerdings die rechtsgerichteten Partisanen der EDES. Beim Abzug der deutschen Truppen aus Griechenland kontrollierten die linken Partisanenverbände den größten Teil des Landes. Was die Kommunisten nicht wussten: Im

Oktober 1944 hatten Stalin und Churchill in einem Geheimabkommen die Aufteilung der Balkanländer in Einflusssphären beschlossen, wobei Griechenland den Briten zugeteilt wurde. So hatte Churchill freie Hand bei der Durchsetzung seiner politischen Ziele in Griechenland, vor allem: die Rückkehr des beim Einmarsch der Deutschen ins Exil geflohenen Königs als Garanten der britischen Interessen auf den Thron zu erzwingen. Deshalb provozierte er im Dezember 1944 eine bewaffnete Konfrontation mit der Linken. Ohne diese hätten die Kommunisten, ähnlich wie in Italien und Frankreich, einen Teil der im Widerstand errungenen Macht in eine demokratische Nachkriegsgesellschaft hinüber retten und die Restauration der Monarchie verhindern können. So aber kam es zu einem, mit Unterbrechungen bis zum Oktober 1949 dauernden Bruderkrieg, den am Ende Waffenlieferungen und Militärberater aus den USA für die monarchistische Rechte entschieden. Stalin sah untätig zu. Die Rache der Sieger an den im Land verbliebenen Linken war brutal – Exekutionen, Folter, jahrelange Haft auf den Internierungsinseln. Erst in den 1960er Jahren wurden die letzten Häftlinge entlassen. Um dann, nach der Machtergreifung der Obristen im April 1967 erneut auf die Inseln verschleppt zu werden.

Wirklich ein Ende fand der griechische Bruderkrieg erst im Sommer 1974, mit dem Ende der Militärdiktatur. Aber anders als in Spanien, wo sich mehr als siebzig Jahre nach dem Bürgerkrieg die Parteien unversöhnt gegenüber stehen, Kommunisten und Rechte sich aus dem Wege gehen, ist es in Athen heute üblich, dass wenn ein Veteran des kommunistischen Widerstandes stirbt, ihm auch Politiker des konservativen Lagers die letzte Ehre erweisen. Und die beiden großen Widersacher des antifaschistischen Widerstandes, Áris Velouchiótis und Napoléon Zérvas, haben heute beide jeweils ihr Denkmal, in der Provinzhauptstadt Lamia der eine, im Stadtzentrum von Athen der andere. Was nicht heißt, das nicht um die Verdienste im Kampf gegen den Aggressor bis heute gestritten würde. Insgesamt aber gilt: Es gibt eine große Bereitschaft zur Versöhnung.

Die Lust am Staatsstreich –
Militär und Politik in Griechenland

Der 21. April 1967 war ein schwarzer Tag in der jüngeren griechischen Geschichte. Eine Gruppe rechtsextremer Offiziere um Geórgios Papadópoulos, Stylianós Pattakós und Nikólaos Makarézos ergriff in einem mitternächtlichen Handstreich die Macht (Obristenputsch). In Athen hatte man mit einem Staatsstreich gerechnet. Allerdings nicht an diesem Tag, sondern erst drei Wochen später, dem Tag der angesetzten Parlamentswahlen (falls die Griechen die Zentrumspartei wählen würden). Zum anderen hatte man nicht mit diesen Offizieren gerechnet, sondern mit einer Gruppe Vertrauter des Königshauses, die sich ihrerseits auf ein *pronunciamento* vorbereitet hatten. Gewaltsame Eingriffe der Militärs in das politische Leben des Landes war man gewöhnt, auch wenn der letzte Putsch über 30 Jahre zurück lag. Aber diesmal standen die westlichen Verbündeten hinter der Aktion. Die Obristen hatten einen Geheimplan der NATO aus der Schublade gezogen; sie selbst standen alle auf den Gehaltslisten der CIA. Es gab Verhaftungslisten aller Politiker, denen man zutraute, Widerstand zu leisten, und nur einige wenige von ihnen entkamen der nächtlichen Jagd am 21. April 1967.

Dieser Staatsstreich war voraussichtlich das letzte, aber durchaus nicht das erste Mal, dass das Militär in das politische Leben des Landes eingriff. Fragt man heute einen Griechen, wie oft in der neugriechischen Geschichte das Militär geputscht hat, kann kaum einer auf Anhieb die genaue Zahl dieser Interventionen angeben. Allein in der Zeit zwischen den beiden Weltkriegen mischten sich die Militärs ein Dutzend Mal auf die eine oder andere Art in die Politik ein. Sie setzten die Verfassung außer Kraft und beseitigten die parlamentarische Ordnung, nahmen mal für, mal gegen die Monarchie Partei, und längst nicht immer waren es Antidemokraten vom Schlage der Obristen des 21. April 1967. General Ioánnis Metaxás, der am 4. August 1936 im Einvernehmen mit dem König die Macht ergriff, gehörte in diese Kategorie. Metaxás hatte sich Mussolini zum Vorbild genommen und pflegte, nicht nur rein äußerlich, gute Beziehungen zu den Nationalsozialisten und nannte sein Regime in Anlehnung an ein bekanntes Vorbild die »Dritte Griechische Zivilisation«. Doch sein Versuch, eine Jugendorganisation nach Art der Hitlerjugend aufzubauen, hatte wenig Erfolg, denn eine Massenbasis für sein Regime fand er zu keiner Zeit. Vor allem aber orientierte sich der Diktator, paradox genug, außenpolitisch an London.

Wann immer die Militärs intervenierten, nutzten sie Zeiten der innenpolitischen Krise, Momente des Machtvakuums für ihre Ambitionen. Es zeigen sich hier also eher Anklänge an das lateinamerikanische *pronunciamento* als an die Ideologien des europäischen Faschismus. Kein Hitler und kein Mussolini, kein Franco und kein Poglavnik ist in Griechenland aufgetaucht. Zu den mörderischen Exzessen, wie wir sie von den anderen Diktaturen kennen, sei es in Mittel- und Südosteuropa, sei es in Lateinamerika, ist es in Griechenland nie gekommen. Gewiss, Regimegegner wurden auf kahlen ägäischen Felseninseln wie Járos interniert, dem antiken Gyaros, das schon in der römischen Kaiserzeit als Verbannungsort berüchtigt war, wie man bei Tacitus nachlesen kann. Auch die Insel Makrónissos ist solch ein schlimmer Ort, an dem Regimegegner gefoltert und exekutiert worden sind, aber Vernichtungslager unterhielten griechische Diktatoren nie.

Wie wenig vor allem die letzte griechische Militärdiktatur im Land Fuß fassen konnte, zeigte sich an ihrem schnellen Zusammenbruch im Juli 1974 ebenso wie an der konsequenten juristischen Aburteilung ihrer Protagonisten. Vier Todesurteile ergingen am 23. August 1975, gefällt gegen Papadópoulos, Makarézos, Pattakós und Ioannídis, die allerdings in lebenslängliche Haftstrafen umgewandelt wurden. Wenig später wurden auch die führenden Folterknechte des Regimes exemplarisch bestraft. Was nicht heißt, dass es nicht nach wie vor ein paar Nostalgiker gäbe, die sich zurücksehnen nach den Zeiten eines Metaxás oder eines Papadópoulos. Sie haben in der ersten relevanten rechtsradikalen Partei Griechenlands ihre Heimat gefunden, der LA.O.S.

Die große Krise – und nun die große Katharsis?

Πόθεν ἔσχες *(póthen ésches)* heißt frei übertragen »woher stammt dein Vermögen?«. Diese Frage mussten sich im alten Athen, zu Zeiten des weisen Gesetzgebers Solon, Bürger gefallen lassen, deren Reichtum allzu auffällig war. Konnten sie die Herkunft ihres Wohlstands nicht erklären, drohten die sprichwörtlichen drakonischen Sanktionen, die bis hin zur Todesstrafe gingen. Und heute? Als die Neuhellenen im Jahr 1984 ein fiskalisches Kontroll-Institut unter dem antiken Namen *póthen ésches* einführten, wandelte der Volksmund die altgriechische Frage alsbald um in ein *póthen éklepses?* – wo hast du es geklaut?

Dabei dachte das Volk nicht zuletzt an jene Politiker, die sich auf Kosten der Allgemeinheit zu bereichern und den Reichtum am Fiskus vorbei *off shore* zu bunkern pflegten. Denn die mussten Strafen in der Regel nicht fürchten. Hatten sie doch gesetzlich für sich selber vorgesorgt auf eine Art und Weise, die den weisen Solon wohl sehr zornig gemacht hätte: Sie konnten einander, solange sie im Parlament saßen, stets selbst die Absolution erteilen. Mit der Auflösung der Volksvertretung, auch nach vorzeitigem Ablauf der Legislaturperiode, trat dann für Minister eine *lex specialis,* das »Gesetz über Ministerverantwortlichkeit«, in Kraft, eine sofortige Verjährung aller Sünden. Staatsanwälte hatten das Nachsehen, was den kleinen Mann auf der Straße zu Recht empörte. Besonders, wenn er sehen musste, wie ein Verteidigungsminister mit einem durchaus bescheidenen Jahresgehalt eine Millionen-Immobilie nach der anderen erwarb, wohl wissend, dass er mit dem Zusammengerafften davonkommen würde.

Doch dann geschah, im Juni 2010, das Unerhörte: Ein Ex-Minister der PASOK, Mantélis mit Namen, gestand vor einem Untersuchungsausschuss, die (vergleichsweise kleine) Summe von 200 000 DM von der Firma Siemens entgegengenommen und in die private Haushaltskasse überführt zu haben. Eine verjährte Sünde, wie er meinte. Aber Justitia ereilte ihn dennoch: Wegen Geldwäsche, begangen nach dem Ausscheiden aus dem Amt und deshalb nicht verjährt. Ein Menetekel für all die vielen anderen, die ihre Taschen aufgehalten und unvergleichlich viel mehr Geld darin verstaut hatten als der unglückliche Mantélis. Hat es doch allein im Zusammenhang mit der Bestellung von vier U-Booten (im Jahr 2000) bei der Kieler Howaldtwerke Deutsche Werft AG (Kaufvolumen etwa 2,5 Milliarden Euro) Bestechungsgelder geregnet wie Sterntaler. 82 Millionen Euro Bakschisch-Zahlungen eruierte die Staatsanwaltschaft München. Dass Verteidigungsminister bei solchen Geschäften das große Los zu ziehen pflegten, davon ist man in Griechenland stets ausgegangen, und so freute es die durch das Sparprogramm arg gebeutelten Athener, als die Staatsanwaltschaft begann nachzuforschen, woher denn das Geld stammte, mit dem die zweite Frau des Ex-Verteidigungsministers und früheren starken Mannes der PASOK, Ákis Tsochatzópoulos, ein dreistöckiges Millionen-Objekt in der Dionysíou-Areopagítou-Straße am Fuß der Akrópolis kaufte. Und weil es sich da nicht um den einzigen teuren Immobilienerwerb der Familie Tsochatzópoulos handelt, nahm die Justiz die Ermittlungen auf, denn vielleicht findet sich ja auch hier neben dem Verjährten etwas Unverjährtes, neben dem Hauptdelikt ein Nebendelikt, wie einst bei Al Capone (der bekanntlich wegen banaler Steuerhinterziehung hinter Gittern landete). Und sollte Justitia diesen einst so mächtigen Parteiboss der PASOK wegen eines Steuerdelikts erwischen, dann müssen auch all die anderen Politiker zittern, die sich, möglicherweise, zu Zeiten der Ministerpräsidentschaft Simítis, haben schmieren lassen. All das überraschte, hatte doch bis dahin die von Premier Jórgos Papandréou angekündigte Aktion Kehraus, schön griechisch *kátharsis* genannt, nur die untere Ebene betroffen – korrupte Finanzbeamte beispielsweise, deren plötzlicher, zu ihrem Gehalt disproportionaler Wohlstand aufgefallen war, auch ein paar Ärzte mit Luxusvillen, Swimmingpools und Yachten, bei einem dem Finanzamt erklärten Einkommen an der Armutsgrenze. Nun aber könnte es, wenn der Eifer der Saubermänner ungebremst anhält, keine Hand ihnen von oben Einhalt gebietet, auch der politischen Elite an den Kragen gehen.

Die Art und Weise, wie sich diese politische Elite in den letzten Jahrzehnten bereichert hat, riecht nach Mafia und Politkriminalität. Indessen: Anders als in anderen Balkanländern, in Albanien, Kroatien oder Montenegro beispielsweise oder gar im

Kossovo, gibt es in Griechenland keine organisierte Kriminalität, keine Camorra, keine Mafia nach italienischer Art. Was verwundern mag, gibt es doch beispielsweise auf Kreta gentile Clanstrukturen, die denen in Montenegro oder auf Sizilien ähneln. Aber wenn ein kretischer Clanchef wie der Ex-Premier Konstantínos Mitsotákis auch hundertfacher Pate sein mag, so heißt das doch nichts anderes, als dass die Familien, denen er durch Kindstaufe verbunden ist, ihn stets zuverlässig wählen und ihn auch sonst politisch unterstützen, mehr nicht. Und das heißt auch: Staatsanwälte brauchen, anders als in Italien, keinen Polizeischutz, wenn sie gegen einen korrupten Minister ermitteln, und Journalisten müssen, wenn sie bei ihren Recherchen einem Politiker zu nahe kommen, nicht gleich um ihr Leben fürchten, wie etwa in Kroatien. Um ihren Job gelegentlich schon. Als ein Athener Fernsehjournalist vor Jahr und Tag allzu respektlos über die Märchenhochzeit des Ex-Verteidigungsministers Ákis Tsochatzópoulos in der Pariser Luxusherberge George V. berichtete, einem der teuersten Hotels der Welt, wurde er umgehend gefeuert, und niemand zweifelte daran, dass der immer noch mächtige Ex-Minister da seine Hand im Spiele hatte.

Der Onkel in Koróni

»Er hat einen Onkel in Koróni«, so sagt man in Griechenland, wenn man jemandem sprichwörtlich gute Beziehungen zu staatlichen Amtsträgern nachsagen will. Das Sprichwort ist alt, es stammt aus der Türkenzeit: Der Pascha von Tripolitzá, der osmanischen Verwaltungshauptstadt der Peloponnes, hatte einen Onkel, der die Funktion des Beys in dem an der Südküste der Halbinsel gelegenen Hafen Koróni ausübte. Doch obwohl der Pascha formell der Vorgesetzte dieses Onkels war, hatte der Bey eine Menge Macht, weil er ein Günstling des Sultans in Konstantinopel war. Und so konnte man, wenn man sich gut stellte mit dem Bey, auch bei seinem Neffen in der Provinzhauptstadt eine Menge erreichen.

Das ist ziemlich lange her, aber ebenso wie das Sprichwort hat mit der Erinnerung an den türkischen Bey auch die Hoffnung auf die kleinen oder großen Gefälligkeiten überlebt, die man sich vom Onkel oder Neffen in dem einen oder anderen Amt erhoffte. Ohne den koroneischen Onkel, so glaubt mancher Grieche noch immer, gibt es kein Fortkommen für sich und die Kinder. Und mit dem traditionellen Nepotismus blieb auch das dazugehörige Wort für die Gefälligkeiten aus der Türkenzeit erhalten – der Grieche sagt noch heute *rousféti* (türkisch: *rüsvet*) dazu, woraus dann mit einer klassischen griechischen Endung das noch heute gebräuchliche Wort für das ganze System geworden ist: *rousfetología*. Gegen diese vorzugehen, versprechen die Politiker vor jeder Wahl, und vergessen dieses Versprechen nach einem Wahlsieg dann sehr schnell. Hat man sie doch nicht zuletzt deshalb gewählt, damit Sohn oder Tochter eine sichere Stelle im öffentlichen Dienst bekommen oder damit das in der letzten Legislaturperiode schwarz gebaute Ferienhaus legalisiert wird. Und damit das auch klappt, kann der Wähler der Stimme für die Partei seiner Präferenz ein Kreuzchen hinzufügen, das *stavrós protímissis* heißt, das Vorzugskreuz für den Abgeordneten seines Vertrauens, dessen Chance für einen Einzug ins Parlament er dadurch erhöhen kann, denn es verbessert den von der Partei vorbestimmten Listenplatz.

Grigoróssimo und *fakeláki*

Wo der Abgeordnete nicht weiterhilft, gibt es noch andere Möglichkeiten. Zum Beispiel das *grigoróssimo*, ein Kunstwort, gebildet aus dem Wort für Stempelmarke, *chartóssimo,* und dem Wort schnell – *grígora*. Die *chartóssimo* klebte man auf allerlei amtliche Anträge, die Stempelgebühr floss, beispielsweise, in die Pensionskassen diverser Berufsgruppen. Das *grigoróssimo* wird ohne Stempelmarke entrichtet, zwecks schnellerer Erledigung von Anträgen durch eine Behörde, und fließt in die Privatkasse des Bearbeiters. Man könnte es mit »Beschleuniger« übersetzen. Man überreicht es zusammen mit dem Antragsformular, unauffällig, versteht sich, z.B. beim Bauamt, um schneller zu einer Baugenehmigung zu kommen oder für eine Baugenehmigung etwas außerhalb der Legalität, etwa auf einem durch »Brandrodung« entstandenen Stück Bauland. Nach einer

Recherche des Griechenlandbüros der Organisation Transparency International, die sich die Aufdeckung von Korruption überall auf der Welt zur Aufgabe gemacht hat, haben Griechen im Jahr 2009 im Durchschnitt 1355 Euro unter dem Tisch an Staatsdiener bezahlt. So möchte etwa mancher Steuerbeamte sein schmales Gehalt ein wenig aufbessern; ein kleines Kuvert kann ihn milde stimmen, ebenso die Zollbeamten. Letztere wurden, wie sich die britische BBC mokierte, im Juni 2005 vom stellvertretenden Finanzminister Adám Regoúsas ermahnt, doch von sich aus den *grigoróssimo*-Tarif etwas zu senken. Der musste allerdings zurücktreten, nachdem sein Vorschlag öffentlich wurde. Eine ähnliche Funktion wie das *grigoróssimo* hat das *fakeláki*, übersetzt: Umschläglein. Es wird überreicht, z. B., an den Arzt im Krankenhaus, um die Wartezeit vor einer Operation zu verkürzen. Auch beim Erwerb eines Führerscheins kann das *fakeláki* von Nutzen sein.

Um wesentlich höhere Beträge geht es bei der *míza*. *Míza* nennt man in Griechenland sowohl den Anlasser eines Kraftfahrzeugs (vom französischen *mise-en-marche*) als auch den Einsatz, der beim Pokern auf den Tisch des Hauses gelegt wird. Aber auch ein Betrag, der unter dem Tisch den Besitzer wechselt, oder, besser, online auf ein Off-Shore-Konto wandert, kann *míza* heißen, und dann geht es oft um lukrative Regierungsaufträge und meist um ziemlich viel Geld. Der Siemens-Konzern, in Griechenland seit Jahrzehnten bestens im Geschäft, in manchen Bereichen quasi Monopolist, ist das nicht ohne Grund. So klagte noch unlängst Michel Josserand, der für diese Art Geschäftsanbahnung bei dem französischen Rüstungs- und Elektronikkonzern Thales zuständige Topmanager, dass seiner Firma ein sehr einträgliches Griechenlandgeschäft entgangen war, weil sein Mann in Athen erstens an der falschen Stelle und zweitens unter Tarif zu schmieren versucht hatte. Seine Firma habe, so gestand Josserand im September 2005 in einer anderen Schmiergeldsache in Frankreich vor Gericht, im Durchschnitt 2 Prozent des Umsatzes für *pot-de-vins* einkalkuliert – einen Schoppen Wein nennt der Franzose traditionell immer noch das, was der Grieche *míza* nennt (auch wenn es heute bei diesen Trinkgeldern um ein bisschen mehr geht, als der Empfänger in seinem ganzen Leben versaufen könnte). Im Falle eines Fregattengeschäfts mit

Athen sei man mit einem ausreichend gefüllten *pot-de-vin* für den zuständigen Minister zum Zuge gekommen, aber ein anderer dicker Auftrag ging der Firma Thales durch die Lappen: die Einrichtung des elektronischen Sicherheitssystems für Olympia 2004, Kürzel C 41. Da habe der Athener Thales-Resident nicht genug geschmiert, meinte Josserand, vor allem nicht an der richtigen Stelle, nämlich ganz oben. Und so machte ein anderer das Rennen um die Einrichtung von C 41. Wer das war, sagte Josserand (mittlerweile, nach einer kurzen Station bei EADS in München, als Whistleblower am Ende seiner Karriere angelangt) dem Gericht nicht. Siemens erhielt jedenfalls den Auftrag, und seit Jahr und Tag sind die Staatsanwaltschaften von München und Athen mit der Aufklärung dieser *míza*-Sache beschäftigt. In Griechenland wurde ein kleines Anagramm populär: *Siemens-Misens,* denn der Fall C 41 war nur einer von vielen auf ähnliche Weise erzielten Geschäftserfolgen in Athen. Aber während die freigebigen Siemens-Manager in Deutschland ernste juristische Konsequenzen gewärtigen mussten, sind die meisten beteiligten Griechen, wenigstens soweit im Ministerrang, fein raus: Das erwähnte »Gesetz über Ministerverantwortlichkeit« schützt sie.

Der Grieche und das Meer – eine Erfolgsgeschichte mit Schattenseiten

Die Griechen sind seit altersher ein Volk der Seefahrer. Schon zwischen 2800 und 1200 vor unserer Zeitrechnung kontrollierten minoische Schiffe den Handel im Mittelmeer. Kriegsschiffe, die bis zu 170-rudrigen Trieren, Ruderkampfschiffe mit Rammsporn, sicherten den Griechen in den Zeiten des Themistokles die Seeherrschaft. Und als die damalige Kulturministerin Melína Merkoúri ein solches Kampfschiff als Werbeträger für die Athener Olympiabewerbung nachbauen ließ, das dann im August 1987 von einer britisch-griechischen Mannschaft gerudert in See stach, war das eine Sensation (auch wenn die überlieferte Geschwindigkeit der antiken Vorläufer von 12 Knoten kaum zur Hälfte erreicht wurde).

Griechische Handelsschiffe befuhren das ganze Mittelmeer, mit Amphoren und Pithoi beladen. In den Jahrhunderten der Zugehörigkeit zum Osmanischen Reich besorgten die Griechen mit ihren Handelsschiffen einen Großteil des Seeverkehrs im östlichen Mittelmeer. 1821 fügte der hydriotische Kapitän Konstantínos Kanáris dann mit seinen Branderschiffen der türkischen Flotte schwere Verluste zu. Eine noch wichtigere Rolle spielte die bis heute als Nationalheldin verehrte Hydriotin Laskarína Bouboulína (1771–1825). Zweifache Reederwitwe, stellte sie ihr gesamtes ererbtes Vermögen in den Dienst des Befreiungskrieges, ließ Kriegsschiffe bauen und leistete einen entscheidenden Beitrag zur Eroberung der wichtigen Hafenstadt Náfplion im November 1822. An allen Kämpfen nahm sie an der Spitze einer von ihr finanzierten Privatarmee als Kommandeurin selber teil. Dass sie an Bord ihrer »Agamémnon« am 13. März 1821 die erste Fahne der Revolution hisste, fast zwei Wochen vor der bischöflichen Fahnenweihe von Agía Lávra, darauf sind die Hydrioten bis heute stolz.

In den 1950er Jahren trug ein Reeder namens Aristotélis Onássis den Namen der griechischen Handelsschifffahrt um die Welt. Dabei war die Tankerflotte des Tycoons nicht einmal die größte Griechenlands. Aber er sorgte mit den prominenten Frauen an seiner Seite, Maria Callas und Jackie Kennedy, für die größte Publicity. Heute verfügen griechische Reeder über eine Handelsflotte von 55 Millionen BRT, was 70 Prozent des Fassungsvermögens der gesamten EU-Handelsschifffahrt ist und ein Fünftel der globalen Tonnage. Ihre Namen kennt man nicht, Schlagzeilen machen sie höchstens, wenn einmal wieder einer ihrer Tanker havariert. Nur teilweise unter griechischer, überwiegend unter fremder Flagge, von Panama bis Liberia, fahrend ist ihr Beitrag zur griechischen Zahlungsbilanz trotz allem nicht zu unterschätzen, auch wenn die letzte Weltwirtschaftskrise einige der Großen vorübergehend in Seenot geraten ließ. Ihre Mannschaften rekrutieren die griechischen Reeder nur noch selten in der Heimat. Was übrigens auch für viele der größeren Fischkutter in der Ägäis gilt, und die bringen immer weniger Fisch an Land – kein neues Problem allerdings.

»Meer haben wir genug, Küsten und Inseln, um von ihnen auszufahren oder an ihnen zu landen. Wie aber steht es um den

Fisch? Ausgeplündert sind heute schon ganze Küstenstriche. An den ehemals bewährten Fangstellen mag man die scharfsichtigsten Beobachter aufstellen: sie werden von morgens bis mitternachts keine Flosse schimmern sehen. Unsere Fischer wissen, dass es so ist, aber keiner will die Schuld auf sich sitzen lassen. Und spricht man mit ihnen darüber, so hört man die Männer des Dynamits über die Schleppnetzfischer schelten und ihnen die Schuld dafür zuschieben. Jene wieder möchten's auf die Schultern der Zugnetzfischer abwälzen, und diese auf die Treibjäger. Die Treibjäger wiederum behaupten mit großem Lärm, die Umzingelungsfischer trügen die Hauptlast am Verderb der Fischweide. Und die endlich sagen es leise hinter der Hand: es wäre der Kaufmann, der sie durch Schuldenerpressung zum äußersten Einsatz zwänge, zur Außerachtlassung aller bedachtsamen Pflege der Meeresfrucht. Die ehemals reichen Fangplätze sind abgebürstet, dass dort auf Jahrzehnte nichts mehr nachwachsen kann. Die Schleppnetzfischer sind gezwungen, immer tiefere Gewässer aufzusuchen. Das Mehr an Kraftverbrauch geht Hand in Hand mit dem heftigeren Verschleiß des Geräts, so dass es zu einem Ausgleich mit dem Ertrag schon gar nicht mehr kommen kann. Jeder Schleppnetzdampfer, den du siehst, ist, wirtschaftlich gesehen, ein Totenschiff.«

So beschrieb, im Jahr 1936, Xenophon, Held des Romans *Raubfischer in Hellas,* die Lage der Fischer und den Zustand der Fischgewässer in Griechenland. Auch wenn zumindest die Männer des Dynamits ihre räuberische Fangmethode nicht mehr ausüben – am Raubbau insgesamt hat sich nichts geändert, und die Überfischung hat dafür gesorgt, dass das Land für den eigenen Fischbedarf aus dem Wildfang schon lange nicht mehr sorgen kann. Seit Menschengedenken importieren auch deshalb die Griechen getrockneten Stockfisch aus Norwegen, den *Bakaliáro,* und im Supermarkt gibt es heute sogar tiefgefrorenen Fisch aus Afrika. Was in der Taverne am Meer auf den Tisch kommt, stammt heute nur zu oft nicht mehr von einem der buntbemalten Fischerboote, die malerisch im Hafen dümpeln. In den letzten Jahren hat die Zahl dieser schönen Objekte übrigens erheblich abgenommen, eine Verordnung aus Brüssel war schuld: Die »Verordnung Nr. 2370/2002 des Rates zur Einführung einer Sofortmaßnahme der Gemeinschaft für das Abwracken von Fischereifahrzeugen«. Nach dieser Verordnung erhielt jeder Fischer, der sein Gewerbe aufzugeben bereit war und zugleich sein Boot zerstörte, eine Prämie von bis zu 175 000 Euro aus Brüssel.

Viele tausend Fischerboote sind diesem Irrwitz zum Opfer gefallen, so manch schönes altes Stück ist dabei. Vergeblich kämpfte der Werftinhaber Manólis Psarrós gegen das Abwrackunwesen: Viele dieser alten Kaïkis sind Unikate, sagt er, denn in den traditionellen Bootswerften, ob in Pérama, in Tríkkeri oder Kavála, wurde (und wird zum Teil noch heute) ohne Konstruktionszeichnungen gebaut. Solch ein altes Boot gehöre unter Denkmalschutz gestellt wie ein altes Haus, forderte er. Im Dezember 2006 kam ein Fischer aus Sálamis mit seinem wunderschönen alten Kaïki zu Manólis Psarrós nach Pérama. »Kannst du mir das Boot abwracken, und die Zerstörung bescheinigen?« Psarrós schickte ihn weg: »Ich baue Boote, ich mache keine Boote kaputt.« Wenig später ließ der Mann aus Sálamis sein Boot woanders schreddern und schickte das Video, das er für die Behörde hatte anfertigen lassen, auch Psarrós zu. »Da sind mir die Tränen gekommen«, sagt Psarrós, und er habe sich dafür nicht geschämt. Geschämt hat er sich für all die anderen, die mitgemacht haben bei der Zerstörung einer ganzen Tradition. Es ist allerdings einigen Kaïki-Besitzern heimlich dann doch gelungen, ihr gutes altes Stück an einen Freizeitkapitän zu verkaufen statt es zu zertrümmern, und die Prämie zusätzlich zu kassieren, dreimal darf geraten werden, wie.

Sinn hatte die ganze Brüsseler Aktion so gut wie überhaupt nicht. Zwar ist der Fischbestand im Mittelmeer tatsächlich ernstlich bedroht. Nur ist dem mit der Zerstörung kleiner Fischerboote nicht beizukommen. Das Fischerei-Institut der Universität Thessaloníki hat dokumentiert, dass die immer rücksichtsloseren Verstöße gegen geltende Fischerei-Vorschriften schuld sind an dem desolaten Zustand. Die Forscher fanden heraus, dass die auf den griechischen Märkten angebotenen Fische immer kleiner werden – bei manchen Fischarten sind 99 Prozent der verkauften Exemplare kleiner als das Gesetz erlaubt. Das heißt: Es werden vor allem von den großen Trawlern, die man in Griechenland *michanótratta* nennt, illegale Fangmethoden – z. B. zu engmaschige Netze – angewandt, die den

Fischen kaum eine Reproduktionsmöglichkeit mehr lassen. Das betrifft nicht nur die begehrten, besonders teuren Fischarten, selbst die kleinen billigen Sardinen *(gávros)* sind bedroht, von denen die Fischer pro Jahr bis zu 16 000 Tonnen an Land bringen. Bei ihnen, so das Institut, wird auf den Märkten die vorgeschriebene Mindestgröße im Durchschnitt um die Hälfte unterschritten. Nur: Kontrolliert und geahndet werden diese Verstöße gegen die Fischerei-Vorschriften nicht. Genau da aber wäre anzusetzen, und nicht bei der Zahl der in Betrieb befindlichen Fischerboote.

Vor allem in der touristischen Hochsaison wird inzwischen längst die beliebte Dorade knapp, jedenfalls die freilebende *alaniára* (das ist im städtischen Sprachgebrauch ein etwas anzügliches Wort für Herumtreiberin). Die normale Dorade im Restaurant (griechisch: *tsipoúra*) stammt meist aus einer der vielen Zuchtanstalten, wie man sie jetzt in vielen einsamen Buchten zu sehen bekommt. Kenner schmecken das angeblich heraus und bezahlen daher auf dem Fischmarkt gern mehr als den doppelten Preis für eine *alaniára*. Natürlich gibt es auch die anderen edlen Fische aus dem Wildfang noch, *barboúni*, *lithríni* und *skathári* für die Zubereitung auf Grill und Pfanne, die *skorpína* und die *sinagrída* für die *psarósoupa,* die griechische Fischsuppe. Sie sind aber teuer, und nicht jeder kann sich diese *próta psária*, diese Fische erster Wahl, leisten.

Die Fischzucht in der Aquakultur ist mittlerweile eine Industrie mit enormen Zuwachsraten, und Griechenland ist Selbstversorger, was bestimmte zuchtfähige Fischarten angeht und zugleich der größte Exporteur. So produzierten die drei griechischen Marktführer, Nireus, Selonda und Dias, allein im Jahr 2009 mit 140 000 Tonnen Doraden und Wolfsbarsch die Hälfte der globalen Produktion. Die Firma Selonda allein gibt, nach eigenen Angaben, rund 1000 Personen Arbeit. Zuchtfische sind zu einem der wichtigsten Exportartikel des Landes geworden. Doch: Um eine Dorade zu erzeugen, muss die doppelte Menge wild lebender Fische ihr Leben lassen, zur Herstellung der Fischmehlpellets, die der Zuchtfisch braucht. Und selbst wenn man von den katastrophalen Fehlern der Lachsproduktion in den norwegischen Fjorden gelernt hat, sind die Gefahren der Aquakultur für das Meer nicht gebannt. Der Worldwide Fund for Nature (WWF) warnt vor allzu großem Optimismus. Denn unter den Käfigen mit den Zuchtfischen kommt es durch reduzierten Lichteinfall und erhöhten Nährstoffeintrag in jedem Fall zu negativen Auswirkungen auf die Umwelt. Doch ein Beweis für den ungebrochenen Unternehmergeist der Griechen ist die Erfolgsstory der griechischen Fischfarmer auch. Sie zitieren gern den Nobelpreisträger Odysséas Elýtis, der einmal geschrieben hat: »Für uns ist das Meer etwas sehr Vertrautes und keine Wildnis. Es ist wie ein zweites Stück Land, das zu bebauen ist.«

Olympisches Feuer – Waldbrand, Müll und andere Umweltprobleme

Im antiken Heiligtum von Olympia wird alle vier Jahre wieder (nach einem für die NS-Olympiade 1936 erfundenen Brauch übrigens) die Flamme für den bekannten Fackellauf entzündet. Als Priesterinnen des Apoll verkleidete Schauspielerinnen begleiten das Ritual mit einem erfundenen Gebet. Das ist eigentlich antikisierender Kitsch, denn einen Bezug zum wirklichen Olympia der Antike gibt es nicht. Im August 2007 brannte hier ein ganz anderes Feuer, denn ein gewaltiger Waldbrand wütete. Und die einzige verfügbare Löschflugstaffel hatte die Wahl: Schützen wir das Antikenmuseum und den Hermes von Praxiteles oder die vom Feuer eingeschlossenen Bauern im Nachbardorf? Man entschied sich fürs Weltkulturerbe.

Die allsommerliche Waldbrandsaison hatte in diesem Jahr länger als je gedauert, sie war dramatischer als je, ein paar tausend Hektar Wald mehr als sonst brannten ab. Gewöhnlich erträgt der Grieche die Waldbrände schicksalsergeben, solange sie nicht sein Wochenendhaus einäschern, aber in diesem Jahr brannten in der Peloponnes zudem ein paar Millionen Olivenbäume ab, ganze Dörfer gingen in Flammen auf, und es gab 64 Tote. Wer bei diesen Großfeuern jeweils der Verursacher ist, das bleibt in Griechenland (ebenso wie in Spanien, Italien und Südfrankreich) meist unbekannt. Pyromanen, leichtsinnige Raucher, Grundstücksspekulanten? Bekannt sind, lange genug, die Probleme der Brandbekämpfung. Das beginnt bei der Ausstattung der Feuerwehr. Während die griechische Luftwaffe über mehr als 300 Kampfflugzeuge verfügt, darunter 59 F 16-Jets der neuesten Generation, konnte die Feuerwehr im Sommer 2007 auf gerade einmal 20 einsatzfähige (zum Teil ziemlich angejahrte) Löschflugzeuge vom Typ Canadair zurückgreifen und musste woanders um Hilfe bitten (zum Beispiel in Deutschland, das dann drei CH-53-Helikopter schickte). Was schlimmer war: Die griechische Berufsfeuerwehr verfügte über 12 500 Planstellen, aber davon waren im Sommer 2007 nur 8000 besetzt (Mannschaftsstärke der griechischen Streitkräfte: 185 000). Der fortdauernde Verlust der Wälder ist aber nur eines von vielen Umweltproblemen in Griechenland.

Vor den Parlamentswahlen vom Oktober 2009 gehörte zu den Wahlversprechen des Spitzenkandidaten der PASOK, Jórgos Papandréou, er werde aus Griechenland eine prosperierende ökologische Republik machen, das Dänemark des Südens. Auf Griechisch hieß das *Danía tou Nótou,* Spötter hatten alsbald ein Wortspiel parat: Da sich das griechische Wort für Dänemark, *Danía,* von dem Wort für Kredite, *dánia,* nur durch eine kleine Akzentverschiebung unterscheidet, konnte man in der Tageszeitung *Kathimeriní* die Frage lesen, ob man sich da nicht vielleicht verhört habe, ob denn nicht statt dem *Danía tou nótou* ein *daníon topío,* ein Land der Schulden gemeint gewesen sei. Doch Dänemark schwebte Papandréou tatsächlich als Vorbild für eine ökologische Energiewirtschaft vor, er dachte an Formen nachhaltiger Elektrizitätserzeugung, die sich in dem mediterranen Land ja geradezu anböten, die Griechenland aber bis heute vernachlässigt: an Sonnenenergie und Windkraft.

Zwar sieht man seit mehr als 20 Jahren überall im Land auf den Dächern der Einfamilienhäuser Boiler mit den Sonnenkollektoren – da waren die Griechen Pioniere und außer auf Zypern und in Israel sind diese solaren Warmwasserbereiter nirgends so verbreitet – Strom wird aber fast ausschließlich aus fossilen Brennstoffen erzeugt. In erster Linie aus der reichlich vorhandenen Braunkohle. Was das für die Umwelt bedeutet, davon kann man sich bei einer Fahrt durch das westmazedonische Braunkohlerevier von Ptolemaïda mit seinen Großkraftwerken überzeugen. An zweiter Stelle steht das Erdöl. Nötig wäre das alles nicht, schrieb der Ingenieur Vassílis Papadópoulos in einer Studie. Ungenutzte Quellen regenerativer Energie gäbe es genug. Auf den ägäischen Inseln könnte Windenergie den kompletten Strombedarf decken. Zwar hatte der Konzern MAN seine ersten Probeläufe mit Windrädern auf der Ägäis-Insel Kýthnos durchgeführt, danach stieg aber Deutschland zum Vorreiter der Windenergie auf, während sich in Griechenland dagegen herzlich wenig auf diesem Gebiet tat. Von der Photovoltaik und der Geothermie nicht zu reden. Auch Wasserkraft spielt in Griechenland kaum eine Rolle, obwohl die gebirgige Struktur des Landes und genügend saisonale Niederschläge einiges an Möglichkeiten böten. Und da wäre noch die Stromerzeugung aus Biomasse, z. B. aus anderweitig nicht nutzbaren forstlichen Holzabfällen.

Auf ihren Umgang mit der Umwelt werden die Griechen im Übrigen regelmäßig aus Brüssel hingewiesen. Die kostenpflichtigen Abmahnungen für die vielen hundert wilden Mülldeponien häufen sich, und übersehen kann man sie ja nicht. Im Jahr 2005 hoben gar einige der so dringend zur Waldbrandbekämpfung benötigten Löschflugzeuge ab, um einen Müllgroßbrand auf der Chalkidikí, einem der beliebtesten Touristenziele, zu löschen. Die dioxinverseuchte Milch von den Weiden rings um die Deponie musste später (als Sondermüll) entsorgt werden. Das Erstaunliche: Der sonst so wache Unternehmergeist der Griechen hat hier noch nicht gefunkt. Anderswo sind clevere Unternehmer längst darauf gekommen, wie viel Geld sich mit Recycling und umweltgerechter Müllverbrennung machen lässt. Kommt ja sicher noch, auch in Griechenland.

Und noch ein Umweltproblem: fünf Millionen Ziegen und neun Millionen Schafe. Am 25. Oktober 2005 bestätigte der Europäische Gerichtshof in Luxemburg die Bezeichnung »Feta« als geschützte Ursprungsbezeichnung für Griechenland (wo immerhin 85 Prozent des Feta-Verbrauchs in der EU pro Person und Jahr erzeugt werden). In der Urteilsbegründung hieß es dazu etwas umständlich: »Die extensive Beweidung und die Wandertierhaltung, die die Schlüsselelemente für die Haltung der Schafe und Ziegen bilden, die das Ausgangserzeugnis für die Herstellung des Feta-Käses liefern, gehen auf eine jahrhundertealte Tradition zurück. Dies hat zur Entwicklung kleiner einheimischer Schaf- und Ziegenrassen geführt, die sehr genügsam und resistent sind und in einer Umgebung überleben können, in der Futter nur in begrenzten Mengen zur Verfügung steht, das dem Enderzeugnis aber aufgrund der besonderen, äußerst diversen Flora einen besonderen Geschmack und Geruch verleiht. Das genannte Zusammenwirken zwischen den besonderen natürlichen und den besonderen menschlichen Faktoren hat Feta-Käse somit einen hervorragenden internationalen Ruf verliehen.« Das klingt schön, und die Besitzer der fünf Millionen Ziegen und der neun Millionen Schafe, die die Milch für den exklusiven griechischen Feta liefern, hat's gefreut.

In der Urteilsbegründung aus Luxemburg steckt allerdings auch ein Detail, das auf ein schlimmes Umweltproblem verweist, auf das die Herdenbesitzer nicht so gern angesprochen werden: Eben weil das Futter nur in begrenzten Mengen zur Verfügung steht, fressen vor allem die Ziegen auch, was sie nicht sollten, nämlich die jungen Triebe all jener Bäume, die nach den alljährlichen Waldbränden angepflanzt werden (soweit das überhaupt geschieht).

So hatte, nur ein kleines Beispiel, nach den Waldbränden des Sommers 2010 der Fernsehsender SKAÏ eine spektakuläre Aufforstungsaktion in Attika gestartet. Doch schon wenige Tage nach der Pflanzung war es um die jungen Bäume geschehen. Eine Herde Ziegen war über die Schonung hergefallen und hatte die jungen Triebe restlos abgefressen. Nun ist in Attika seit 1992 die Ziegenweide strikt verboten, und überall in Griechenland in Waldbrandgebieten mindestens für fünf Jahre nach einem Brand. Doch wer kontrolliert das schon? Und so sorgen die Millionen Feta-Lieferanten für eine Verewigung der gewaltigen Umweltschäden durch die alljährlichen Brände, überall in Griechenland.

Krach mit den Nachbarn

Als im Frühjahr 2010 die bankrotte griechische Regierung ihre Bestellung von vier U-Booten des Typs U214 bei der Firma Thyssen-Krupp auf sechs erhöhte und von der türkischen Seite eine ebensolche Order bekannt wurde (Wert der Bestellung jeweils rund drei Milliarden Euro), da fühlte sich so mancher Grieche an einen anderen U-Boot-Kauf von vor über hundert Jahren erinnert, der am Anfang des griechisch-türkischen Wettrüstens stand. Eingefädelt hatte den Deal damals ein gewisser Vassílis Zacharópoulos alias Basil Zaharoff, einer der größten Waffenschieber aller Zeiten, dessen Geschäftsprinzipien bis heute Vorbild sind für die Händler des Todes. Begonnen hatte der clevere Grieche seine Karriere als Angestellter der britischen Waffenfirma Nordenfeld, die ihn 1877 als ihren Balkanrepräsentanten mit Sitz in Athen für fünf Pfund Sterling die Woche engagiert hatte. Es gab damals viel zu verdienen auf dem Balkan, die Befreiung der christlichen Balkanvölker von der Osmanenherrschaft war noch in vollem Gange. Griechen und Serben, Bulgaren und Montenegriner brauchten Gewehre und Granaten. Die britische Waffenfirma ist entzückt über die Geschäftserfolge ihres umtriebigen Handlungsreisenden.

Und dann kommt sein erster wirklich großer Coup: Er dreht der griechischen Kriegsmarine eines der ersten Unterseeboote der Welt an, damals eher ein Ladenhüter. Die nächsten zwei Exemplare dieser noch völlig neuen Waffengattung verscherbelt der listenreiche Grieche dann an den unmittelbaren Gegner seines Athener Abnehmers, indem er diesen Gegner, unter dem Siegel der Verschwiegenheit, von der gefährlichen Errungenschaft der Konkurrenz-Marine informiert. Mit Erfolg – die Türken ordern umgehend.

Dieses Doppelgeschäft markiert den Beginn einer märchenhaften Geschäftskarriere. Der Waffenschieber macht ein Verkaufsprinzip aus dem U-Boot-Geschäft: Beliefere immer zwei verfeindete Seiten zu gleicher Zeit, das erhöht den Umsatz. Und in einem Interview behauptet er einmal: »Ich machte Kriege, damit ich beiden Seiten Waffen verkaufen konnte.« Zumindest in einem Fall soll tatsächlich etwas Wahres dran gewesen sein: Er drängt 1919 seine Landsleute, in Absprache mit dem britischen Premierminister Lloyd George, zu ihrem desaströsen Kleinasienfeldzug. Ein von dem (mittlerweile von der britischen Krone für seine Verdienste in den Adelsstand erhobenen) Sir Basil Zaharoff zumindest teilweise vorfinanziertes Abenteuer, das für die Griechen in einer Katastrophe endet.

Ein weiteres Geschäftsprinzip des Griechen Sir Basil: Er hatte früh erkannt, dass es beim Waffenverkauf weniger um die Qualität der Produkte geht, als vielmehr darum, die Käufer freundlich zu stimmen. Freundlich stimmt, z.B., ein beim Rüstungsminister diskret hinterlassenes, wohl gefülltes Portefeuille.

Nach den Prinzipien von Sir Basil, der 1936 als einer der reichsten Männer Europas starb, arbeiten die Waffenschmieden und -händler noch heute, und im Fall des griechisch-türkischen Wettrüstens an der Ägäis machen es auch die führenden NATO-Rüstungsproduzenten so. Allen voran die aus Deutschland. Nicht zuletzt mithilfe der »nützlichen Aufwendungen«, die in Deutschland mittlerweile strafbar sind, haben es diese deutschen Waffenschmieden geschafft, Griechenland und die Türkei zu den mit Abstand besten Abnehmern ihrer Produkte auf der ganzen Welt zu machen. Ein Drittel ihres Gesamtumsatzes machten sie allein im Jahr 2009 mit den beiden verfeindeten NATO-Ländern.

Übrigens importieren die Griechen längst nicht ihren gesamten Rüstungsbedarf, sondern vorwiegend das schwere Kampfgerät und die großen Waffensysteme. Anderes produzieren sie seit jeher selbst, Handfeuerwaffen und Munition beispielsweise, manches wie Maschinenpistolen, Granatwerfer oder Streubomben auch in Lizenz für den Export in die Dritte Welt.

Casus belli in der NATO

Am 23. Mai 2006 stürzten zwei Kampfflugzeuge vom Typ F 16 über der Ägäis ab, ein griechisches und ein türkisches. Nur der Pilot der türkischen Maschine überlebte, der griechische ertrank. Anlass des tödlichen Zwischenfalls war ein sogenannter *dogfight,* ein Scheingefecht, wie es fast täglich über der Ägäis stattfindet und bei dem es um die Lufthoheit über den griechischen Inseln geht. Zu einem militärischen Schlagabtausch führte das Ereignis zwar nicht, rief aber in Erinnerung, was für ein hochgefährliches Spannungsgebiet die Ägäis ist. Schon dreimal hatten beide Länder in den letzten Jahrzehnten aus ähnlichen Anlässen am Rande eines Kriegs gestanden. Die Regierung in Athen reagierte besonnen, eine geplante Türkeireise der griechischen Außenministerin Dóra Bakojánni wurde nicht abgesagt, eine

Reihe von Maßnahmen für ein politisches Krisenmanagement bei zukünftigen Fällen militärischer Provokation beschlossen. Kurz: der von einigen griechischen Medien eilig prognostizierte heiße Sommer mit Stahlgewittern über der Ägäis fand nicht statt.

Ein Zeichen dieser neuen Gelassenheit war zuvor schon die Athener Nicht-Reaktion auf ein in der türkischen Tageszeitung *Cumhuriyet* veröffentlichtes Kriegsszenario. Der gedachte Kriegsanlass: Eine (nach griechischer Ansicht seerechtlich zulässige) Ausdehnung der griechischen Hoheitsgewässer von sechs auf zwölf Seemeilen. Nun ist die höchst komplizierte Frage der Luft- und Seehoheit in der Ägäis mit ihren tausend Inseln ein Streitthema seit Jahrzehnten, aber eigentlich vor dem Internationalen Gerichtshof in Den Haag zu klären. Doch für die Türkei ist diese Frage bis heute kein Fall für Justitia, sondern eine, die am Ende die Macht der Waffen zu entscheiden hat, ein *casus belli*. Tatsächlich ist dieser *casus belli* Teil der außenpolitischen Staatsdoktrin der Türkei – sie sieht für den Fall der Anwendung des Seerechts auf griechischer Seite eine Kriegserklärung als Automatismus vor. Einen Widerruf dieser Doktrin fordert die EU von dem Beitrittskandidaten Türkei bis heute nicht.

Drei strategische Ziele enthält das Kriegsszenario: den Vormarsch der türkischen Panzerverbände bis nach Thessaloníki und zum Fluss Axiós sowie die Besetzung von Westthrazien und Ostmazedonien; die Landung auf den der anatolischen Küste vorgelagerten griechischen Inseln; die Eroberung und endgültige Annexion von Restzypern. Ein Kriegsplan zum Fürchten.

Zwar wäre die Eroberung Westhraziens und Ostmazedoniens, die Besetzung der ostägäischen Inseln für die Türken sicher kein Spaziergang, aber in Griechenland weiß man: Im Ernstfall hätten die eigenen Streitkräfte gegen den militärischen Koloss im Osten keine realistische Chance. Es kann bei den eigenen aufwendigen Verteidigungsanstrengungen nur darum gehen, dem Gegner den Sieg so teuer wie möglich zu machen. Dies allein ist Sinn und Zweck der astronomischen Rüstungsausgaben, und daher gaben die Griechen bis 2009 im Schnitt rund vier Milliarden Euro pro Jahr für schweres Kriegsgerät aus, vom F 16-Fighter bis zu Leopard-Panzern, U-Booten und Fregatten.

Als Jórgos Papandréou nach seinem Wahlsieg im Herbst 2009

die Regierungsgeschäfte übernahm, musste er von seinem konservativen Vorgänger Kóstas Karamanlís eine leere Staatskasse übernehmen, ein Staatsbankrott schien unausweichlich. Doch selbst in dieser Situation, in der die Kreditgeber Athen eine Politik der strengsten Haushaltsdisziplin auferlegten, gingen die Rüstungsgeschäfte ungebremst weiter, und der deutsche Außenminister Guido Westerwelle mahnte im Januar 2010 bei einem Athenbesuch die Einlösung eines griechischen Kaufversprechens aus dem Jahr 2000 an: den von der Regierung Simítis avisierten Erwerb von 60 Kampfflugzeugen vom Typ Eurofighter zum Preis von zwei Milliarden Euro. Die Nachrichtenagentur Reuters berichtete, dass es Kreditzusagen aus Paris und Berlin nur unter der Bedingung weiterer Waffenkäufe gegeben habe. Im Februar 2010 bestätigte Papandréou in Paris den Kauf von sechs Fregatten vom Typ FREMM im Wert von zwei Milliarden Euro. Von der gleichzeitigen U-Boot-Order war schon die Rede.

Es ist eine absurde Situation: Deutsche und französische Politiker drängen zu Käufen von Waffen, die zwei Nato-Partner aufeinander richten, und das, obwohl sie einerseits über den drohenden Staatsbankrott Griechenlands informiert sind und es andererseits strikte Regelungen gibt, nach denen aus Deutschland Waffen exportiert werden dürfen: eben nicht in politische Spannungsgebiete, wie es die Ägäis de facto eines ist. Zwar sind Nato-Bündnispartner von der Vorschrift ausgenommen, doch gibt es auch die, dass destabilisierende Waffenanhäufungen zu verhindern sind. Zudem sagt der Verhaltenskodex der EU für Waffenausfuhren, dass Rüstungsexporte mit der wirtschaftlichen Kapazität des Empfängerlandes vereinbar sein müssen.

Heute verfügt das kleine Griechenland mit seinen knapp zehn Millionen Einwohnern über doppelt so viele Kampfpanzer wie die Bundeswehr und die größte Panzerarmee in der EU. Ob das den Griechen im Falle eines Überfalls aus dem Osten etwas nützen würde, ist mehr als fraglich. Denn zum einen stehen jenseits der griechisch-türkischen Grenze am Fluss Evros in Thrazien ein paar Panzerbrigaden mehr, zum anderen ist ein großer Teil der supermodernen Leopardpanzer aus der Münchner Rüstungsschmiede Kraus-Maffei Wegmann in Griechenland gar nicht mit der passenden Munition ausgestattet, hätte also im Ernstfall nur Schrottwert. Und so fragen sich längst viele griechische Steuerzahler, ob denn wirklich die türkische Bedrohung das eigentliche Motiv der teuren Panzerkäufe war.

Megaléxandros oder Aleksandar Makedonski?
Dauerzwist mit der FYROM

Mehr wie ein Geplänkel mutet der Zwist zwischen Athen und Skopje an, der Hauptstadt der 1991 für unabhängig erklärten Former Yougoslav Republic of Macedonia (Ehemalige Jugoslawische Republik Mazedonien), abgekürzt FYROM, wie bis auf weiteres ihr offizieller UN-Name lautet.

Worum geht's? Zum Hintergrund des Zwists eine kleine Anekdote: Im August 1988 machte die damalige griechische Kulturministerin Melína Merkoúri ihrem australischen Counterpart ein großzügiges Angebot: Einige der wertvollsten Exponate aus den Goldschätzen der makedonischen Königsgräber von Vergína sollten für eine Wanderausstellung den Weg über den Ozean nehmen, um in Melbourne, Sidney und Brisbane gezeigt zu werden. In Australien zeigte man sich hocherfreut, stellte dann aber plötzlich die Bedingung, dass die Ausstellung nicht unter der Überschrift »Excavations from Ancient Macedonia« gezeigt werde. Die australische Regierung hatte dem Druck einer kleinen, aber lautstarken Minderheit nachgegeben: Einwanderer aus der südlichsten jugoslawischen Teilrepublik Makedonija behaupteten nämlich, der Name Macedonia stehe ihnen alleine zu, eine Ausstellung aus Griechenland dürfe sich mithin nicht mit diesem Namen schmücken. Die Ausstellung sollte deshalb, verlangte die Regierung in Canberra, unter dem Titel »Excavations from Northern Greece« firmieren. Was eine ziemlich erboste Melína Merkoúri und eine Rücknahme des Ausstellungs-Angebots zur Folge hatte, sowie ein mittleres diplomatisches Erdbeben. Botschafter wurden zitiert, *aide mémoires* ausgetauscht.

Schließlich machten sich aber die Kulturexperten bei der australischen Regierung mithilfe eines Geschichtsbuchs kundig: Die mazedonischen Könige ruhten schon rund 1000 Jahre in ihren Gräbern, als die Slawen im 6. Jahrhundert in die Region Mazedonien einwanderten. Zudem konstituierten sich jene heute hauptsächlich im Gebiet der heutigen FYROM wohnhaften, in großer Zahl aber auch als Emigranten in Australien und Kanada ansässigen Slawophonen, die nun den Namen Mazedonier für sich allein beanspruchten, erst 1944 als Nation und jugoslawischer Teilstaat Mazedonien. So erklärte am Ende der australische Ministerpräsident Hawke, dass alles nur ein Missverständnis sei, sein Staatssekretär Morris gab eine öffentliche Erklärung ab, dass die Regierung die Ausstellung nun doch unter dem ursprünglichen Titel gern sehen wolle, und so geschah es denn auch. Ende der Burleske, die damals außer den beteiligten Ländern keiner so richtig ernst genommen hat.

Doch 1991 erklärte die jugoslawische Teilrepublik ihren Abschied von Restjugoslawien und ihre staatliche Unabhängigkeit unter dem Namen Republika Makedonija. Zudem brachte der Staatsverlag *Nova Makedonija* massenhaft Landkarten in Umlauf, auf denen das griechische Mazedonien bis zum Olymp als griechisch besetztes Territorium ausgewiesen wurde. Damit nicht genug, wurde eine Nationalflagge entworfen, die den von dem griechischen Archäologen Manólis Andrónikos auf diesem »besetzten Territorium« ausgegrabenen goldenen Stern als nationales Emblem auswies. Das war den Griechen zuviel. Massenhaft gingen sie auf die Straße, die Kirche mischte sich ein, der rechtskonservative Politiker Antónis Samarás (heute Vorsitzender der Néa Dimokratía) nutzte die Erregung zur Mobilisierung der Massen und zur Gründung einer (kurzlebigen) ultranationalistischen Partei, »Politischer Frühling«. Selbst der politisch sonst streng abstinente Literaturnobelpreisträger Odysséas Elýtis meldete sich zu Wort und protestierte. Und dann schloss Griechenland, temporär, seine Grenzen für die Bürger der FYROM.

Eine hysterisch anmutende Überreaktion das Ganze, und für den modernen Mitteleuropäer schwer zu verstehen. Alexander der Große, Megaléxandros oder Aleksandar Makedonski, was soll's? Wen interessiert es heute noch, welchen Blutes oder Stammes Karl der Große war, bzw. Charlemagne, wie ihn die Franzosen nennen? Oder streiten sich vielleicht Franken und Franzosen um das fränkische Erbe, Angelsachsen und Niedersachsen um das sächsische? Aber zwischen FYROM und Griechenland wird die Antike bemüht, um territoriale Ansprüche anzumelden, hier kann der Geschichtsatlas zum Grundbuch werden. Da mussten sich die Griechen von den nördlichen Nachbarn anhören, dass Alexander der Große kein Grieche gewesen sei, dass seine Nachkommen sie selbst seien. Welche Sprache Alexander gesprochen hat, wisse niemand, weil die Mazedonier im 6. Jahrhundert nach Christi Geburt slawisiert worden seien. Blutsmäßig aber sind wir die Urmazedonier, sagen sie, und euren Megaléxandros nennen wir deshalb zu Recht Aleksandar Makedonski und die goldene Sonne von Vergína, die eure Archäologen auf griechisch besetztem mazedonischem Territorium ausgebuddelt haben, gehört eigentlich uns. Oder auch: Dass die alten Mazedonier gar keine Griechen waren, das habe schon der Athener Demosthenes in einer seiner berühmten Reden gegen den mazedonischen König Philipp gesagt. Die Reaktion der Griechen? Statt diesen Unsinn dem homerischen Gelächter der Welt zu überlassen, ließen sie sich ein auf die Debatte um Alexanders Muttersprache, erklärten aller Welt geduldig die politische Funktion der Mazedonien-Aussage des Demosthenes in seiner dritten Philippika, der sein Gegner Anchises entschieden widersprochen habe, wiesen darauf hin, dass Alexanders Hauslehrer Aristoteles hieß, und dass dieser Mazedonier aus Stageíra (Chalkidikí) bekanntlich griechisch sprach und nicht jenen westbulgarischen Dialekt, der in der Slawistik slawomazedonisch genannt wird. Dabei ist die Frage der Gräzität Alexanders für die Altertumskunde schon lange kein Thema mehr, die Grabungen der letzten Jahrzehnte haben da viel zu eindeutige Beweise zutage gefördert.

Doch es steckt etwas mehr hinter dem Krach zwischen Athen und Skopje, die Geschichte hat eine blutige Grundierung. Die Kämpfe um das mazedonische Territorium haben zu Anfang des 20. Jahrhunderts viele Opfer gefordert, auf dem Kriegsschauplatz des ersten und zweiten Balkankrieges sind schätzungsweise eine Viertelmillion Soldaten gefallen – das Ergebnis: 35 000 Quadratkilometer, etwas mehr als die Hälfte des umkämpften Territoriums, fielen danach an Griechenland. Vor allem gehörte die bedeutende Hafenstadt Thessaloníki dazu, die auch die Bulgaren haben wollten.

Der zweitgrößte Teil, der an das damalige Serbien ging, umfasst das Gebiet, das in Jugoslawien zunächst Vardarska Banovina hieß und unter Tito zur Teilrepublik Mazedonien wurde. 28 000 Quadratkilometer mit der Hauptstadt Skopje. Es ist ein kleiner Vielvölkerstaat. Etwas mehr als die Hälfte der Einwohner sind christlich-orthodoxe Slawomazedonier, dazu kommen fast ein Drittel muslimische Albaner, etwa 100 000 Türken, sowie Roma, Vlachen, Serben und ein paar Griechen. Und dann ist da noch, nicht zu vergessen, weiter östlich, der Teil, der an Bulgarien fiel, genannt Pirin-Mazedonien. Die Grenzen wurden in den Verträgen von London und Bukarest im Jahr 1913 festgelegt, und diese Grenzen gelten noch heute. Aber es hat nicht an Versuchen zu ihrer Revision gefehlt. 1943 bekam Bulgarien als Achsenpartner Hitlerdeutschlands einen Teil des griechischen und Teile des zu Serbien gehörigen Mazedoniens als Besatzungsgebiet, mit der Aussicht, das Ganze nach dem deutschen »Endsieg« zu annektieren, und zur Vorbereitung der Annexion wurde das Gebiet »ethnisch gesäubert«. Aus dem »Endsieg« ist bekanntlich nichts geworden, und so behielt Griechenland das von Bulgarien begehrte Gebiet. Doch dann versuchte sich der jugoslawische Staatschef Marschall Tito den griechischen Bürgerkrieg von 1946–49 zunutze zu machen, um das griechische Mazedonien dem eigenen Staatsverband einzuverleiben. Vergeblich auch dies.

Nun geht von dem benachbarten Zwergstaat FYROM keine militärische Bedrohung für Griechenland aus, doch das Trauma der Verletzlichkeit der Nordgrenze blieb. Die Frage des »geklauten« Namens Mazedonien als solche ist den meisten Griechen nicht mehr so wichtig, wichtiger sind die Geschäfte mit dem Nachbarn im Norden, und die gehen gut. So wird heute in Skopje Brot aus griechischem Weizen gebacken, und der wiederum mit Kunstdünger aus Skopje gedüngt. Dennoch ist, für alle Fälle, dem Gast in Griechenland in Sachen Mazedonien immer noch etwas Zurückhaltung empfohlen: Wenn man die Gräzität Alexanders des Großen in Frage stellt, kann der eine oder andere Neuhellene schnell beleidigt sein. Auch wenn er, wie der in der Namensfrage besonders hartnäckige Präsident der Pan-Mazedonischen Assoziation von Europa, einer Vereinigung griechischer Diaspora-Mazedonier, auf den nicht eben urgriechischen, eher türkisch klingenden Namen Tsorbatzóglou hört.

Macht und Medien –
wem die griechische Presse gehört

Athen ist eine Zeitungsstadt. 18 Tageszeitungen erscheinen hier, sechs Morgen- und zwölf Mittagszeitungen. Dazu kommen zwölf Sportzeitungen, fünf tägliche Wirtschaftszeitungen und vier wöchentliche. Wer kauft und liest das alles, und wie überlebt dieser Blätterwald, ohne Abonnements, und bei einer Gesamtauflage von an Werktagen in der Regel weniger als 200 000 Exemplaren? Nur am Sonntag sind es mehr: bei den politischen Blättern immerhin über 800 000 (Tendenz sinkend), wobei aber auch hier nur vier große Zeitungen ab und zu die 100 000er Auflage überschreiten.

Die griechische Tagespresse war fast immer auch Tendenzpresse (ist es überwiegend auch heute noch). Es gab Zeiten, da ließ man sich am Zeitungskiosk eine linke Zeitung in eine rechte einwickeln, um nicht aufzufallen. Wenn ich in den 1960er Jahren am Athener Kiosk die linke *Avgí,* die »Morgenröte«, kaufte, dann bat mich der griechische Freund, bei dem ich zu Gast war, das nicht beim Zeitungshändler an der Ecke zu tun, denn eine große Zahl Kiosk-Betreiber hatte ein stilles Abkommen mit der Geheimpolizei und petzte, wer die falsche Zeitung las. Und man wusste in der Nachbarschaft, bei wem der *Germanós* wohnte.

Die Zeiten, in denen man sich mit dem Zeitungskauf am Kiosk verdächtig machte, sind längst vorbei. Längst gibt es auch das über Jahrzehnte nur im Untergrund gedruckte Zentralorgan der Kommunistischen Partei, den *Rizospástis,* wieder, immer noch etwas für hartgesottene Stalinisten. Für liberal gesonnene Leser waren über Jahrzehnte die zwei Tageszeitungen des Lambrákis-Konzerns, *To Víma* und *Ta Néa,* die tägliche Pflichtlektüre. Das aufgeklärte konservative Bürgertum las die *Kathimeriní,* und wer *Akrópolis* las, galt als reaktionär. Auch heute ist die Presse in der Regel einem der politischen Lager oder bestimmten Interessen verpflichtet. Typisches Beispiel: der Lambrákis-Konzern, dessen Zeitungen über Jahrzehnte dem politischen Lager des Zentrums als Verkündungsorgan dienten, bzw. dessen politische Linie in nicht unerheblichem Maße beeinflussten.

Heute werden viele Zeitungen am Wochenende nicht zuletzt der Attraktivität ihrer Beilagen wegen gekauft. Und das sind entweder beliebte Spielfilme auf DVD, Musik-CDs oder auch ganze Bücher. Und noch etwas Überraschendes: Während in Deutschland, Österreich und der Schweiz die Blätter aus den Niederungen der Publizistik sich der größten Auflagen erfreuen, in Deutschland die *BILD,* ist das im Niveau vergleichbare Athener Radaublatt *Avriani* weit abgeschlagen – die Spitzenreiter sind, wenigstens am Wochenende, zugleich die seriösesten Blätter, *Kathimerini* und *To Vima.* Sie sind im journalistischen Anspruch so etwas wie die *Frankfurter Allgemeine Zeitung* und die *Süddeutsche Zeitung* von Griechenland. Das heißt: Der Athener ist ein kritischer Zeitungleser, aber die Zahl der Zeitungskäufer hat in den letzten Jahren ständig abgenommen, mit der großen Krise von 2010 noch mehr.

Was vielen griechischen Zeitunglesern besonders wichtig ist, ist der investigative Journalismus. Was die *Kathimerini* bei der Aufklärung der Hintergründe der Siemens-Bestechungsaffaire geleistet hat (in steter Zusammenarbeit mit der *Süddeutschen Zeitung*), war vorbildlich. Es ist vor allem der steten und gründlichen Recherche-Arbeit von Tássos Télloglou von der *Kathimerini* zu verdanken, dass die Athener Staatsanwaltschaft sich letzten Endes gezwungen sah, in Zusammenarbeit mit der Staatsanwaltschaft München, gegen die griechischen Hauptpersonen des großen Skandals zu ermitteln. Für gründliche Recherchen steht auch die Zeitung *Eleftherotypía,* mit ihrem sonntäglichen *Ios tis Kyriakís* (was soviel wie »Sonntagsvirus« heißt). Wobei investigative Journalisten nicht um ihr Leben fürchten müssen, sondern höchstens, dass ihre mühevolle Arbeit am Ende ohne handfestes Ergebnis bleibt, weil die Justiz enger mit der Politik zusammenarbeitet als es dem Rechtsstaat gut tut. Auch kann es den einen oder anderen den Job kosten, wenn er einem Politiker zu nahetritt.

Eine große Zeitungsvielfalt gab es in Griechenland schon immer. Bereits um 1850 erschienen in Athen, das damals (Piräus inclusive) gerade einmal 35 000 Einwohner zählte, 15 Zeitungen, zahlreiche Periodika nicht gerechnet. 1890 waren es im ganzen Land 131, ihre Gesamtauflage betrug 110 000 Exemplare. Viele dieser Zeitungen hatten nur eine kurze Lebenszeit, da löste eine die andere ab, und eine Geschichte der griechischen Presse kommt zu dem erstaunlichen Ergebnis, dass zwischen 1836 und

1900 nach und nach insgesamt 789 Titel erschienen und in der Mehrzahl schnell wieder verschwanden. Und so staunte der Griechenland-Reisende Percy F. Martin zu Anfang des 20. Jahrhunderts: Die Griechen sind die unersättlichsten Zeitungsleser der Welt. Dazu passt ein griechischer Begriff, er lautet *lathranagnóstis,* der »Klauleser«, einer, der dir beim Lesen über die Schulter schaut und mitliest, weil er sich keine eigene Zeitung kaufen kann oder will.

Heute schreiben immer mehr Blätter rote Zahlen. Aber wie überlebt der Athener Blätterwald? Die Lambrákis-Gruppe ist im Wesentlichen ein Medien-Unternehmen geblieben, verdient aber viel Geld mit dem Großreisebüro Travelplan. Sie legt Wert auf ein gutes Image. Im Verwaltungsrat schmückt der Konzern sich gern mit bekannten Namen, darunter dem der prominenten Historikerin Eleni Glykatzi-Ahrweiler, die 1976 zur Rektorin der Pariser Sorbonne gewählt wurde (als erste Frau auf diesem Posten in der 700jährigen Geschichte der Universität). Konzern-Vorstand Chrístos Lambrákis präsidierte beim wichtigen Verein der Freunde der Musik, dem Hauptsponsor des zentralen Musikpalasts Mégaro Moussikís.

Fast alle anderen Zeitungen haben fremdes Kapital im Hintergrund. Und das wird investiert, um über die Medien politischen Einfluss zu nehmen. Der erste, der das in größerem Stil betrieb, als kleiner griechischer Berlusconi gewissermaßen, war Geórgios Koskotás, der als einer der raffiniertesten Gauner Griechenlands Geschichte geschrieben hat. Durch allerlei Tricks ohne eigenes Geld in den Besitz der Bank von Kreta gelangt, erwarb er drei Tageszeitungen, darunter die in wirtschaftliche Schwierigkeiten geratene ehrwürdige *Kathimeriní,* eine Reihe von Periodika, sowie den wichtigen Fußballclub Olympiakós Piraiós. Nur nach der direkten politischen Macht griff er nicht – er war sich zu sicher, die Politiker, vom PASOK-Premierminister Andréas Papandréou abwärts, kaufen zu können. So behauptete er jedenfalls später, und so glauben es bis heute viele Griechen. Dass Politik und Justizorgane ihm Gelegenheit gaben, in aller Ruhe außer Landes zu fliehen, als seine großen Bankbetrugsmanöver ruchbar wurden, spricht dafür. Dass der listenreiche Gauner dann 1990 doch noch für zwölf Jahre hinter Gitter kam, hat er seinem Leichtsinn zu verdanken: Er war in die

USA gereist, wo er sich fälschlicherweise sicher glaubte, aber wegen früherer Betrugsdelikte noch auf der Fahndungsliste stand.

Die *Kathimeriní* ging nach dem schmachvollen Abgang des Geórgios Koskotás in die Hände des Reeders Alafoúzos über. Er kann sich eine defizitäre Tageszeitung leisten, auch Investitionen zur Modernisierung. Finanziert wird das mit den Gewinnen, die er als Reeder macht – er besitzt eine Reihe von profitablen Großtankern, die täglich genug Geld abwerfen, um die Löcher in der Kasse der Zeitung zu füllen. Von ihm heißt es, dass er keine politischen Interessen verfolge. Das Niveau der *Kathimeriní* bleibt hoch, ihr geht weiter der Ruf einer seriösen Zeitung voraus. Zum Medienreich von Alafoúzos gehört auch der einflußreiche Fernseh-Kanal SKAÏ-TV. Und für den wirbt er in ganzseitigen Farbanzeigen in der *Kathimeriní*, aber nicht etwa mit einer Vorschau für den nächsten James-Bond-Film oder Ähnliches. Er wirbt für eine jeden Montag um 23 Uhr ausgestrahlte Sendung mit dem Titel »Dossiers«, in der die Top-Rechercheure Tássos Télloglou, Aléxis Papachelás und Sofía Papaioánnou nationale und internationale Stories präsentieren. Die drei Politjournalisten sind prominente Persönlichkeiten und genießen einen Ruf als die hartnäckigsten investigativen Journalisten des Landes.

Anders sieht es da schon bei der Tageszeitung *To Éthnos* (»Die Nation«) und ihrer kleinen Schwester *Imerissía* (»Die Tägliche«) aus. Ihr Mutterunternehmen Pegasus gehört einem Bauunternehmer namens Fótios Bóbolas, und der lebt nicht zuletzt von Staatsaufträgen, dem Straßenbau und dergleichen, und da ist politische »Landschaftspflege« wichtig. Allerlei Böses erzählt man sich über das Unternehmen. Als es im Sommer 2008 in Grammatikó am Nordrand Athens brannte wie nie zuvor, gehörte der Name Bóbolas in den Blogs zu den »üblichen Verdächtigen« – der Brand von Grammatikó sei nicht zufällig nahe bei dem geplanten Standort einer großen Müllkippe entstanden, wo Bauarbeiten großen Stils lockten, aber eine Menge Wald im Wege war. Verschwörungsgeschichten dieser Art zirkulieren in Griechenland viele, zur Klärung des Sachverhalts kommt es fast nie.

Die auflagenstarke Tageszeitung *Eleftherotypía* erscheint in einem Konzern, der eine Großdruckerei und einen erfolgreichen

Buchverlag betreibt, auch ein Teil der Aktien des TV-Senders MEGA Channel gehören ihm. Zu erwähnen wäre noch der Vardinojánnis-Clan aus Kreta, die drittreichste Familie Griechenlands, sie macht ihr Geld im Erdölbusiness und im Reederei-Geschäft. Sie kontrolliert die Fährgesellschaften ANEK und Hellenic Seaways. Sie verzichtet auf eine eigene Tageszeitung, aber sie hält sich einen eigenen Fernsehkanal (STAR Channel), und, nicht zuletzt, einen Fußballverein.

Ein Griechenland christlicher Griechen?

Der lange Weg zur Säkularisierung

Ellás Ellínon Christianón – ein Griechenland christlicher Griechen – so lautete einer der Propagandaslogans der kurzlebigen
Diktatur der Athener Obristen, und es klang wie eine Beschwö-
rung. Aber wie christlich sind die Griechen wirklich? Als die
Regierung der PASOK im Jahr 2000 den Wegfall der Angaben
zur Religionszugehörigkeit auf dem Personalausweis anord-
nete, brachte die Kirchenhierarchie noch ein paar tausend Protestler auf die Straße. Ein Rückzugsgefecht. Nominell gehören
über 90 Prozent der Griechen der orthodoxen Kirche an, und
nach der geltenden griechischen Verfassung, in Kraft getreten
am 11. Juni 1975, verabschiedet »im Namen der Heiligen, We-
sensgleichen und Unteilbaren Dreifaltigkeit«, ist die Östlich-
Orthodoxe Kirche Christi die vorherrschende Religion in Griechenland. Noch ist das Verhältnis zwischen orthodoxer Kirche
und Staat, zumindest äußerlich, recht eng. Bei vielen öffentlichen Zeremonien treten Staatsoberhaupt und Kirchenoberhaupt
gemeinsam auf, der Erzbischof von Athen führt den Vorsitz bei
der Eröffnung des Parlaments und Staatspräsident und Regierung leisten ihren Amtseid vor dem Erzbischof von Athen. Der
Staat bezahlt die (bescheidenen) Gehälter für die rund 8000 Popen, auch stellt er, und das ist ein etwas ungewöhnliches Pri-
vileg, Bischöfen einen Chauffeur von der Armee. Doch hat die
Kirche, gegen vergebliche Proteste, eine Reihe althergebrachter
Privilegien verloren; sie muss inzwischen auf Einkünfte aus ihrem ausgedehnten Grundbesitz 20 Prozent Steuern bezahlen,
auch auf Sach- und Geldspenden sowie auf geerbte Immobilien
werden Abgaben fällig. Zudem nehmen die Finanzämter Ein-
blick in die Buchführung der Diözesen, was eigentlich eine
Selbstverständlichkeit ist, aber den Klerus sehr ärgert.

So beliebt und angesehen viele einfache Priester vor allem im ländlichen Bereich sind, so sehr hat der höhere Klerus in letzter Zeit an Ansehen verloren. Nach jüngsten Umfragen halten vier Fünftel der Bevölkerung ihn für korrupt, und das nicht ohne Grund. Berichte über einen Bischof, der enge Kontakte zur Drogenmafia pflegte, einen anderen, der Spendengelder auf Privatkonten umleitete, wieder einen, der wegen Geldwäsche sein Amt verlor, all das trug nicht eben zum guten Ruf der Mutter Kirche bei. Millionenschwere dubiose Grundstücksgeschäfte zwischen dem Athos-Kloster Vatopédi und Athener Politikern, dieser bislang massivste Fall in der Skandalchronik der orthodoxen Kirche gab den Kirchenkritikern neue Munition. Der für seine ätzenden Aphorismen bekannte Essayist Níkos Dímou hat es so auf den Punkt gebracht: »In dem Jahrhundert, das hinter uns liegt, hat die Kirche, treu und ergeben, vielen Herren gedient. Außer einem.« Beifall war ihm sicher.

Und dann ist da noch das Kreuz mit dem Kruzifix: Inzwischen regt sich Widerstand gegen die Allgegenwart religiöser Symbole in den griechischen Amtsstuben, vor allem im Gerichtssaal. Griechen klagen dagegen, man kennt so etwas auch aus Deutschland und Italien. Macht und Einfluss der Kirche gehen also auch in Griechenland zurück. Ihr Widerstand gegen die Einführung der Zivilehe im Jahr 1982 hat nichts gefruchtet. Die Versuche einiger Bischöfe, im Sinne eines extremen Nationalismus auf die Außenpolitik Einfluss zu nehmen, waren ebenso wenig von Erfolg gekrönt. Kurz: die in den Jahrhunderten der Osmanenherrschaft historisch gewachsene enge Verbindung zwischen Religion und nationaler Identität, so wichtig sie auch war, bekommt mehr und mehr symbolischen Charakter.

Was bleibt, ist eine Volksfrömmigkeit, hinter der allerdings mehr steckt als nur ein Festhalten am traditionellen zeremoniellen Brauchtum. Selbst viele Kommunisten verzichten nicht auf kirchliche Trauung und Kindstaufe und bezahlen den für solche Amtshandlungen fälligen Obolus. Mag sein, dass die Erinnerung an die Zeit der NS-Besatzung hier eine Rolle spielt, als es für viele Priester selbstverständlich war, am Partisanenkampf gegen die Okkupanten teilzunehmen. Auch die tapfere Haltung des Erzbischofs Damaskinós in der Zeit der deutschen Besatzung ist unvergessen. Die orthodoxe Kirche ist immer noch Volkskirche; vielleicht auch deshalb, weil sie in vielen Dingen kompromissbereiter und weniger starr ist als die katholische. Klappt's mit der Ehe nicht gleich beim erstenmal, kann man sich scheiden lassen, insgesamt dreimal darf der Gläubige in Griechenland mit dem Segen der Kirche heiraten. Auch beim priesterlichen Zölibat macht die orthodoxe Kirche Kompromisse. Nur die höheren kirchlichen Würdenträger und die Mönche sind zur Ehelosigkeit verpflichtet, Popen sind in der Regel verheiratet, und in früheren Jahren hatten sie besonders viele Kinder. So erklärt sich die Häufigkeit eines Nachnamens, dem man immer wieder begegnet: Papadópoulos, ein Name, der nichts anderes bedeutet als Priesterkind. Hinzu kommen unzählige andere Namen, die mit den Vorsilben Papa- beginnen, von Papanastassíu bis zum zungenbrecherischen Papapanagiotópoulos. Namen, die jeweils zusammengesetzt sind aus dem Vornamen und dem Beruf des Vaters, also im vorliegenden Fall: Sohn des Popen Panagiotis.

Ach, übrigens, es fragt sich ja mancher, warum die meisten Griechen Kóstas heißen und nicht Periklís. Kóstas, Dimítris und Jánnis, Jórgos, Níkos und Vassílis – das sind die Namen, die man am häufigsten hört, sitzt man mit Griechen am Tisch. Kóstas, das ist die Koseform von Konstantínos, und auf diesen Namen wird noch immer gern der männliche Nachwuchs getauft. Im Andenken an den heilig gesprochenen römischen Herrscher, den man Konstantin den Großen nennt und der mit der sogenannten konstantinischen Wende den Aufstieg des Christentums zur vorherrschenden Religion des römischen Reiches einleitete (Staatsreligion wurde das Christentum allerdings erst unter dem Kaiser Theodosius, dem Zerstörer einer Unzahl antiker Heiligtümer). Am 21. Mai, wenn Konstantínos im Heiligenkalender steht, hat man in Griechenland meist einer ziemlich großen Zahl Freunde zum Namenstag das landesübliche »chrónia pollá« zuzurufen (»auf viele Jahre«). Mit Dimítris und Jánnis verhält es sich ähnlich, sie stehen für den Schutzheiligen der Stadt Thessaloníki, den heiligen Dimítrios, bzw. für den Heiligen Johannes. Den klassischen Namen Periklís, Sokrátis oder Odysséas begegnet man in Griechenland wesentlich seltener, und daran ist nicht der Dorfpriester schuld. 2000 Jahre Christentum haben nun einmal ihre Spuren hinterlassen, wie könnte es anders sein.

Der Dorfpriester trägt auch im Alltag ein Priestergewand und seine priesterliche Kopfbedeckung, die Kalimávchi, und man sieht ihn mit diesem Habit höchst selbstverständlich im Kafeníon sitzen. Auch bewirtschaften viele Popen noch eine landwirtschaftliche Parzelle, um über die Runden zu kommen, Priestergehalt und die Gebühren für kirchliche Amtshandlungen, von der Taufe bis zur Totenmesse, reichen oft nicht aus. Das heißt: der Pope, griechisch *papás* (Achtung: Betonung auf der letzten Silbe, *pápas* bedeutet Papst), kennt die alltäglichen Probleme seiner Schäflein, und lebt mit ihnen. Wie sagte es doch der Schriftsteller Níkos Dímou in einem seiner Aphorismen: »Andere Völker haben eine Religion, wir haben Popen.« Eine durchaus doppelsinnige Formulierung. Und es gibt nicht nur den allseits akzeptierten Dorfpriester. Auch höhere Würdenträger können es immer noch zu großer Beliebtheit bringen. Ein Beispiel: Irinaíos Galanákis, der Metropolit von Kíssamos und Sélino auf Kreta.

Ein Bischof gründet eine Reederei

Eine seiner bemerkenswerten Taten: Nach dem Untergang der maroden Fähre »Iráklion« auf der Fahrt nach Piräus am 8. Dezember 1966, ein Schiffbruch, der 214 Passagiere das Leben kostete, gründete Irinaíos mit einer Reihe prominenter Kreter eine Genossenschaftsreederei. Diese Kretische Schifffahrtsgesellschaft (*Anónymos Naftiliakí Etairía Krítis*, abgekürzt ANEK) sollte den täglichen Fährbetrieb zwischen Kreta und dem Festland sicherer und komfortabler machen, was ihr auch gelang. Fast jeder Inselbewohner zeichnete damals Anleihen, ein erstes modernes Fährschiff wurde gekauft, und diese Konkurrenz zwang auch die anderen Reeder, ihre Seelenverkäufer auszumustern. Die Geschäfte der ANEK gingen so gut, dass die kretischen Genossen auch auf der Adria-Route zur Konkurrenz antreten konnten, was den Qualitätsstandard auch dort erheblich verbesserte. Das Flaggschiff der ANEK, die »Elefthérios Venizélos«, setzte Maßstäbe. Heute hat die ANEK längst den Börsengang angetreten, sie ist zu groß geworden. Die Reederfamilie Vardinojánnis hält jetzt die meisten Aktien, und das

Unternehmen hat viel von seinem guten Ruf verloren. Nicht so Bischof Irinaíos. Nach einigen Jahren als Metropolit in Bonn (wo er geistliches Oberhaupt der orthodoxen Griechen von Westeuropa war und sich in den Jahren der Militärjunta, anders als einige seiner Amtsbrüder, nicht von den Obristen in Dienst nehmen ließ) kehrte er im Januar 1981 nach Griechenland zurück, aber, nach dem Willen der Synode von Kreta, nicht auf den Bischofssitz in seiner Heimatdiözese. Für den hatte sie einen anderen ausersehen. Doch da hatten die Kirchenführer die Rechnung ohne das Kirchenvolk gemacht. Das ging zu tausenden auf die Straße, um die Inthronisation des anderen zu blockieren, und die Protestler vernagelten die Tür zur Bischofskirche. Sie wollten ihren Irinaíos wiederhaben, und sie bekamen ihn auch. Die Synode trat erneut zusammen, belagert von den Massen der Gläubigen, und beugte sich schließlich dem Willen der Basis. Irinaíos blieb dann noch 24 Jahre im Amt. Eine sehr griechische Geschichte.

Einig mit dem Kirchenvolk weiß sich die orthodoxe Kirchenführung, wenn es um die Westkirche geht, von der die Ostkirche seit der Kirchenspaltung von 1054, dem sogenannten Schisma, getrennt lebt. Es mag sehr lange zurückliegen, was Christen aus dem Westen, die Kreuzfahrer, im Namen des Herrn im Osten angestellt haben, doch vergessen haben das die Griechen bis heute nicht. Als die Byzantiner den Heerscharen aus dem lateinischen Westen, deren Ziel nur vordergründig die Befreiung des »Heiligen Landes« aus der Hand der Muslime war, ihre Unterstützung versagten, wurde ihnen das von den Kreuzfahrern als Verrat an der Sache Gottes angekreidet. Und als diese Soldaten Gottes im zweiten Kreuzzug eine erste schwere Niederlage gegen die militärisch überlegenen Seldschuken einstecken mussten (1147), schoben sie diese der behaupteten Untreue der Häretiker und Schismatiker von Byzanz in die Schuhe. Die Kampfparole von der *perfidia graecorum* wurde in die Welt gesetzt, als Ausrede für die selbstverschuldete Niederlage, zugleich aber auch als Vorwand für die spätere Eroberung und Unterwerfung Konstantinopels. Nur so hätte ein Kreuzzug Chancen, hieß es im Westen, doch eigentlich ging es den Venezianern um ihre Machterweiterung, den Kreuzrittern um die Beute aus der reichen byzantinischen Metropole. Im Jahr 1204 war es dann soweit. Die Lateiner überfielen die Hauptstadt Byzanz und ermordeten einen Großteil der orthodoxen Bevölkerung. Frauen und Mädchen wurden in die Sklaverei verkauft, Kunstschätze von unschätzbarem Wert geplündert. Vieles von dem Beutegut kann man noch heute in Venedig bewundern, z. B. in San Marco. Was man nicht mitnehmen konnte, wurde mutwillig zertrümmert. Im Vergleich zu den mordenden Eroberern mit dem Kreuz Christi auf der Schulter seien die Sarazenen gut und mitleidsvoll gewesen, schrieb damals der Chronist Nikítas Choniátis. Ein Trauma für die orthodoxen Christen bis heute, und zugleich der Anfang vom Ende des tausendjährigen byzantinischen Reiches. Das erholte sich nicht mehr von diesem Schlag, auch wenn es noch bis 1453 dauern sollte, bis Konstantinopel endgültig in türkische Hände fiel und die damals größte Kirche der Christenheit, die Agía Sofía, zur Moschee wurde (bis 1934).

So sind es denn auch weniger dogmatische Streitfragen als vielmehr die schlimmen Geschehnisse, die eine Wiedervereinigung mit der Westkirche für die meisten griechischen Christen bis heute undenkbar machen. Immerhin hat sich die katholische Kirche inzwischen, nach fast 800 Jahren, zu einem Schuldbekenntnis für das Verbrechen von 1204 bereit gefunden. Bei einer Pilgerreise nach Athen im Mai 2001 entschuldigte sich Papst Johannes Paul II. bei Erzbischof Christódoulos für die Greuel des Vierten Kreuzzugs, für Plünderung und Massenmord im Zeichen des Kreuzes, wenn auch etwas verklausuliert: »Für die vergangenen und gegenwärtigen Anlässe, bei denen Söhne und Töchter der Katholischen Kirche durch Taten oder Unterlassungen gegen ihre orthodoxen Brüder und Schwestern gesündigt haben, möge der Herr uns Vergebung gewähren.« Um eine solchen Text zu formulieren braucht man wohl eine gewisse Zeit. Zum 800. Jahrestag der Verwüstung Konstantinopels durch die Kreuzfahrer im Jahre des Herrn 1204 hat der Papst das Schuldbekenntnis dann noch einmal wiederholt.

Sultan und Patriarch – die Rolle der orthodoxen Kirche im Osmanischen Reich

Für eines dürfen die Griechen der osmanischen Despotie noch heute dankbar sein: Sie hat es der Kirche erlaubt, die griechische Sprache und Kultur durch die Jahrhunderte lebendig zu halten. Im osmanischen Millet-System besaßen die Nicht-Muslime ein hohes Maß an Selbstverwaltung. Die »ungläubigen« Völker verwalteten sich im osmanischen Riesenreich selbst, ihre religiösen Rechte blieben weitgehend unangetastet, und der Patriarch war verantwortlich für die gute Führung der christlichen Untertanen, die vor allem ordentlich Steuern zu zahlen hatten. So hatte der Patriarch von Konstantinopel, und mit ihm der höhere Klerus einige Macht über die Christen im Reich. Diese Kirche hat es über die Jahrhunderte gelernt, sich anzupassen an die weltliche Macht. Sie hatte wenig Möglichkeiten zur Reform. Die andere Seite: Sie hat keine Hexen und Ketzer verbrannt, hat keine Inquisition gekannt. Sie pflegte starren Dogmatismus, aber der in Geschichte und Gegenwart der westlichen Kirchen immer wieder auftretende fundamentalistische Furor ist ihr fremd geblieben. Mönche, die krumme Geschäfte machen, sind kein unbekanntes Phänomen bei den Orthodoxen, aber Klosterbrüder und Priester als Gehilfen beim Massenmord im Namen des rechten Glaubens sind in Griechenland undenkbar. Aber woher kommt das schlechte Image, das die orthodoxe Kirche im Westen hat? Vor allem in Deutschland wurde noch vor der Griechenlandkrise diskutiert, das sich die NATO und die Europäische Union von Griechenland trennen sollten. Die Begründung: Griechenland gehöre als Land der Ostkirche nicht zum abendländischen Kulturkreis, weil es Renaissance und Aufklärung nicht mitgemacht habe. Das letztere stimmt. Aber die Ostkirche hatte dafür auch keinen Anteil an der Kriminalgeschichte, die für Jahrhunderte Kirchengeschichte des Westens prägend war. Vielleicht wirken hier Jahrhunderte antibyzantischer Propaganda des militanten Katholizismus nach.

Arvaniten, Vlachen und Pomaken –
Griechenland und seine Minderheiten

Offiziell gibt es in Griechenland, außer den Muslimen von Thrazien, keine Minderheiten, und somit sind statistisch betrachtet 95 Prozent der Bevölkerung Griechen. Die Zwangsvorstellung von der unbedingt notwendigen nationalen Homogenität hat etwas damit zu tun, Minderheiten immer des Separatismus und Irredentismus zu verdächtigen (was ja auf dem Balkan auch keine ganz abwegige Vorstellung ist). Aber die Hellenisierung der Volksgruppen anderer Muttersprache ist in Griechenland insgesamt ziemlich gut gelungen, mindestens so gut wie den Franzosen die Assimilierung der Bretonen und Elsässer, der Lothringer und Basken.

Hirten, Händler, Juweliere –
das fast vergessene Volk der Vlachen

Die Vlachen, auch Koutzovalachen oder Aromunen genannt, sind seit vielen Jahrhunderten in Griechenland ansässig. Soweit sie nicht in die großen Städte gezogen sind, vor allem in die nordgriechische Hafenmetropole Thessaloníki, leben sie noch wie vor Jahrhunderten im zentralen Bergland (Pindusgebirge, Olympmassiv) und in Westmazedonien. Ihre Muttersprache ist ein archaisierendes romanisches Idiom, das dem Rumänischen nahesteht, ohne dass sie sich deswegen aber zur rumänischen Nation hingezogen fühlten. Ihre Herkunft verliert sich im Dunkel der Geschichte, ihre Abstammung von einst als Wehrbauern angesiedelten römischen Legionären ist nur eine Theorie von vielen. Alle Versuche der Rumänen, die sprachverwandten Vlachen zwecks eventueller territorialer Ansprüche für sich zu gewinnen, scheiterten. Ebenso die Versuche des faschistischen Italien, die Vlachen davon zu überzeugen, dass sie doch als Nachkommen versprengter römischer Legionäre Verwandte ersten Grades seien und ihr Platz daher an der Seite Italiens. Die operettenhafte Gründung eines vlachischen Fürstentums von Mussolinis Gnaden während der italienischen Okkupationszeit in Griechenland geriet zu einem lächerlichen Experiment.

Vláchos – das ist im Griechischen immer noch für viele ein Synonym für einen ungehobelten Flegel. Doch heute ist man in Griechenland stolz, ein Vlache zu sein. Mehrere bedeutende Politiker waren vlachischer Herkunft, von Ioánnis Koléttis über Aléxandros Papágos bis zu Evángelos Avéroff. Und was wäre Athen ohne die vielen Stiftungen reicher vlachischer Wohltäter? Ohne die repräsentative Kongresshalle Záppeion, die der Vlache Evángelos Záppas in Vorbereitung der ersten neuzeitlichen Olympiade von 1896 gestiftet hat? Er finanzierte auch Teile des Panathenäischen Stadions. Das Obergericht Symvoúlio Epikratías hat seinen Sitz im neoklassischen Arsákion, gestiftet von dem Vlachen Apóstolos Arsákis. Wohltätern aus dem Vlachen-Dorf Métsovo im Píndosgebirge verdankt Athen seine Technische Hochschule, die nicht umsonst Metsóvio Polytechnío heißt. Die Vlachen-Familien Avéroff, Stournáris und Tosítsas gaben das Geld, die Reihe der metsovitischen Sponsoren ließe sich fortsetzen. Ein Vlache namens Konstantínos Boutáris, last but not least, schuf um die Mitte des 19. Jahrhunderts die erste große Rotweinkellerei Mazedoniens, wo der noch heute gern getrunkene Wein Náoussa-Boutári aus der Xinómavro-Traube in Flaschen gefüllt und auch nach Deutschland exportiert wurde. Seine Nachkommen setzen die Tradition bis heute fort. Und sein Urenkel Jánnis Boutáris wurde 2010 zum Bürgermeister von Thessaloníki gewählt.

Zu einer eigenen Schriftsprache haben es die Vlachen nicht gebracht. Die vlachische Mundart verschriftlichten als erste Sprachforscher, allen voran deutsche Romanisten, weil sie es spannend fanden, wie sich ein früher vulgärlateinischer Dialekt in einer isolierten Bergwelt als Sprachinsel entwickelte und Archaismen bewahrte. Die Vlachen selber zogen es vor, griechisch zu lernen und zu schreiben. Aus zwei Gründen: Zum einen weil sie früh christianisiert wurden und griechisch die Sprache der orthodoxen Kirche und ihrer Geistlichen war, zum anderen weil griechisch im Osmanischen Reich die Lingua franca war, die Verkehrssprache der meisten Geschäftsleute. Und da die Vlachen nicht nur Hirtennomaden, sondern beispielsweise auch talentierte Goldschmiede, vor allem aber begabte Kaufleute waren, kamen sie um das Griechische nicht herum. Spätestens seit dem 17. Jahrhundert waren die Vlachen in Griechenland zweisprachig, und sie adaptierten die ihnen überlegen erscheinende griechische Kulturtradition, die byzantinische und die antike. Ihre Muttersprache haben sie deshalb nicht aufgegeben, auch nicht die eigenen Traditionen, Sitten und Gebräuche, die sie heute in Dutzenden von vlachischen Kulturvereinen pflegen. Und wie sie singen, tanzen und feiern, kann man in den Vlachochória, den Vlachendörfern, bei den großen Festen erleben. Jedes Jahr gibt es eine große zentrale Kulturveranstaltung, jeweils an einem anderen vlachischen Wohnort, wo über drei Tage getanzt, gefeiert und gesungen wird, wo man sich der ethnischen Wurzeln besinnt, die Tradition präsentiert. Zu Tausenden kommen sie da zusammen, auch aus den anderen Balkanländern, in denen noch Vlachen wohnen. Was allerdings am langsamen Aussterben des Vlachischen als gesprochener Sprache nichts wird ändern können – es sei denn, der griechische Staat investierte da so viel Geld und konservatorische Mühe wie es die Schweizer im Fall des Rätoromanischen im Engadin tun oder wie es die DDR im Fall des Sorbischen in der Lausitz mit einem gewissen Erfolg tat. Etwas Vergleichbares unternimmt der griechische Staat nicht. Deshalb sorgt sich stattdessen das europäische Büro für seltener gesprochene Sprachen (EBLUL) um das aussterbende vlachische Idiom. Die meisten Vlachen schätzen es allerdings nicht besonders, wenn sich in- und ausländische Institutionen oder auch Nichtregierungsorganisationen wie die »Gesellschaft für bedrohte Völker« ungefragt um sie kümmern und ihnen einreden wollen, dass sie eine rechtlose, unterdrückte Minderheit seien. Das finden sie, von wenigen Ausnahmen abgesehen, nämlich ganz und gar nicht.

Arvaniten, Tschamen, Vardounioten –
die Albaner in Griechenland

Was Mussolini mit den Vlachen nicht gelang, ist Hitler mit den Albanern im griechischen Nordwesten gelungen: Mit dem Versprechen, nach dem »Endsieg« die zu großen Teilen albanisch besiedelte griechische Region Südepirus an Albanien anzuschließen, wurden viele albanische Tschamen (die Griechen nennen sie Tsámides) für eine Kollaboration mit Wehrmacht und SS gewonnen. Und viele von ihnen nutzten die neue Macht aus, indem sie die griechischen Landsleute blutig unterdrückten und ausplünderten. Nach dem Abzug der Deutschen im Oktober 1944 mussten sie dafür bezahlen, und mit ihnen alle ihre Stammesgenossen in der Region: Mit der Vertreibung nach Albanien durch die Widerstandsgruppe EDES. Heute verlangen einige der Vertriebenen ihre damals verlorenen Ländereien zurück, radikale Tschamen drohen gar mit bewaffnetem Terror nach dem Vorbild der kosovarischen UÇK, was aber nicht allzu ernst genommen wird. Ansonsten kommen die Albaner heute mit friedlicher Absicht über die nach dem Ende des real existierenden kommunistischen Regimes von Tirana weit offenen Grenzen: auf der Suche nach Arbeit. Und zu ihrer Überraschung treffen sie nun in Böotien, Attika oder auf der Peloponnes auf Griechen, die ihre Sprache verstehen: die Arvaniten, Nachkommen albanischer Einwanderer und Ansiedler aus byzantinischer und osmanischer Zeit. Mitte des 14. Jahrhunderts hatte der Fürst Kantakouzinós albanische Siedler in die fast menschenleere Peloponnes geholt, und die behielten ihre Sprache und ethnische Identität über die Jahrhunderte bei. Christen wurden die meisten, einige wurden nach dem Fall von Byzanz islamisiert. Zu den letzteren gehörten neben den Tschamen die Vardounioten in der südlichen Peloponnes, die mit den im Freiheitskampf unterlegenen Osmanen in die Türkei flüchteten.

Wieviele Arvaniten gibt es heute eigentlich noch in Griechenland? Die offizielle Statistik hat sie fast vollständig verschwinden lasssen. In der Volkszählung von 1951 wurden gerade noch 23 000 von ihnen ermittelt, was gerade mal 0,3 % der Bevölkerung entsprach. Man kann sich natürlich fragen, welche Kriterien angelegt wurden. Die Frage der Volkszähler nach der Muttersprache werden viele Arvaniten wohl mit griechisch beantwortet haben, weil sie sich einfach schämten, zu einer Gruppe gezählt zu werden, die als gesellschaftlich rückständig galt. Andererseits wird gewiss nicht jeder, der einen typisch arvanitischen Namen wie Lékkas, Ghíkas, Kóllias, Katsimíchas oder Laliótis trägt, zu den Arvaniten zu zählen sein. Wer in der dritten oder vierten Generation in Athen ansässig ist, weiß bestenfalls noch, dass ein Urgroßvater einmal arvanitisch gesprochen hat, er selbst spricht es aber nicht mehr.

Noch zu Beginn des 19. Jahrhunderts war das anders. Da wurde auf den Inseln Ýdra und Spétsai, in den der Provinz Böotien und und den Retsína-Dörfern von Attika noch fast überall albanisch gesprochen. Und dort trifft man noch heute Menschen an, die die alte Muttersprache beherrschen, auch die arvanitischen Lieder und Tänze. Und sie benutzen auch noch die alten Ortsnamen für ihre Heimatdörfer, die schon vor Jahrzehnten amtlich umbenannt wurden. So heißt das attische Liópessi heute offiziell Paianía, nach dem antiken Ort, der einst an dieser Stelle stand. Aber die arvanitische Volkskultur ist am Verschwinden. Diese Entwicklung hat schon unmittelbar nach der neugriechischen Staatsgründung eingesetzt, albanische Notabeln, Aufsteiger in Militär und Verwaltung haben sich freiwillig assimiliert, angepasst an die in ihren Augen überlegene griechische Kultur. Die Zugehörigkeit zur griechisch-orthodoxen Kirche beschleunigte diesen Prozess. Immerhin gibt es heute bei gebildeten Arvaniten eine Rückbesinnung, und man entsinnt sich des fast versunkenen albanischen Liederschatzes.

Viele Arvaniten sind nach der Befreiung als Grundbesitzer reich geworden. Es gelang ihnen, ungeklärte Landbesitzverhältnisse für sich auszunutzen und herrenloses attisches Weideland als eigenen Besitz einzutragen. Mit dem Wachstum der Hauptstadt Athen erfuhr dieser eine enorme Wertsteigerung. Heute sind die Arvaniten Griechen wie alle anderen, politisch eher auf der konservativen Seite anzutreffen, als stur und dickköpfig bekannt, ein Dickkopf ist ein *arvanítiko kepháli*.

Die verbotene Sprache – warum Griechenlands Slawophone nicht Mazedonier heißen dürfen

Es ist erst wenige Jahrzehnte her, da wurden Kinder in der Schule bestraft, wenn sie sprachen, was die Lehrer nur das Idiom nannten, jenen westbulgarischen Dialekt nämlich, der im Nachbarland zur Staatssprache Mazedonisch avancierte. Und wenn bei einer Kirmes ein Musiker traditionelle slawische Tänze mit ihrem slawischen Namen ansagte, konnte es vorkommen, dass die örtliche Gendarmerie das Fest mit Gewalt beenden ließ. Das ist heute vorbei, Volkstänze wie *paiduschka* und *pustscheno* werden nicht nur überall getanzt, sondern auch so angekündigt, und Tanzgruppen aus der Region nehmen mit ihrem Repertoire an den großen Folklore-Wettbewerben teil. Aber Streit um den Namen der Volksgruppe gibt es noch immer. Sollen sie nun slawisch, slawomazedonisch oder einfach mazedonisch heißen?

Wieviele slawophone Griechen von Mazedonien gibt es eigentlich? 80 000 der rund zwei Millionen Einwohner der Region seien es, folgt man den Angaben der von Aktivisten der Volksgruppe herausgegebenen Zeitschrift *Ta Moglená,* die in ihrer Mehrzahl in und um Flórina und Édessa leben. Jedenfalls hat sich der griechische Staat keinen Gefallen damit getan, jede Regung kultureller Autonomie in der Region zu unterdrücken. Da gibt es den Streit um jene Fibel *ABECEDAR,* die Athen 1923 auf Betreiben des Völkerbundes für die Minderheit anfertigen ließ und die einen ersten Versuch zur Verschriftlichung des regionalen südwestbulgarischen Dialekts darstellte. Diese Fibel kam aber nie in Gebrauch, weil der Völkerbund schließlich darauf verzichtete, der slawischen Bevölkerung von griechisch-Mazedonien einen Minderheitenstatus mit Recht auf eigene Schulen zuzuerkennen. Jetzt fordern Aktionsgruppen einen Nachdruck des historischen Sprachlehrbuchs und slawomazedonischen Unterricht für alle, die ihn wollen.

Was spricht dagegen? In Athen scheint man jedenfalls endlich eingesehen zu haben, dass der griechische Staat separatistische Gelüste der Slawophonen von Flórina, Édessa und Umgebung nicht fürchten muss. Der Anschluss an das arme Nachbarland, das zudem mit einem Abfall der albanisch besiedelten, an Albanien und den Kossovo grenzenden nordwestlichen Landesteile rechnen muss, ist wahrlich keine verlockende Option. Einen sicheren Gradmesser für die Stimmung der slawophonen Bevölkerung stellen die Europawahlen dar. Bei denen stimmen Griechen eher mit dem Bauch als mit dem Kopf ab, weil Europaparlamentarier weniger Gefälligkeiten erweisen können als die des Athener Parlaments. Bei den Europawahlen 2009 kandidierte eine Partei der Slawomazedonier namens *ouránio tóxo* (Regenbogen) und erhielt gerade einmal 4530 Stimmen – eine große separatistische Bewegung kann man das nicht nennen.

Im Oktober 2006 kandidierte eine 27 Jahre junge Frau auf der Liste der PASOK-Partei für das Präfektenamt der neu geschaffenen nordgriechischen Super-Präfektur Dráma-Xánthi-Kaválla. Doch nicht ihre Jugend führte zu Protesten innerhalb und außerhalb ihrer Partei. Die Frau heißt Gülbeyaz Karahassan, sie ist, wie jedermann im Lande erkennen kann, Muslima. Und so hat sie sich mit ihrer Kandidatur nicht nur bei der konservativen Verwandtschaft in ihrem Heimatdorf Glávki im Rhodope-Gebirge Ärger eingehandelt. Führende Kleriker der orthodoxen Kirche beschimpften die PASOK, denn sie sahen die Grundfesten der griechischen Kultur in Gefahr.

Die attraktive junge Rechtsanwältin Gülbeyaz Karahassan ist Angehörige einer Minderheit, genauer: einer Minderheit in der Minderheit. Sie gehört zur Volksgruppe der Pomaken, Muslime bulgarischer Sprache, die beiderseits der griechisch-bulgarischen Grenze im Rhodope-Gebirge leben. Sie selbst verlebte ihre Kindheit in einer abgeschlossenen Gesellschaft. Ihr Heimatdorf befand sich in einem militärischen Sperrgebiet nicht weit von der damals noch geschlossenen griechisch-bulgarischen Grenze, und für jede Fahrt in die nächstgelegene Stadt Xánthi musste sie an einem Schlagbaum einen Passierschein vorweisen. Als einziges Mädchen in ihrem Dorf besuchte sie das Gymnasium und musste erst einmal Sprachen lernen, da zuhause nur pomakisch gesprochen wurde. In der Schule lernte sie dann zuerst türkisch und dann griechisch, auch das alte, und der Koran wurde auf arabisch gelesen. Sie schaffte die Aufnahmeprüfung für die Athener Universität. Dass sie überhaupt studieren konnte, verdankt sie einerseits ihrem Vater, der sie, gegen den Willen der konservativen Mutter, in ihrem Bildungsstreben unterstützte, andererseits ihrem Ehemann, den sie mit 16 Jahren geheiratet hatte und der sie zum Studium nach Athen begleitete und dort dem Broterwerb nachging, während sie studierte – eine höchst ungewöhnliche muslimische Ehe. Und schließlich half ihr ein neues Gesetz, das eine bestimmte Zahl von Studienplätzen für Abiturienten aus der muslimischen Minderheit reservierte.

Wie viele Pomaken gibt es überhaupt? Das wissen diese selbst nicht so genau, nach einer offiziellen Schätzung sollen es in Griechenland etwa 40 000 sein, ein Drittel also der insgesamt 120 000 Muslime Westthraziens. Allerdings bezeichnen sich viele Einwohner der Pomaken-Region heute selber als Türken, auch wenn sie der türkischen Sprache kaum mächtig sind. Etwa 60 000 ethnische Türken zählt man in der Region und ca. 20 000 muslimische Roma. Für die griechischen Behörden sind sie offiziell einfach Muslime. So steht es im Vertrag von Lausanne von 1923, der alle muslimischen Einwohner der Provinz Westthrazien als eine Minderheit zusammenfasste, egal ob sie nun Türken, Pomaken oder Roma waren.

Etwa 85 000 waren es damals, 120 000 sind sie heute, die ihrer Einwohnerzahl entsprechend mit zwei oder drei Abgeordneten im Athener Parlament vertreten sind. Sie besitzen rund 300 Moscheen, eine jede mit einem Minarett und einem Muezzin ausgestattet. Bürokratische Schikanen gibt es von Zeit zu Zeit, z. B. wenn es gilt, ein Minarett zu reparieren. Dann sorgt der Pope der benachbarten orthodoxen Kirche dafür, dass das Minarett nicht höher wird als der christliche Glockenturm. Insgesamt aber ist die Freiheit der Religionsausübung für die Muslime gewährleistet.

Das Problem, das bleibt: Wer ernennt das geistliche Oberhaupt, den Mufti, und welche Befugnisse hat der? Zur Zeit gibt es in jeder der drei Präfekturen, in denen Muslime leben, jeweils zwei Muftis, einen, der gemäß des Vertrags von Lausanne von der griechischen Regierung ernannt wird, der aber von den Muslimen mehrheitlich nicht anerkannt wird, und einen von ihnen selbst bestimmten, der für die griechischen Behörden illegal ist. Schlimmer als das ist: Beide sprechen Recht nach der Scharia, wenn es um Ehestandsfragen geht. Während die PASOK-Regierung unter Andréas Papandréou im Jahr 1983 für die Christen die Zivilehe einführte und die orthodoxe Kirche so eines ihrer Privilegien verlor, müssen die Muslime nach wie vor zum Mufti gehen, wenn sie heiraten wollen. Wenn wir Frauen religiös geheiratet haben, beklagt Karahassan, und das ist noch bei 99 % der Frauen hier der Fall, müssen wir, wenn wir uns scheiden lassen wollen, zum Mufti gehen, und der entscheidet über Unterhaltsfragen und Sorgerecht. Eine zweite Instanz gibt es nicht, seine Entscheidungen werden in der Regel vom Zivilgericht abgesegnet.

Wirkliche Rechtskenntnisse hat der Mufti nicht. Seine einzige Rechtsgrundlage ist der Koran, und die Urteile werden in arabischer Sprache gefällt. Um solche Fragen kümmert sich Gülbeyaz Karahassan in ihrer Kanzlei in der mehrheitlich türkischen Stadt Komotiní. Sie kämpft dafür, diesen anachronistischen, EU-weit einmaligen Zustand abzuschaffen. Es mag ja gut gemeint gewesen sein, was damals, 1923, hineingeschrieben wurde in das Vertragswerk von Lausanne, zum Schutz der kulturellen und religiösen Selbstbestimmung der Minderheit, aber einen Gefallen hat man ihr damit nicht getan. Jetzt haben Griechenlands Muslime zwar über 300 Moscheen, aber die Reformen, die Atatürk seinen Untertanen verordnete, die Säkularisierung, samt der damit verbundenen wenigstens partiellen Gleichberechtigung der Frau, sie sind an den Muslimen von griechisch-Thrazien vorbeigegangen. Und den muslimischen Frauen gilt Karahassans Einsatz vor allem.

Die Juden – Griechenlands kleinste Minderheit

Als die griechische Armee im Jahr 1912 in der damals noch zum Osmanischen Reich gehörenden Hafenstadt Thessaloníki einmarschierte, war dort das Griechische die Sprache einer Minderheit. *Lingua franca* war, neben dem Türkischen, ein Dialekt, den man Judeo-espagnol, Spaniolisch, oder auch Ladino nannte, die Sprache der Sepharden. Die Sepharden machten mehr als die Hälfte der Stadtbevölkerung aus, es waren Nachfahren der am Ende des 15. Jahrhunderts von Spaniens katholischen Majestäten Ferdinand und Isabella vertriebenen Juden.

Sepharad, das war der Name, den die Juden für ihre spanische Heimat benutzten. Der osmanische Sultan Bejazit II. hatte die Mehrzahl der Vertriebenen damals aufgenommen, nicht ganz selbstlos, versteht sich: »Man nennt diesen Ferdinand einen klugen Fürsten – er macht sein Land ärmer und bereichert das meine«, so soll er seinen spanischen Herrscher-Kollegen verspottet und damit auch sein Motiv für die großzügige Aufnahme der Ungläubigen enthüllt haben. Waren doch die Neubürger in der Tat eine Bereicherung: Wissenschaftler und Handwerker, Ärzte, Ingenieure und Kaufleute holte er sich ins Land. So wurde die jüdische Gemeinde von Thessaloníki die größte jüdische Gemeinde am Mittelmeer.

Die Sepharden von Thessaloníki waren durchaus nicht nur Handwerker, Händler und Banker, es gab auch ein jüdisches Proletariat, Hafenarbeiter und Tabakarbeiterinnen. Eine der ersten Gewerkschaften auf dem Balkan wurde von dem jüdischen Arbeiterführer Abraham Benarojias gegründet. Die »Federacion« war die bedeutendste Gewerkschaft im Osmanischen Reich und sie gab eine Zeitschrift mit dem Titel *Solidaridad Obradera*, Arbeitersolidarität, heraus, die in mehreren Sprachen gedruckt wurde. Schließlich war Thessaloníki polyglott, neben judenspanisch, türkisch und griechisch wurde auch bulgarisch und vlachisch gesprochen. Mit der Eingliederung der Stadt Thessaloníki in den griechischen Staatsverband und der Ansiedlung von vielen tausend Flüchtlingen aus Kleinasien wurden die Juden dann zur Minderheit. 50 000 waren es aber noch im Jahr 1942, als die Deutschen die Stadt besetzten und fast die gesamte jüdische Gemeinde deportierten und in Auschwitz vergasten. Dass Wehrmacht und SS dieser schreckliche Coup gelang, hatte auch etwas mit der Kollaborationsbereitschaft der Stadtverwaltung zu tun, die für ihre Mitarbeit belohnt wurde: Sie konnte sich das Gelände des 500 Jahre alten jüdischen Friedhofs aneignen, 300 Hektar wertvollsten Baulandes, auf dem heute die Aristotelische Universität steht. Die überlebenden Juden wurden bis heute dafür nicht einmal mit einem kleinen Gedenkstein auf dem Campus entschädigt. Auch gehört der jüdische Anteil an der Stadtgeschichte von Thessaloníki nicht zum Lehrangebot an dieser Alma mater. Damit diese Geschichte nicht ganz vergessen wird, hat der Gemeindevorsitzende Saltiel im Juli 2010 dem Holocaust Memorial in Washington zwei der wenigen geretteten alten Grabsteine vom jüdischen Friedhof überlassen. Es waren einmal mehr als 500 000, die von den Griechen als Baumaterial genutzt wurden. Noch heute finden sich gelegentlich Reste davon, selbst als Spolien in der Kirche des Schutzpatrons der Stadt, des Heiligen Dimítrios.

Der tapfere Erzbischof

In Athen erging es den griechischen Juden besser. Dort protestierte der griechische Erzbischof Damaskinós Papandréou trotz Gefahr für Leib und Leben nicht nur öffentlich gegen die eingeleitete Judendeportation. Er befahl auch dem Athener Polizeichef Evert, den Juden heimlich falsche Papiere auszustellen, wodurch sich viele retten konnten.

Auch aus der Provinz gibt es Beispiele von Solidarität und Hilfe, dokumentiert in der Gedenkstätte Yad Vashem in Israel. So die Rettungsaktion des Bürgermeisters Jórgos Mintziliótis auf der Insel Skópelos. Der hatte 1942 in der Gemeinde Glóssa 13 Juden aus Thessaloniki versteckt. Alle Menschen im Ort wussten davon, aber niemand verriet die illegalen Gäste bei den Deutschen. Ein Fall von vielen, und ein Ruhmesblatt, das sich abhebt von dem bedauerlicherweise heute verbreiteten Antisemitismus im Land, der sich als Antizionismus verkleidet. Heute gibt es weder Proteste gegen die sich häufenden Schändungen jüdischer Friedhöfe, noch solche nach dem Brandanschlag auf die Synagoge von Chaniá auf Kreta im Januar 2010. Selbst wenn Musik-Ikone Theodorákis antisemitische Tiraden loslässt, rührt sich nichts. Noch schlimmer: Griechenlands wachsende rechtsradikale Szene erfreut sich des höchstrichterlichen Segens. Als ihr Vordenker Kóstas Plévris den deutschen Massenmord an den Juden lobte und dem »Führer« lediglich vorwarf, dass dieser in Europa allzu viele Juden übrig gelassen habe, entschied das Obergericht Areopag im Juni 2010, dass das juristisch nicht belangbar sei. Zwar gibt es auch in Griechenland ein Gesetz gegen Volksverhetzung, nur angewandt wird es leider selten, auch nicht, wenn Hitlers *Mein Kampf* auf griechisch in immer neuen Auflagen verkauft wird.

Mehr als 200 000 Roma leben in Griechenland. Roma nennt man sie, wenn es politisch korrekt sein soll, aber inoffiziell heißen sie *jífti* oder *tsíngani*. In den Filmen von Emir Kusturica mag man sie gern, umschrieb die Tageszeitung *Eleftherotypía* einmal das Verhältnis der Griechen zu der Minderheit der Roma, aber zu nahe kommen sollen sie uns nicht. Und unseren Kindern in der Schule schon gar nicht, wäre hinzuzufügen, denn es gibt entsprechende Elterninitiativen. Die Roma haben ihren Platz gefunden, in der einen oder anderen ökonomischen Nische. Sie sorgen in großem Ausmaß für Schrottrecycling, sammeln auf dem Land die Autowracks ein, die der Grieche gern einfach am Straßenrand stehen lässt, oder mitten im Wald, wo es ihn noch gibt. Sie fahren Korbgeflochtenes und große Ton-Amphoren in kleinen Lieferwagen durch die Gegend, auch Teile der Ernte, von Knoblauch bis Wassermelonen, sie fahren mit Teppichen und Billigtextilien über die Dörfer und füllen so Versorgungslücken. Sie bestücken landauf, landab die Feste mit Musikanten, und der Roma-Sänger Manólis Angelópoulos gehörte zu den populärsten Stars der städtischen Folklore *laikó tragoúdi*. Viele griechische Roma-Familien haben feste Siedlungen, seit Generationen, aber es gibt auch die anderen, die man abschiebt in ungesunde Stadtrandgebiete, wo die Kinder nicht zur Schule gehen können. Und es hat mittlerweile, aus gegebenem Anlass, auch der Europäische Gerichtshof für Menschenrechte mit ihrer Lage zu tun.

500 000 Migranten – was tun?
Vom Auswanderungsland zum Einwanderungsland

Griechenland war lange eines der klassischen Auswanderungsländer. Die Armut zwang allein im 19. Jahrhundert eine Million Griechen zur Emigration. Vor allem Kanada und die Vereinigten Staaten wurden damals für viele zum Ziel eines wirtschaftlichen Neuanfangs, und manchmal erfüllte sich der Traum, vom Tellerwäscher zum Millionär zu werden. Auch Australien wurde zu einem der bevorzugten Auswanderungsländer der Griechen, und heute gibt man die Zahl der griechischstämmigen Australier mit 700 000 an. Drei Viertel von ihnen wohnen in Melbourne und Sydney. Insgesamt zählt das zuständige Ministerium in Athen mehr als drei Millionen Griechischstämmige weltweit, allein in den USA sollen es zwei Millionen sein.

Westeuropa wurde erst in der Zeit nach dem Zweiten Weltkrieg ein Migrationsziel. Zunächst waren es Belgiens Kohlengruben und dann vor allem die Fabriken Westdeutschlands, für die man die Griechen anwarb. Zwar gibt es seit Jahrhunderten Griechen in Deutschland, aber das waren vor allem Kürschner, Tabak- und Weinhändler. Bis zu einer Million Griechen, so wird geschätzt, haben dann aber seit 1960 eine Zeit als Gastarbeiter in Deutschland zugebracht. Die meisten sind zurückgekehrt, in Deutschland geblieben sind weniger als 300 000. Dass viele von ihnen Wirte geworden sind, kann man in jeder deutschen Stadt leicht feststellen.

Überall auf der Welt gibt es Vereine, die den Kontakt zum Mutterland pflegen und dafür sorgen, dass Muttersprache und heimatliche Kultur nicht ganz vergessen werden. Den engsten Zusammenhalt haben die Pontos-Griechen, Nachkommen der Flüchtlinge von der türkischen Schwarzmeerküste, die im Ersten Weltkrieg den türkischen Verfolgungen entkommen waren, die nach Ansicht vieler Griechen einem Völkermord gleichkamen. Die Pontier wurden 1923 größtenteils in Mazedonien angesiedelt, auf ehemals türkischem Ackerland (auf das sich eigentlich die Slawomazedonier Hoffnungen gemacht hatten). Doch waren die verteilten Parzellen so klein, dass viele Pontier weiterwanderten, auch nach Deutschland.

In den USA bemühen sich Politiker beider Lager vor Wahlen intensiv um das Stimmenpotenzial der Greek Americans, machen ihnen allerlei Versprechungen auch außenpolitischer Natur. Und im Mutterland ist man stolz auf die, die es geschafft haben, zum Beispiel Michael Dukakis, der lange Jahre Gouverneur von Massachusetts und 1988 US-Präsidentschaftskandidat der Demokraten war. Der Stolz auf Nixons Vizepräsidenten Spiro Agnew (eigentlich Anagnostópoulos) hält sich in Grenzen, und der auf den schwer reichen Unternehmer Tom Páppas alias

Papadópoulos noch mehr. Der war ein enger Freund seines Namensvetters an der Spitze der Militärdiktatur von 1967, pflegte gute Beziehungen zur CIA und hatte 1965 am Sturz der Regierung Papandréou mitgewirkt. Stolz ist man als Grieche hingegen auf den großen Regisseur Elia Kazan (eigentlich Ilías Kazantzóglou). Einen Eindruck davon, wie Griechen in der amerikanischen Diaspora leben, konnte bekommen, wer sich das überaus vergnügliche »Big Fat Greek Wedding« von Tom Hanks angesehen hat. Hanks hat da wahrscheinlich eigene Erfahrungen eingebracht – seine zweite Frau Rita Wilson (eigentlich Margarita Ibrahimoff), Ko-Produzentin des Films, ist Kind griechischer Eltern (Vater muslimischer Pomake, Mutter orthodox), und Tom Hanks ist ihr zuliebe zum orthodoxen Glauben übergetreten. Eine very Greek American Story.

Bis zum Ende der 1980er Jahre fielen sie nicht besonders auf in Athen: die Einwanderer. Bei den meisten handelte es sich ja um angeheiratete Ehepartner, aus Deutschland und Österreich z. B. Eine Wochenzeitung hatten sie auch, die *Athener Zeitung*, gesponsort von der griechischen Mercedes-Generalvertretung (jetzt steht sie auf eigenen Füßen und heißt Griechenland-Zeitung). Aber man konnte schon mal an einem Kiosk am Omoniaplatz eine Zeitung mit dem ungewohnten Namen *Kurier Atenski* erblicken – ein mit Anzeigen finanziertes Wochenblatt polnischer Migranten, für die Athen eine Durchgangsstation auf dem Weg in die USA sein sollte. Manche Polen blieben, man schätzte ihre Fähigkeiten als Handwerker, vor allem als Restauratoren. Zahlenmäßig fiel diese Art der Einwanderung aus einem sozialistischen Land nicht weiter ins Gewicht. Und dann fiel der Eiserne Vorhang.

Das bis dahin wirklich eisern abgeschottete Albanien öffnete seine Grenzen. In kurzer Zeit ging die Zahl der illegalen Wirtschaftsflüchtlinge in die Hunderttausende. Zunächst hielt man es in Athen noch für möglich, des Andrangs durch Abschiebung Herr zu werden. Da gab es dann schon mal eine »Operation Besen« genannte Massenabschiebung, die in deutschen Medien etwas polemisch als »ethnische Säuberung« beschimpft wurde. Doch die Abgeschobenen waren schon nach wenigen Tagen wieder im Land, die Grenze war zu durchlässig. Was tun? Die Griechen reagierten schließlich mit einer Politik der Kompromisse. Die Grenze zu Albanien abdichten – das war technisch in dem Gelände nicht machbar, die Armee von Polizisten, die man da gebraucht hätte, stand nicht zur Verfügung. Also bekamen alle, die es wünschten und die bereit waren, Steuern und Sozialversicherung zu zahlen, Papiere, Aufenthalts- und Arbeitsgenehmigungen auf Zeit. Beliebt waren die Migranten aus dem nördlichen Nachbarland nicht unbedingt, aber man wusste sie schon bald als billige und willige Arbeitskräfte zu schätzen. Heute sind es über eine halbe Million, und sie stellen die Aristokratie der Zuwanderer. Viele Albaner sind assimiliert und haben sich mit Erfolg um die griechische Staatsangehörigkeit bemüht. Die meisten waren konfessionell indifferent, 50 Jahre strengster atheistischer Stalinismus hatte bei den albanischen Muslimen wenig religiöse Gefühle übrig gelassen. So stand bei vielen einer Hinwendung zum orthodoxen Glauben nichts im Wege, aus Mehmet und Ahmet wurden Jánnis und Kóstas.

Aber das war nur der Anfang des griechischen Migrationsproblems. Es kamen mit der Öffnung der Grenzen weiter östlich Bürger der ehemaligen Sowjetunion in großer Zahl, viele von ihnen ethnische Griechen. Und es kamen Bootsflüchtlinge über die Ägäis und andere über die türkische Grenze am Fluss Évros. Und zwar sehr sehr viele. In Griechenland wurden allein im Jahr 2010 mehr als 132 000 Flüchtlinge gezählt. Die meisten landeten auf den der anatolischen Küste vorgelagerten Inseln, auf dem Landweg kamen etwa 47 000.

Polizisten der europäischen Grenzschutzpolizei *Frontex,* auch deutsche, stehen da jetzt Wache. Die Migranten, die erwischt werden, sperrt man vorübergehend ein. Unter unmenschlichen Bedingungen. Ein griechischer Minister verglich ein Lager auf der Insel Lesbos 2009 mit Dantes Hölle und ließ es unverzüglich schließen. Ein Lager wurde geschlossen, doch die Zustände in den anderen sind nicht viel besser. Der Europäische Gerichtshof für Menschenrechte (EGMR) verurteilte im Januar 2011 den belgischen Staat zur Zahlung von 38 000 Euro, weil er einen über Griechenland eingereisten afghanischen Asylbewerber nach Athen zurückgeschoben hatte – Belgien habe damit gegen das Verbot menschenunwürdiger Behandlung verstoßen, weil der Mann abgeschoben wurde, obwohl die katastrophalen Zustände griechischer Auffanglager bekannt waren. Deutlicher hätte die

Schelte nicht ausfallen können. Nur: Einen Ausweg aus dem Dilemma konnte auch der EGM nicht weisen. Griechenland steht mit seinem Riesenproblem allein da. Die meisten Illegalen wollen ja weiter, aber wie? Am Hafen von Patras begegnet man ihnen, den Elendsflüchtlingen, die auf eine illegale Passage ins Innere der Festung Europa hoffen, die meisten vergeblich. Eine Lösung ist nicht in Sicht.

Zwischen Taverne, Theater und Stadion

Griechische Geselligkeit –
Taverne, Ouzerí und Kafeníon

Der Grieche lebt, als Südländer, mehr als der Mitteleuropäer außer Haus. Wenn man sich abends zum Essen trifft, dann nicht allein zur Nahrungsaufnahme, sondern auch zum Trinken selbstverständlich, aber dies in Maßen. *Pan métron áriston,* sagt der gebildete Grieche gern auf altgriechisch, sei mäßig in allem, was er indes nicht in jedem Falle einhält. Aber Betrunkene trifft man in Griechenland selten an, wenn doch, dann sind es in der Regel Touristen. Die Orte, wo der Grieche die Geselligkeit pflegt, sind vielfältig und haben viele Namen. Hier einige Orte der Geselligkeit.

Die Taverne an der Ecke

Wer schon zuhause in Deutschland zum Griechen an der Ecke geht, zu einer der vielen Tavernen mit Namen von Akrópolis bis Romiossíni (allein in Deutschland gibt es über 10 000 griechische Lokale), und da nicht immer sehr überzeugend gastronomisch versorgt wird, der erwartet auch in Griechenland im Lokal keine kulinarischen Spitzenleistungen. Es gilt hier aber durchaus zu unterscheiden, ob man in ein *estiatórion* (Restaurant) geht, in eine *tavérna,* oder in ein *inomagiríon.* Das sind die die traditionellen Garküchen, in denen man den Blick über die Kochstelle schweifen lässt und begutachten kann, was man zu bestellen gedenkt. Oft entscheidet man hier nach der Optik, aus welcher Kasserolle man welches geschmorte Stück Lammkeule essen möchte oder welchen Fisch in welcher Sauce. Oft sind die Lokale spezialisiert, in der *psarotavérna* gibt es ausschließlich Fisch und andere Meeresfrüchte. Solche Tavernen gibt es viele, und ein bisschen teuer sind sie auch.

Ansonsten merkt man schnell, dass es mit der als Rezept für Langlebigkeit so gepriesenen mediterranen Diät nicht so weit her ist. In Griechenland wird Fleisch in großen Mengen verzehrt, vor allem Lamm, und das nicht nur, wie noch vor fünfzig Jahren, vor allem zu Ostern und den anderen religiösen Festen, zur Taufe und zur Hochzeit, sondern jahraus jahrein, mittlerweile auch zur Fastenzeit. Wer es kulinarisch anders mag, wird allerdings auch gut bedient, die Zahl der in jeder einfachen Taverne angebotenen vegetarischen Gerichte ist nach wie vor groß – Auberginen, Zucchini, Rote Bete, alle Arten Hülsenfrüchte und ein Dutzend fleischlose Gerichte mehr. Nicht allerdings im *souvlatzídiko,* der Grillstube, wo der Gýros (die griechische Version des Döner), der Fleischspieß *souvláki* und mehr oder weniger verbrannte Lammrippchen das Geschäft ausmachen. Nicht zu empfehlen.

Die Uhrzeiten, zu denen man sich des Abends trifft und die Mahlzeiten einnimmt, sind für den Gast aus dem Norden gewöhnungsbedürftig. Vor 22 Uhr geht es selten los, und am Ende muss man mit dem Taxi nach Hause fahren, weil die öffentlichen Verkehrsmittel längst den Betrieb eingestellt haben (was etwas damit zu tun haben soll, dass zahlreiche Abgeordnete in den Städten Taxilizenzen besitzen). Es gibt Etablissements, wo man Einheimische selten antrifft, und da sollte man selbst auch nicht hingehen. Am besten fragt man den Griechen, wo er mittags oder wo er abends essen geht. Und ausgehen tut er auch in Zeiten der wirtschaftlichen Krise noch, selbst wenn das in Athen immer häufiger teurer ist als beispielsweise in Berlin.

Spezialisiert auf die mehr oder weniger üppigen Leckerbissen, die die landesüblichen Schnäpse begleiten, sind die Lokale namens *ouzerí* und *tsipourádiko.* Die heißen so nach den dort ausgeschenkten Schnäpsen Oúzo und Tsípouro (auf Kreta *tsikoudá* oder *rakí* genannt), nennen sich aber auch *mezedopolío,* weil die *mezédes* (so das aus dem Türkischen entlehnte Wort für Leckerbissen) dort die Hauptsache sind. Die besten *tsipourádika,* sagen Spezialisten, gebe es an der Hafenpromenade von Vólos, mit dem besten luftgetrockneten Tintenfisch, dem *chtapódi,* mit den besten frisch gebratenen *marídes,* den kleinen Sardinen. Oúzo sollte überall mit ein paar kleinen Bissen zur Begleitung serviert werden, nicht nur in *ouzerí* und *tsipourádiko,* wird aber in der Stadt heute immer öfter, ein Zeichen des Verfalls, statt mit *mezédes* mit einem Schälchen Erdnüsse *(fistíkia)* serviert. *Oúzo me fistíki* – diese Degenerationserscheinung hat die bekannte Chansonsängerin Arlétta mittlerweile in einem ihrer Lieder betrauert. Aber leider haben immer weniger Wirte in der Bar wenigstens ein paar Oliven oder ein Stückchen Feta-Käse vorrätig.

Die Rechnung bitte – *to logariasmó parakaló*

Selten ist, dass jeder sein Essen in der Taverne getrennt bezahlt, es hat ja auch normalerweise jeder von jedem Gericht gegessen. So gibt es eine Rechnung für alle, und die heißt *logariasmós.* Der *logariasmós* wird, wenn man als Ausländer mit Einheimischen zusammen ist, in vielen Fällen immer noch von den Griechen bezahlt. Proteste nützen da nichts. Es sei denn, man ist unter alten Bekannten, dann wird man, zumindest in der Stadt, ebenso selbstverständlich an der Umlage für die Gesamtrechnung beteiligt, was auch bedeutet: Du bist einer von uns. Fielen aber vor dem Essen die Worte: *Sou káno trapézi,* ich deck dir den Tisch, dann heißt das: zahlen verboten!

Die griechische Süßspeisenkultur verdankt, wie so vieles in der griechischen Küche, ihre Qualität dem osmanischen Erbe, und manches schmeckt da fast so gut wie in Istanbul – die süßen Leckereien mit den Namen *baklavás, kataífi* und anderes. Als Begleiter gibt es beim *zacharoplástis,* dem Zuckerbäcker, verschiedene Arten Kaffee, nur den türkischen Mokka sollte man hier nicht ordern, den trinkt man besser im Kafeníon.

Das Kafeníon (Plural *kafenía)* ist eine uralte Einrichtung, von der die Griechen selbst nicht wissen, seit wann es sie gibt. Jedenfalls solange, wie es den Kaffee in Griechenland gibt, d. h. seit die Osmanen ihn von den Arabern importiert und mit ihm teilweise in den Städten das Teetrinken verlernt haben. Im Kafeníon, traditionell für unseren Geschmack ungemütlich ausgestattet – Marmortische, unbequeme kleine Holzstühle, kaltes Neonlicht – treffen sich traditionell die Männer, um sich beim türkischen Mokka (der im Kafeníon, wohlgemerkt, griechischer Kaffee heißt, *ellinikós kafés*) über Gott und die Welt, und vor allem über die Politik und ihre Akteure zu streiten. Klar, dass jeder alles über die letzten Skandale weiß und welcher Minister sich bei welcher Gelegenheit mal wieder enorm bereichert hat (und man erzählt sich das nicht ohne einen Anflug von Bewunderung, hätte man es doch gern selber gedreht, das Ding). Und jeder kennt das Patentrezept, wie man aus der aktuellen schweren Wirtschaftskrise (und eine solche gibt's halt immer) herauskäme, jeder weiß, dass es die aktuelle Regierung nie schafft und deshalb schleunigst Neuwahlen ausgeschrieben werden müssen. Neben dem Lärm der politischen Debatte ist dann natürlich noch das Klickern der Spielsteine auf dem *Távli*-Brett zu hören.

Távli, im Westen auch unter dem Namen Backgammon bekannt, ist eine der griechischen Leidenschaften, der am Kafeníon-Tisch nur noch das Kartenspiel Konkurrenz macht. Das Problem für den Wirt: Es bleibt beim Spiel einfach nicht genug Zeit, oft genug einen Kaffee nachzubestellen, um die Geschäftskasse zu füllen. Die fatale Folge: Viele der traditionellen *kafenía* in den Innenstädten, so das altehrwürdige *To Néon* am zentralen Athener Omónia-Platz (dem der Maler Tsaroúchis ein Denkmal gesetzt hat), haben längst der Fastfood-Unkultur Platz machen müssen. Nur in den Nachbarschaften, wo die Geschäftsmieten es zulassen, gibt es sie noch. Und das Kafeníon-Sterben hat zum großen Kummer der griechischen Männer längst auch in den kleinen Provinzstädten, jedenfalls in den touristischen, eingesetzt. Dort ersetzt die *Cafeteria* das Kafeníon, das Plastikfauteuil die (zugegeben: etwas ungemütlichen) kleinen Holzstühle mit dem Geflecht aus Schnur, anstelle des türkischen Kaffees gibt es *Café frappé* oder Cappucino, und das zu saftigen Preisen.

Einige Bürgermeister kleinerer Orte, so der des Hafens von Ägina, haben deshalb ein Einsehen gehabt und dort, wo die Schließung drohte, kommunale *kafenía* geschaffen, wo der Wirt entweder als Pächter für wenig Miete oder als Gemeindeangestellter den türkischen Kaffee bereitet. In jedem Falle wird mit der öffentlichen Erhaltung der Begegnungsstätte Kafeníon ein Stück nationale Tradition gerettet, auch wenn sie keinesfalls die kulturelle Bedeutung hat wie das Wiener Kaffeehaus, und, ein Ärgernis für Feministinnen, zumindest auf dem Lande immer noch auschließlich den Männern vorbehalten ist. Es ist im übrigen ein eher kleinbürgerlich bis proletarischer Ort, und, das sei der Vollständigkeit halber erwähnt: Der Literaturnobelpreisträger Odysséas Elýtis pflegte sich in Athen mit seinen Dichter- und Malerfreunden nicht in einem Kafeníon zu treffen, sondern in einem Stehcafé namens *Brazilian*. Und noch etwas: Den türkischen Mokka an der Espressomaschine zuzubereiten, wie das immer öfter geschieht, ist die pure Barbarei, der richtige Grieche lehnt das ab, und der Fremde sollte das auch tun.

Apropos – *ellinikós kafés:* Zum erstenmal hat eine große Kaffeerösterei in den 1950er Jahren den Versuch unternommen, den ursprünglich türkischen Mokka umzutaufen – er sollte fortan »griechischer Kaffee« heißen. Doch auch wenn es so auf der Mehrzahl aller verkauften Packungen stand, setzte sich dieser neue Name nicht durch. Erst 1974, nach der Eroberung und Besetzung von Nordzypern durch die Türken, wurde aus politischen Gründen der Name »griechischer Kaffee« für den türkischen Mokka eingebürgert. Zu einer Zeit, als viele, wenn nicht die meisten Griechen, sich längst angewöhnt hatten, verschiedene Zubereitungen von Instant-Kaffee zu trinken, zum Beispiel den *frappé.* An der Zubereitungsart des türkischen Mokkas änderte sich zunächst nichts. Zumindest im anständigen Kafeníon blieb es auch bei der Tradition, den Kaffee nach der Menge des zur Anwendung kommenden Kaffepulvers und der Zuckermenge je unterschiedlich zu benennen. Wie viele Kombinationen da möglich sind, nämlich mehr als zwei Dutzend, das hat der Schriftsteller Ilías Petrópoulos in einem 1979 erschienenen kleinen Büchlein beschrieben, dem er den Titel *O tourkikós kafés en Elládi* gab, *Der türkische Kaffee in Griechenland.* Das war damals eine Provokation ersten Ranges, und der auch sonst als Enfant terrible des Literaturbetriebs berühmte Autor musste sich des Titels wegen eine Menge Verwünschungen anhören. Es wurde aber anerkannt, dass darin so sorgfältig wie nirgends sonst beschrieben wird, wie dieser Kaffee richtig zubereitet wird, im kleinen Kupfertiegel, dem *bríki,* sorgfältig zweimal über der Gasflamme aufgekocht, auf eine der mindestens 20 verschiedenen Arten, vom starken süßen, dem *varí glykó,* bis zum *skéto,* ohne Zucker, für die Diabetiker. *Métrio* trinken ihn heute die meisten, von mittlerer Stärke und Süße. Der Stammgast im

Kafeníon sagte dem Wirt, dem *kafetzí,* früher nur: *éna dikó mou,* einen für mich, denn der Wirt weiß, wie der Stammgast ihn haben will. Hatte man aber in der Taverne nach dem Essen Lust auf einen türkischen Kaffee, so ließ ein Wirt, der etwas auf sich hielt, den *varý glykó* oder *métrio* aus dem nächstgelegenen Kafeníon bringen, vom Spezialisten. Heute brüht er ihn mit Wasserdampf aus der italienischen Espresso-Maschine auf, ein Ärgernis für jeden Kenner.

Wenn die Griechen Feste feiern – von Ostern bis Mariä Himmelfahrt

Der Grieche feiert gern und viel: Zum Beispiel die Namenstage der Heiligen, der Kirchenpatrone, vom Ágios Athanássios bis zur Agía Marína. So viele Heilige, so viele Feste. Auf die meisten Kirchweihfeste bringt es der Bezirk Achaías auf der Peloponnes: Vom Ágios Vassílios am 1. Januar bis zum Ágios Spirídonos am 12. Dezember sind das 47 Heilige, die da mehr oder weniger aufwendig zu feiern sind.

Das wichtigste Fest des Jahres ist das Osterfest. Für das müssen Jahr für Jahr einige hunderttausend Lämmer und Zicklein ihr Leben lassen, und Jahr für Jahr ist die Sorge groß, ob die Opfertiere auch reichen. Importiert wird in jedem Fall, von Bulgarien bis Australien. Aber vor dem großen Fressen wird erst einmal gefastet, was bei strenggläubigen orthodoxen Christen heißt: Kein Fleisch in den 40 Tagen vor Ostern, stattdessen nur unter dem Sammelnamen *nistíssima* laufende Fastenspeisen, wozu übrigens neben Fisch auch die vor allem auf Kreta so beliebten Weinbergschnecken gehören. Die nennt man dort *chochlioús,* während sie im übrigen Griechenland *salingária* heißen. In der Osternacht essen fromme Leute gar nichts, besonders fromme auch schon Karfreitag und -samstag. Am Karfreitag ist der Kirchgang Pflicht, und in der Kirche kriecht man unter dem blumengeschmückten Epitáphios hindurch, der den Sarg Christi symbolisiert. Die Osternachtmesse endet mit einem »*christós anésti*« des Priesters, Christus ist auferstanden (»*alithós anésti*«, »er ist wahrhaftig auferstanden«, antwortet die Gemeinde), und mit der Verteilung des »Heiligen Lichts«, das man auf der mitgebrachten Kerze sicher nach Hause bringen muss, wo die *magirítsa* wartet, eine Ostersuppe aus Innereien vom Lamm. Rot gefärbte Eier gibt's in großen Mengen, und dazu den Wettstreit, wer mit seinem Ei die meisten anderen anknacksen kann, ohne dass das eigene beschädigt wird. Wann in Griechenland Ostern gefeiert wird (das gilt auch für die anderen beweglichen Feste), bestimmt der Julianische Kalender, dessen Daten nicht mit dem unsrigen (Gregorianischen) Kalender übereinstimmen. Im Internet gibt es Umrechnungsmöglichkeiten, z. B. hier: www.ortelius. de/kalender/form_de2.php.

Weihnachten ist kein besonders wichtiges Fest bei den Griechen. Wichtiger ist sogar der 15. August, das Fest Mariä Himmelfahrt, das in Griechenland Entschlafung der Gottesgebärerin *(Kímissis Theotókou)* heißt, denn nach orthodoxem Glauben fuhr sie nicht auf gen Himmel.

Große Feste, aufwendiger gefeiert als gewöhnlich hierzulande, sind die Hochzeiten. Auf Kreta kann so eine Hochzeitsfeier Tage dauern, wobei die Anwesenheit des Brautpaars über die ganze Dauer des Fests nicht erforderlich ist. Aber wer das Glück hat, auf so eine kretische Bauernhochzeit eingeladen zu werden, kann was erleben. Da wird nicht nur geprasst und getrunken, musiziert, gesungen und getanzt. Es wird auch viel geballert. Kein Kreter, der nicht eine Schusswaffe zu Hause hätte. Das ist eine Frage der Mannesehre, und die Waffe zeigt man auch vor bei solchen Gelegenheiten. Und was sagt die Polizei dazu? Auf einer kretischen Hochzeit habe ich einmal erlebt, wie mein Tischnachbar eine Beretta-Maschinenpistole unter dem Tisch hervorzog und eine ganze Salve in die Luft abfeuerte. Ich fragte ihn: »Hast du keine Angst vor der Polizei?« Er lachte nur und erwiderte: »Ich bin die Polizei!« Und verstaute die Waffe wieder unterm Tisch.

Die Kirchweihfeste sind von regional sehr unterschiedlicher Bedeutung, und manchmal nicht für jedermans Geschmack. Da ist, zum Beispiel, das Fest des Heiligen Trýfon, das jedes Jahr am 1. Februar vor allem in den mazedonischen Weinorten, so auch in Gouménissa, begangen wird. Auf den Ikonen wird der Schutzpatron der Winzer als bartloser, dunkelhaariger Jüngling dargestellt, der ein sichelförmiges Rebmesser in der rechten Hand hält (ein Instrument, das übrigens schon in der Antike in dieser Form in Benutzung war, wie viele Funde beweisen). Die Weinbauern bitten ihn um Schutz der Reben vor Frost, Sturm und Hagelschlag, vor Regen zur Unzeit, vor Reblaus und Mehltau. Kurz: er soll den Winzern eine gute Ernte bescheren. Merkwürdigerweise finden wir in der Vita des später mit dem uralten symbolischen Attribut des Winzerstandes dargestellten Heiligen keine Wunder oder sonstige Szenen verzeichnet, die etwas mit Reben und Weinbau zu tun haben. Allerdings wurde der Heilige in Phrygien geboren (und dort wurde er auch zum Märtyrer), einer Landschaft, die berühmt war für ihre Weinberge, wie die gesamte Dardanellen-Region. So dürfte seine Herkunft aus einem berühmten Weinbaugebiet der Grund dafür sein, dass er zum Schutzpatron der Winzer wurde. Zusätzlich spielt seine terminliche Platzierung im Heiligenkalender eine Rolle, denn der Februar ist ein wichtiger Zeitpunkt im biologischen Kreislauf des Weinbaus. Hier beginnt traditionell im Mittelmeerraum der Rebschnitt. Schon in der Antike haben die Winzer das Wohlwollen der Götter vor dem Rebschnitt gesucht, und so war es naheliegend, nach dem Sieg des Christentums die Rolle des Schutzpatrons der Winzer dem Heiligen Trýfon zuzuweisen. Seine Verehrung breitete sich nach Ostthrazien und ins bulgarische Ostrumelien aus. Als die griechischen Weinbauern von Ostrumelien dann 1924 (mit dem Bevölkerungsaustausch) ihre rebenreiche Heimat verlassen mussten, begegneten sie auch in ihrer neuen Heimat der Verehrung ihres Schutzpatrons durch die dort ansässigen Christen. Und wo immer die Winzer aus Ostrumelien und Ostthrazien sich niederließen – in Gouménissa, in der Region von Náoussa, in Néa Angchíalos und anderswo – feiern sie den Heiligen Trýfon bis heute.

An diesem Tag wird nicht gearbeitet im Weinberg. Stattdessen feiern die Winzer eine Messe, die mit einem Speisesegen verbunden ist. Auch ist es Sitte, Reben von der letzten Lese mitzubringen, die sie in ihren Kellern aufgehängt oder auch an den Rebstöcken zurückgelassen hatten. Es gilt als gutes Zeichen, wenn sie bis zu diesem Tag sich gehalten haben. Weihwasser wird von der Messe mitgenommen und auf die Rebstöcke versprüht. Auch werden, symbolisch, vier Rebstöcke beschnitten, an allen vier Ecken des Weinbergs. Die Flüchtlinge aus den bulgarischen Weinanbaugebieten haben aber zusätzlich aus ihrer Heimat den Opferbrauch *kurbáni* mitgebracht, so genannt nach *korban*, dem alttestamentarischen Wort für Opfer. Das ist zumindest in Gouménissa immer noch eine ziemlich blutige Angelegenheit. Am frühen Morgen wird ein bekränzter Jungbulle durch den Ort geführt, eine Roma-Kapelle vornweg, es folgt die Schlachtung auf dem Platz vor der Kirche. Das fachgerecht gehäutete und zerteilte Opfertier wird dann in großen Kupferkesseln gesotten, vom Bischof gesegnet und anschließend verzehrt, wobei der Wein in Strömen fließt. Musik und Tanz begleiten das Ganze. Das Fest wird auch an anderen Orten in Mazedonien begangen. Mit dem Unterschied, dass dort das Fleisch fertig zerteilt aus dem Schlachthof kommt, und der blutige Opferritus entfällt.

Übrigens: Wer keine Gelegenheit hat, eines der dörflichen Kirchweih-Feste zu erleben, der kann die griechischen Tänze in durchaus authentischer Form auch in Athen kennenlernen, beim Ensemble Dóra Strátou. Auch haben die vom Land in die Hauptstadt gezogenen Griechen, als Heilmittel gegen Heimweh, in Athen traditionell ihre landsmannschaftlichen Musiklokale, die Kreter ebenso wie die Pontosgriechen, oder die Umsiedler aus dem zentralen Festland, *Roúmeli* genannt, deren Treffpunkt seit vielen Jahrzehnten der Musikkeller *Élatos* ist, nur ein paar Schritte vom zentralen Omónia-Platz entfernt.

Es muss nicht immer Retsína sein – die neue griechische Weinkultur

Griechischer Wein. Da kommt so manchem noch die Stimme von Udo Jürgens in den Sinn, aber bei vielen Genießern keine Erinnerung an besonderen Trinkgenuss. Man assoziiert bei dem Jürgens-Lied vielfach Retsína, den süßlichen Imíglyko oder auch Dessertweine vom Typ Mavrodaphne. Doch inzwischen hat Griechenland bei Weinkennern längst einen guten Platz unter den Weinproduzenten eingenommen. Nur ein Beispiel: Auf dem Internationalen Wettbewerb »Chardonnay du Monde« in Burgund landeten die Griechen im Jahr 2010 im »Medaillenspiegel«

mit zweimal Gold und dreimal Silber auf Platz 7 unter 36 teilnehmenden Weinnationen. Das ist kein Einzelfall, auch andere griechische Spitzenweine sammeln seit mehr als 20 Jahren auf internationaler Bühne Preise und Medaillen. Wie das angefangen hat? Mit einem branchenfremden Seiteneinsteiger.

Doch zuvor ein Blick zurück. Dass die Griechen schon in der Antike dem vergorenen Traubensaft zugesprochen haben, davon zeugen die Überlieferungen aus der hellenischen Götter- und Mythenwelt. Man denke nur an Diónysos, den Sohn des Zeus und Gott des Weinbaus. Zahlreiche antike Darstellungen zum Thema Weinbau und Weingenuss auf Vasen und Amphoren sind uns erhalten. Aus der Antike wissen wir aber auch, dass Trunkenheit in der Götterwelt verpönt war und von Vasenbildern, dass die alten Hellenen die Trauben nach der Lese in großen, mit einem Abfluss versehenen Bottichen mit den Füßen austraten, wie es auch die Griechen der Neuzeit noch mancherorts machen.

Auch nach der Ausbreitung des Weinbaus im gesamten Mittelmeerraum und im Römischen Reich blieben griechische Weine etwas Besonderes. Weine aus Chíos z. B. finden in der römischen Weinpoesie wiederholt Erwähnung. Auch in Mazedonien und Thrazien spielte der Weinbau immer eine große wirtschaftliche Rolle, selbst in der Zeit der Osmanenherrschaft vom 15. bis ins 20. Jahrhundert. So geben die Aufzeichnungen des türkischen Reisenden Eliyah Celebi aus dem 17. Jahrhundert ausführlich Auskunft über die Qualität der mazedonischen und thrazischen Weine. Zwar galten Herstellung und Konsum von Wein für die frommen Muslime als Sünde, aber die scheinen sich an die Gebote des Propheten nicht immer streng gehalten zu haben: Auf den aus der Osmanenzeit erhaltenen ersten Rotweinetiketten des Weinhändlers Ioánnis Boutáris in Náoussa finden sich auch arabische Schriftzeichen.

Ioánnis Boutáris war einer der Pioniere des griechischen Weinbaus der Neuzeit. Als Erster füllte er schon um die Mitte des 19. Jahrhunderts Rotweine aus Náoussa in Flaschen ab und exportierte sie bis nach Deutschland und Österreich, auch Ägypten gehörte zu seinen Absatzmärkten. Aber das Land, von dem aus der Weinbau einst ganz Europa eroberte, hat in der Neuzeit doch zunächst einmal den Anschluss verpasst. Es galt bis vor wenigen Jahrzehnten noch, zu Recht, als eher zweitklassiges Weinland. Mancher erinnert sich ja noch an die Zeiten, als man in der Athener Pláka, dem Altstadtviertel am Fuß der Akrópolis, den Wein aus Fässern in große Kupferbecher abfüllte, und das Maß noch nicht metrisch war, sondern *oká* hieß. Dieses türkische Maß entsprach 1282 Gramm, und eingeschenkt wurde der leicht mit dem Harz der Aleppo-Kiefer versetzte Weißwein aus der Savvatianó-Traube. Dieser Wein war nicht jedermanns Sache. Die meisten Ausländer, so registrierte schon Ende des 19. Jahrhunderts der Byzantinist Karl Krumbacher in seinem Buch *Griechische Reise,* zögen »dem strengen Retsinat-Wein« einen ungeharzten Roten vor (auch wenn der meist aus der Flasche kam und teurer war). Und der Schriftsteller Wolfgang Koeppen beschrieb sein Retsína-Trinkerlebnis im Jahr 1965 in seinem Buch *Die Erben von Salamis* so: »Ich empfand beim Retsína-Trinken einen Geschmack von Möbelpolitur auf der Zunge und nach dem zweiten, dritten Kupferkännchen fühlte ich mich wie eine frisch gehobelte Kommode.«

Ähnliche Erlebnisse haben auch andere Griechenlandreisende früher beschrieben. Doch das ist alles lange her. Zum einen ist der Retsína nicht mehr der griechische Wein par excellence, zum anderen ist die Harz-Beimengung heute geringer. Ein bisschen langweilig ist er dadurch aber mittlerweile auch geworden.

Der Reeder und die Reben – die Karrás-Story

Die Wende zum Besseren im Weinbau hat ein Mann gebracht, der von der Materie nicht die geringste Ahnung hatte, aber sehr viel Ehrgeiz: Der Millionär Jánnis Karrás, der sein Vermögen als Reeder gemacht hatte, und in den 1960er Jahren sein Glück an Land versuchen wollte. Er hatte einen Traum: Er wollte ein touristischer Gastgeber von internationalem Format und ein erfolgreicher Weinproduzent werden. Nahezu sein gesamtes Vermögen steckte er in eine touristische Anlage, ein großes Hotel mit Marina, an der Jachten aus aller Welt vor Anker gehen sollten. Die »Porto Cárras« getaufte Anlage produzierte fast alles selbst: Vom einfachen Laib Brot aus selbst angebautem Weizen bis hin zu Olivenöl und Zitrusfrüchten. Und, last but not least, eigenen Wein. Zwar erlitt der Reeder als Touristikunternehmer gründlich Schiffbruch, doch wurde sein Weinbauunternehmen ein riesiger Erfolg. Karrás hatte 450 Hektar Land an den bis dahin unbebauten Hängen des Berges Melitón erworben, wo verschiedene Rebsorten angepflanzt wurden, je nach Sonnenlage, Art und Wasserführung des Bodens. Außer den einheimischen griechischen Sorten waren auch Cabernet Sauvignon und Chardonnay dabei. Als önologischen Berater holte er sich einen französischen Fachmann ins Land. Die Resultate dieser Strategie waren beachtlich: Die unter dem Namen »Chateau Karrás« angebotenen Weine waren bald in allen besseren Restaurants von Athen und Thessaloníki zu finden und wurden mit Erfolg exportiert. Man fand sie bei Harrods in London ebenso wie in der Weinabteilung des Berliner Kaufhauses KaDeWe. Karrás hat längst Dutzende von Nachahmern gefunden, und der griechische Wein verdient es heute wirklich, wenn man ihn besingt. 260 griechische Qualitätsweingüter werben heute um die Gunst der Trinker. Weingutsbesitzer schicken Sohn oder Tochter zum önologischen Studium nach Bordeaux oder Hohenheim, viele Rotweine reifen im teuren französischen Eichenfass, und Barrique-Ausbau ist bei einigen Qualitätsweinen nach dem griechischen Weingesetz vorgeschrieben. Kritisch angemerkt wird von einigen Griechen allerdings, dass die importierten Reben nach und nach die autochthonen Gewächse verdrängen. Bei Blindverkostungen machen bei den Rotweinen immer öfter Cabernet-Sauvignon oder Syrah und Merlot das Rennen, bei den Weißen ist Chardonnay auf dem Vormarsch. Doch gibt es auch Wiederentdeckungen wie die fast vergessene einheimische Rebe *malagousiá*, die weißen Traditionstrauben *athíri* und *assírtiko* belegen weiterhin gute Plätze, und, in der Peloponnes, der dem Pinot Noir verwandte *agiorgítiko*, aus dem sich Spitzenweine keltern lassen. Auch die klassische mazedonische Leitrebe *xinómavro*, Hauptanbaugebiet Náoussa, feiert Erfolge. Früher wurde daraus ein allzu ruppiger, tannin-betonter Rotwein gekeltert, jetzt sorgen moderne Kellerei-Methoden dafür, dass daraus ein durchaus ansprechender, körperreicher Tropfen wird, oft im Cuvée mit einem Anteil Merlot vinifiziert.

Griechischer Flaschenwein ist nicht ganz billig. Der Preisaufschlag im Lokal ist allerdings nicht so hoch wie in Deutschland, verdient wird am Essen und weniger an den Getränken. Es wird aber fast immer ein offener Hauswein angeboten, *chíma* sagt man dazu im Gegensatz zum *emfialoméno,* dem Flaschenwein.

Die Zeiten der Retsína-Monokultur sind lange vorbei, auch der süßliche Imiglyko und der schwere oxidierte Rotwein haben Alternativen bekommen. Nur bekannt gemacht haben das die sonst als so geschäftstüchtig bekannten Griechen bislang nicht. Einen Oúzo 12 kennt inzwischen alle Welt. Aber die edlen Roten aus dem Hause Kyr-Jánni oder dem Weingut Gerovassilíou? Die sind nach wie vor ein Geheimtipp. Ein Geheimtipp ist auch ein Besuchsprogramm mit Namen »Mazedonische Weinstraßen«, das sich ein Beispiel genommen hat an den Weinreisen an Rhein und Mosel, im Elsass und in Burgund. Da kann man Weinproben beim Produzenten mit Besuchen der klassischen Stätten Nordgriechenlands verbinden.

Tsípouro – der »griechische Grappa«

In jedem Herbst, wenn die Weinlese vorüber ist, leuchten in den griechischen Weinanbaugebieten Tag und Nacht die Feuer unter den Kupferkesseln der Tresterbrenner, oft auch auf dem freien Feld. Wie in anderen Ländern ist es den Winzern auch in Griechenland gestattet, für den Eigenbedarf aus den ausgepressten Trauben Schnaps zu brennen, ohne dass der Fiskus mitkassiert. *Tsípouro* heißt dieser Trester in Griechenland, auf Kreta auch *tsikoudiá* oder *raki.* Er kann sehr gut sein, aber manchmal auch ziemlich unbekömmlich. Nicht alle Brenner halten sich nämlich an die professionellen Regeln: Vorlauf, Herzstück und Nachlauf bei der Destillation sorgfältig voneinander zu trennen. Nur das Herzstück ist bekömmlich, Vorlauf und Nachlauf (oder: Kopf und Schwanz) muss man wegschütten, denn sonst gelangen giftige Fuselöle und Methylalkohol mit in das Getränk. Und wenn der Brenner *tsípouro* nicht nur für den Eigenbedarf und den der weiteren Verwandtschaft, sondern auch für die Kneipen der Region produziert, nimmt er nicht nur ausgepresste Trauben. Dann fügt er andere stärkehaltige Substanzen für den nötigen Alkoholgehalt im *tsípouro* dazu, z. B. Melasse aus der nahen Zuckerfabrik.

Tsípouro-Kauf ist also Vertrauenssache. Wird er lose an der Straße verkauft, in Plastikkanistern oder unettikettierten Flaschen, ist Vorsicht geboten. Es gibt da sehr phantasievolle Hersteller.

Qualitätsweingüter und Winzergenossenschaften, die *tsípouro* herstellen, wissen, was sie ihrem Ruf schuldig sind und destillieren sorgfältig. Und im Lokal bestellt man besser ordentlich etikettierte Flaschenware, es gibt ja auch kleine Portionsfläschchen.

In Nordgriechenland wird der *tsípouro* meist mit Anis versetzt, was ihn dem Oúzo ähnlich macht. Der ist allerdings auf der Basis anderer Destillate hergestellt und enthält außer Anis noch eine Reihe anderer Gewürze, z. B. Fenchelsamen. Der Rest ist Produktionsgeheimnis. Beiden gemeinsam ist die Eigenschaft, dass sie beim Zusatz von Wasser milchig trüb werden, weil die im Alkohol gelösten Kräuteressenzen unterhalb einer bestimmten Alkoholkonzentration auskristallisieren (weshalb die Türken ihren Raki mit Wasser auch *arslan sütü* nennen – Löwenmilch).

150 Millionen Olivenbäume und jungfräuliches Öl

In der Antike soll Olivenöl ein Luxusgut gewesen sein. Heilig war es auf jeden Fall, weshalb der Ölbaum in der Mythologie nicht umsonst so vielfach anzutreffen ist. Den heiligen Ölbaum auf der Akrópolis bekamen die Griechen von der Göttin Athene geschenkt (die auf attischen Münzen nicht ohne Grund mit einem Ölzweig bekränzt dargestellt wird). Der Olivenhain von Olympia, die Altis, stammte von einem wilden Ölbaum ab, den Herakles aus dem Land der Hyperboreer mitgebracht haben soll, und aus diesem Hain wurden die Zweige genommen, mit denen man die Sieger, die Olympioniken krönte. Mit Öl salbten sich die Kämpfer, Öl wurde den Siegern als Gabe geschenkt (so ganz ohne Belohnung ging es auch in der Antike beim Sport nicht zu, der Amateurstatus der Olympiakämpfer ist eine Erfindung der Neuzeit). Öl war ein beliebtes Stiftungsgeschenk, und das harte Holz des Ölbaums fand vielfach Verwendung. Für praktische Zwecke, denn man fertigte Schrauben daraus. Aber auch in der Mythologie taucht es auf: So dachte man sich die Keule des Herakles aus diesem Material, und die Statuen der Damia und Auxesia wurden auf Weisung des Delphischen Orakels aus Olivenholz geschaffen.

Ölzweige zeigt man als Zeichen des Friedens, doch weil der Ölbaum und seine Frucht so wertvoll waren, wurden im Krieg oft die Olivenhaine des Gegners verwüstet. Dass es die im Krieg sonst nicht gerade zimperlichen Spartaner waren, die diese Unsitte ablehnten, sei hier nicht nur nebenbei erwähnt – die heutigen Spartaner, und die Bewohner der Region Lakonien insgesamt, sind für den besonders pfleglichen Umgang mit der Olive und dem Öl bekannt. Ein Zufall?

In Attika war übrigens das Fällen der Ölbäume, selbst der eigenen, verboten, oder nur unter strengen Auflagen erlaubt. Geerntet wurde in der Antike vielfach mit der Hand. Zwar ist auch die Methode, die Oliven mit langen Stöcken vom Baum zu schlagen, auf antiken Vasenbildern zu sehen, so auf einer schwarzfigurigen Halsamphore des Antimenes-Malers, doch wurde diese Methode gerügt – zu Recht, werden die Freunde hochwertigen Olivenöls auch heute sagen.

Es hat heute manchmal den Anschein, als hätten die Griechen den Respekt vor dem heiligen Ölbaum verloren. Der größte Teil des in Griechenland produzierten Olivenöls wird auf wenig schonende Weise gewonnen, biologisch-dynamisch angebaut schon gar nicht, und verkauft wird es in großen Blechkanistern. Doch nimmt die Zahl der (meist kleineren) Produzenten zu, die auf Herbizide beim Anbau verzichten, die Oliven von Hand pflücken bzw. mit einem Kamm abstreifen und in Ölmühlen verarbeiten lassen, wo noch an der traditionellen Mattenpressung festgehalten wird.

Zunächst werden dafür die Oliven gewaschen und von Blättern und Zweigen getrennt. Anschließend werden sie in einem Mahlwerk mit großen Mühlsteinen zu einem Brei verarbeitet, und dieser Brei wird auf runde, in der Mitte mit einem Loch versehene Matten verteilt, die eine nach der anderen auf die Presse gelegt werden. Ein Dorn hält die Matten ordnungsgemäß aufeinander. Durch die Schwerkraft beginnt hier bereits das erste Öl aus dem Brei zu tropfen, danach werden die Matten hydraulisch zusammengepresst, bis das übrige Öl aus dem Mattenturm gelaufen ist. Was hier gewonnen wurde, ist kaltgepresstes Olivenöl, das das häufig missbrauchte Prädikat *parthéno elaiólado,* jungfräuliches Öl, wirklich verdient. Allerdings ist heute ein (vorwiegend unter Griechenlanddeutschen ausgetragener) Streit entbrannt, ob denn nicht die Gewinung des Öls mittels moderner Zentrifugen aromaschonender sei und ob nicht die Mattenpressung die unerwünschte Oxidation des Öls fördere. Wichtig ist in jedem Fall, dass die Oliven noch am Erntetag in die Ölmühle, das *elaiotrivío,* gebracht und am besten sofort verarbeitet werden. Geschieht dies nicht, beginnen die Oliven bald zu faulen. Ganz sicher ist das der Fall bei den Oliven, die der Besitzer des Olivenhains vom Baum fallen lässt und erst dann aufsammelt. Stehen die Säcke mit den Oliven dann noch ein paar Tage herum, steigt zwar die Ölausbeute, aber der Säuregehalt des Öls auch, und dem Geschmack tut es bestimmt nicht gut.

Auf alle Fälle gilt: Wer biologisch-dynamisch produziert, muss sein Öl teurer verkaufen als für die sechs Euro pro Liter, für die es häufig im Supermarkt als extra vergine angeboten wird. Ein Produzent biologischen Öls in der Máni (Peloponnes), der kleine deutsche Familienbetrieb Alisseos, hat einmal folgende Rechnung aufgemacht:

»Vier bezahlte Arbeitskräfte ernteten acht Stunden; je Stunde kostet das Team 25 Euro. Lohnkosten: 200 Euro. Geerntet wurden 380 Kilo Oliven. Sie erbrachten 69 Kilo Olivenöl, was ca. 75 Litern entspricht. Kosten für die Olivenmühle: 28 Euro. Lohnkosten für drei Helfer beim Ästesammeln und Häckseln: 130 Euro. Kosten pro kg Olivenöl noch in der Mühle: mehr als 5 Euro. Nicht berechnet: unsere Eigenleistung während des Erntetages, unsere Investitionen in Grundstück und Geräte, Grundstück- und Baumpflege, der zweimal jährliche Baumschnitt, das Häckseln der Äste und spätere Einmulchen, das mehrfache Mähen der Haine.«

Ein Öl, das im Laden pro Liter sechs Euro kostet, kann nicht auf schonende Weise gewonnen worden sein, auch wenn es von Institutionen wie der »Stiftung Warentest« gute Noten verliehen bekommt. Die Kriterien der Stiftung sind nicht allzu streng. Es genügen ein geringer Gehalt an gesättigten Fettsäuren (unter 1%) und die Einhaltung der Grenzwerte für chlorierte Kohlenwasserstoffe (wie sie bei Extraktion mit chemischen Mitteln ins Öl gelangen).

Wie bei allen anderen von der EU subventionierten Agrarprodukten, wurde auch beim Olivenöl schon früh eine Menge kriminelle Energie wach, und es wurde (und wird) gepanscht und geschummelt was das Zeug hält. Die Mafia hatte im Olivenölhandel schon immer ihre Finger, nicht umsonst beginnt Mario Puzos »Pate«, Don Vito Corleone , seine Mafia-Karriere in den USA als Olivenölimporteur. Im realen Italien kontrollieren Mafia und Camorra heute große Teile des Olivenölgeschäfts und sahnen dicke Gewinne aus den EU-Subventionen ab. Und was hat das griechische Öl damit zu tun? Große, sehr große Mengen des in Griechenland produzierten Öl gingen und gehen in Tankwagen nach Italien, werden dort auf Flaschen gefüllt und mit einem italienischen Etikett versehen, auf dem mit kleinen Buchstaben dann die Worte »abgefüllt in der Toskana« stehen. Vielfach wird minderwertiges, unter Zuhilfenahme von Lösungsmitteln wie Peroxiden extrahiertes italienisches Öl mit gutem griechischem verschnitten und so marktfähig gemacht.

Mittlerweile sind auch die Griechen darauf gekommen, das eigene Öl in der Heimat auf Flaschen zu ziehen, mit ansprechenden Etiketten zu versehen und selbst zu vermarkten. Sie lassen sich auch die Ursprungsbezeichnung »Protected Designation of Origin« (PDO) zertifizieren, so auf Kreta, wo seit einiger Zeit das Kloster Tóplou Abfüllung und Vertrieb hochwertiger Öle aus der Spitzensorte *Koronéiki* übernommen hat, die die Qualitätsbezeichnung *Natives Olivenöl extra, erste Güteklasse* tragen dürfen. Auch in der Peloponnes tauchen immer mehr Produzenten auf, die ihr Öl in biologisch-dynamischem Anbau erzeugen. Lange verlassene, traditionelle Ölmühlen werden restauriert.

Eine Kaufempfehlung: Olivenölkauf ist Geschmacksache, aber auch Vertrauenssache. Nicht jeder Ölkonsument wird bei einer Verkostung die Handpflückung und Kaltpressung herausschmecken, und nicht jedem kriminell gepanschten Öl schmeckt man seine manchmal ziemlich unappetitliche Herkunft an. Wer also die Gelegenheit und die Möglichkeit hat, direkt beim Erzeuger zu kaufen, sollte es tun. Und wer die nötige Kraft und Ausdauer besitzt, sollte wenigstens einmal im Leben eine richtige Olivenernte auf Lesbos, auf Kreta oder in der Máni mitmachen (aus diesen Regionen kommt das beste Olivenöl). Und da kann man dann zum Schluss ein paar Liter von einem Öl mitnehmen, dessen Herkunft man wirklich kennt.

Ein Wort noch zu den Essoliven. Wohl nirgends werden sie mit solcher Liebe und in solcher Vielfalt kultiviert wie in Griechenland. Während man aus Spanien die immer gleiche Art der verschieden gefüllten grünen Olive angeboten bekommt, ist das Oliven-Angebot auf einem griechischen Marktstand viel reichhaltiger. Von der milden, rosinenartigen *throúmba* von der Insel Thássos über die dicke Vólos-Olive bis hin zur tropfenförmigen Kalamata-Variante *(eliá kalamón)* reichen die Sorten, und die Art und Weise der Konservierung ist ebenso vielfältig. Seitlich aufgeschlitzt und in Essig und Öl eingelegt wird die Kalamata-Olive am häufigsten angeboten. Und noch eins: Es gibt immer noch gelegentlich Leute, die meinen, man könnte die Olive so essen, wie der Baum sie liefert. Das probiert man allerdings nur ein einziges Mal.

Es gibt nicht nur Bouzoúki und Sirtáki – von der Vielfalt der griechischen Volksmusik

Wer zum erstenmal nach Griechenland kommt, ist oft überrascht von dem Reichtum der griechischen Folklore, denn es gibt dort wesentlich mehr zu entdecken als das Repertoire von Vicky Leándros und Naná Moúskouri. Man stellt schnell fest, dass die Griechen mit Lust und Hingabe singen und tanzen, auch die kompliziertesten Rhythmen und Schritte beherrschen, ebenso die Melodien und Texte ihrer Volkslieder. Vielleicht erfährt man auch, dass der beliebte Sirtáki gar kein griechischer Volkstanz ist, sondern ein Kunstprodukt, erfunden 1964 von Jórgos Proviás, mit einer Musik versehen von Míkis Theodorákis – eine Maßanfertigung für den Hauptdarsteller des Films Aléxis Sorbás, denn der Mexiko-Amerikaner Anthony Quinn kam mit dem ursprünglich vorgesehenen kretischen Volkstanz *pentozáli* nicht zurecht.

Zwar ist nun der Pseudo-Volkstanz Sirtáki für viele Griechenlandbesucher immer noch der Inbegriff griechischer Volksmusik, aber wer einmal ein *panigýri*, ein griechisches Kirchweihfest, besucht hat, wird schnell eines anderen belehrt. Die traditionelle Volksmusik ist in manchen ihrer regionalen Varianten für Mitteleuropäer allerdings gewöhnungsbedürftig. Ungewöhnliche Rhythmen gibt es da, wie den 5/8- oder 7/8-Takt, fremdartige Tonmodi, schwierige Tanzschritte. Da ist etwa der langsame, zu einer schwermütig-archaischen Musik getanzte *tsámiko*, bei dem nicht nur der Name die Herkunft aus den albanischen Gebirgsregionen verrät. Am ehesten kommen wir Mitteleuropäer noch mit der Musik der ionischen Inseln zurecht, von Korfu bis Kefaloniá. Hier glaubt man sich fast schon nach Italien versetzt, und zu Italien haben diese Inseln auch lange gehört. Hier gibt es die vertrauten Dur-Tonarten und viel zweistimmige Terzenseligkeit. Die *kantádes*, die Gesänge der sieben Ionischen Inseln, waren seit Ende des 19. Jahrhunderts auch die Lieblingsfolklore der Athener, vor allem in den Tavernen der Plaka, bis hier Sirtáki und Bouzoúki Einzug hielten.

Die meisten griechischen Volkstänze sind Reigentänze, wie der urgriechische *syrtós*, von dem der Sirtáki seinen Namen entlehnt hat, was ziemlich irreführend ist, denn den tanzt man meist zu zweit oder zu dritt, die Hände auf den Schultern des Nachbarn. Entwickelt hat ihn Jórgos Proviás aus zwei Variationen des *chassápiko*, der langsamen und der schnellen *(chassaposérviko)*. Das Wort stammt vom türkischen *kasap*, zu deutsch Metzger, und dieser Metzgertanz nun stammt nicht etwa aus Kreta, wo Roman und Film spielen, sondern aus Istanbul. Der *syrtós* hingegen ist vor allem auf den ägäischen Inseln zuhause, hierbei führt einer oder eine den Reigen an, mit mehr oder weniger artistischen Figuren, die anderen folgen mit Grundschritten im Rhythmus der Musik. Auch der auf der Peloponnes beheimatete, nach der Stadt Kalamata benannte *kalamatianós* gehört zur Familie der Syrtos-Tänze (die Wurzel des Wortes ist das Verb *syró*, ich ziehe), und folgt dem 7/8-Takt.

Klaríno, Daoúli und Tsamboúna

Auf dem griechischen Festland ist die Klarinette, in Griechenland *klaríno* genannt, das dominierende Instrument, begleitet von der Trommel *daoúli*. Die Klarinette ist als europäisches Intrument um die Mitte des 19. Jahrhunderts von Roma-Kapellen auf dem Umweg über die Türkei eingeführt worden. Sie löste die einheimischen traditionellen Holzblasinstrumente vom Typ der Oboe ab, und die Soli vieler Roma-Klarinettisten sind von wahrer Meisterschaft.

Gewöhnlich gilt der Musikanten-Beruf in den traditionellen Dorf-Gesellschaften als eine niedere Beschäftigung, die man am liebsten dem fahrenden Volk überlässt. So sind es meist Roma-Kapellen, die man zu den Festen, ob zur Kirmes oder zur Hochzeit bestellt. Und deshalb heißt es dann nicht: die Musikanten kommen, sondern, etwas abfällig: *érchoundai i gýfti* – die Zigeuner kommen. Oder, völlig unpersönlich: *ta órgana*, die Instrumente kommen. In dem mazedonischen Städtchen Gouménissa gibt es ein ganzes Roma-Viertel, wo fast nur Musikanten wohnen, Blechbläser die meisten, und ihre Kunst wird, das ist so seit eh und je, vom Vater auf den Sohn vererbt. Die Musiker aus Gouménissa sind in ganz Nordgriechenland begehrte Begleiter auf allen Kirmes-Festen. Eine Ausnahme bilden die aus Kleinasien vertriebenen Pontos-Griechen, die ihre pontische Lyra, auch *kementzé* genannt, von niemand anderem spielen lassen. Ihre archaischen, bis zu tausend Jahre alten Lieder, gesungen in einem Dialekt, mit dem die meisten anderen Griechen ihre Schwierigkeiten haben, beherrscht sowieso kein anderer.

Auch der Kreter überlässt das Musizieren nicht den Roma. Hier haben die meisten Dörfer ihre eigenen Musikanten und Sänger, die durchaus soziales Prestige genießen, meist sind es Nebenerwerbsmusiker, oft Handwerker im Hauptberuf. Einige haben es allerdings zu Starruhm gebracht, wie die drei Xyloúris-Brüder aus Anógeia. Sie sind in ganz Griechenland populär, auch weit darüber hinaus bekannt. Der 1980 verstorbene Níkos Xyloúris wurde zum Volkshelden, als er 1973, während der Militärdiktatur, im besetzten Athener Polytechnikum über den illegalen Sender Widerstandslieder sang. Die traditionellen kretischen Instrumente sind Lyra und Laute, auch ein Dudelsack wird viel gespielt, *tsamboúna* oder *askomandoúra* genannt. Die Lyra ist eine Kniegeige, sie hat drei Saiten, die kretische Laute, *laoúto* genannt, ist hauptsächlich Rhythmus-Instrument. Die kunstvollen kretischen Tänze, allen voran *pentozáli* und *pidichtós*, beherrschen außerhalb der Insel nur wenige, anders als im Fall des *kalamatianós,* den jeder Grieche spätestens in der Schule lernt. Auf Kreta kann man erfahren, wie lebendig die griechische Volksmusiktradition ist. So werden nicht nur die Distichen der Liedform *mantináda* (ein Lehnwort aus dem Venezianischen) ständig mit improvisierten neuen Texten versehen. Auch die historischen Widerstandslieder aus der Osmanenzeit, die *rizítika,* werden immer wieder neu getextet, so geschehen vor allem in der Zeit der deutschen Okkupation. In einem dieser *rizítika* wird dem kretischen Stolz Rechnung getragen: »Hitler bilde dir nichts drauf ein, dass du Kreta eingenommen hast, unsere besten Kämpfer waren da noch nicht von der Albanien-front heimgekehrt!«, heißt es da.

Auch die Widerstandslieder des Festlandes, die den Freiheits-kampf der Klephten, der griechischen Rebellen in der Osmanen-zeit besingen, werden heute gelegentlich mit Texten vorgetragen, die von Ereignissen aus der jüngeren Vergangenheit erzählen, zum Beispiel von der Zerstörung der Dörfer Dístomo, Kalávryta und Komméno durch die Deutschen. Oder von Siegen wird da berichtet, von erfolgreichen Kämpfen der Klephten im 19. Jahr-hundert. Zu Beginn der Erhebung gegen die Osmanenherrschaft kannte man solche Lieder in ganz Europa. Die breite Solida-ritätsbewegung der Philhellenen sorgte für ihre Verbreitung, französische und deutsche Volksliedsammler veröffentlichten Übersetzungen, auch Goethe war sich nicht zu schade, einige Klephtenlieder ins Deutsche zu übertragen. Die Klephten waren Helden, sie lebten in den Bergen und überfielen immer wieder die verhassten Zwingherren und stellten das Gros der Kämpfer des Aufstands von 1821. Unbekannte Liedermacher sorgten für ihren Nachruhm und schrieben lange Balladen, die zumindest in Auszügen heute noch jedes Schulkind lernt.

Egal ob man sich nur kurz oder länger in Griechenland aufhält, an einem kommt man nicht vorbei: an der Bouzoúki. Das lautenähnliche Saiteninstrument ist fast so etwas wie ein Markenzeichen für griechische Volksmusik geworden. Dabei handelt es sich um einen Import aus Kleinasien, und es ist obligatorischer Begleiter nur für einen begrenzten Teil der vielfältigen griechischen Folklore, den Rebétiko. Entstanden ist diese städtische Folklore um die Wende des 19. und 20. Jahrhundert an der ägäischen Ostküste, als dort im damaligen Smyrna, heute Izmir, noch mehrheitlich Griechen wohnten. Weiter entwickelt wurde die Musik nach der Flucht und Vertreibung der Kleinasiengriechen vor allem im Piräus. Aber auch auf der Insel Sýros, einst ein wichtiges Handels- und Schifffahrtszentrum, gab es eine lebendige Rebétiko-Tradition.

Rebétiko – was bedeutet das eigentlich? Merkwürdigerweise haben sich die Griechen bislang wenig Mühe gegeben, Ursprung und Bedeutung des Wortes herauszubekommen. Kein Lexikon gibt da Auskunft. Vielleicht, weil die Griechen nur zu genau wissen, dass es sich hier um etwas ganz und gar nicht Griechisches handelt. Eine Ableitung vom türkischen *harabati,* was soviel wie Taugenichts oder Trunkenbold bedeutet, ist wahrscheinlich. Versetzen wir uns einmal in die Welt des alten Smyrna, eine hauptsächlich von Griechen bewohnte Hafenstadt im Osmanischen Reich, mit Vergnügungsvierteln wie in jedem Hafen der Welt, mit Kaschemmen, in denen nicht nur getrunken, sondern in den Hinterzimmern auch Haschisch geraucht wurde. Im Rebétiko heißen diese Treffpunkte ironisch auch *tekké,* und das ist ursprünglich nichts anderes als der Versammlungsort der Derwische, d. h. ein religiöser Ort, an dem sie ihre kreisenden Tänze vollführten, sich aber nicht nur durch den Tanz in Trance versetzten, sondern auch Wein- und Haschischgenuss gehörten dazu. Und das Wort Bouzoúki für die der türkischen *saz* verwandte Langhalslaute, die die Rebétiko-Musik traditionell begleitet? In einem etymologischen Lexikon kann man lesen, das Wort stamme vom türkischen *büzük.* Das ist komisch, denn das heißt After. Ob sich der Herausgeber des Lexikons einen Witz machen wollte, oder einfach seine Geringschätzung der »ungriechischen« Folklore zum Ausdruck bringen wollte? Tatsächlich stammt das Wort Bouzoúki vom türkischen Adjektiv *bozuk,* was hier soviel heißt wie »schlecht gestimmt«, »kaputt«. Woraus man schließen könnte, dass die türkischen Musiker nur wenig davon hielten, wie die Griechen die *saz* spielten.

Aus dem Türkischen stammen viele Wörter, die die Stimmung und das Lebensgefühl der Rebétiko-Musiker, der Rebétes umschreiben – *dérti,* der Kummer, *kavgás,* der Krach, und nicht zuletzt das wichtige Wort für die Haschischpfeife *lulás,* das vom türkischen *lüle* abstammt. Auch die Tänze der Rebétes haben türkische Namen. Sie heißen *zeybékiko, chassápiko* und *tsiftetéli.* Dass der Rebétiko aber doch urgriechisch ist, davon zeugt der häufige Gebrauch dreier Begriffe in den Liedtexten: Der Tod, und von dem ist dort oft die Rede, heißt *cháros,* und in diesem Wort lebt der altgriechische Totenfährmann *cháron* fort; der Ort, wohin er die Sterblichen führt, heißt im Rebétiko ganz klassisch *ádis,* der Hades; und wann es soweit ist für die Rebétes, das hat die *míra* ins Buch des Lebens geschrieben, in der man leicht die antiken Schicksalsgöttinnen, die Moiren, wiedererkennt. Es lebt also selbst in der folkloristischen Subkultur des Rebétiko das alte Griechenland im neuen fort. Und noch eins ist unverkennbar griechisch am Rebétiko: Die Texte sind fast alle im Versmaß Fünfzehnsilber geschrieben, dem *dekapentasýllabos,* der in der Volksdichtung der byzantinischen Zeit die klassischen Versmaße abgelöst hat. Ist das auch vor allem für die Literaturwissenschaft von Interesse, so soll es zur Charakterisierung dieser Liedgattung nicht unerwähnt bleiben, obwohl sich die akademischen griechischen Volksliedforscher dem Rebétiko bislang nicht gewidmet haben.

Ähnlich wie der argentinische Tango ist auch der Rebétiko die Musik einer städtischen Subkultur, eine Sumpfblüte aus dem Milieu der Kleinganoven und Zuhälter. Und so hat auch das Athener Bürgertum die Rebétiko-Musik in den Anfängen zutiefst verachtet. Unter dem Diktator Metaxás (1936–1941) war sie sogar verboten und einige ihrer Interpreten wurden inhaftiert. Vom Knastleben handeln deshalb nicht wenige Lieder, auch vom Haschisch-Genuss, und diese Lieder waren noch bis in die 1970er Jahre verboten. Heute finden sich zahlreiche CDs mit solchen ehemals verbotenen Liedern, und die meisten dieser Aufnahmen stammen aus den USA, wo große Platten-Firmen früh erkannten, dass sich mit dieser Musik bei den zahlreichen Immigranten aus Griechenland und ihrer Sehnsucht nach der fernen Heimat ein gutes Geschäft machen ließ. Sie luden durch die USA tingelnde Musikgruppen in ihre Studios ein, und es entstanden so bereits in den 1920er Jahren Tondokumente, die heute zu den begehrten Raritäten gehören.

Zu den Feinden des Rebétiko gehörte übrigens noch bis in die 1950er Jahre, neben dem konservativen politischen Lager und der Polizei, auch die Kommunistische Partei, die die Genossen eindringlich vor dieser Musik des Lumpenproletariats warnte. Der Defätismus der Elendsfolklore Rebétiko sei dem Klassenbewusstsein der Proleten abträglich, sagten die Funktionäre, sie sahen das Volk aus den Armenvierteln der Athener Vorstädte lieber auf ihren Parteiversammlungen als in den verräucherten Rebétiko-Spelunken. Genützt hat diese Warnung aber nicht viel. Es begann damit, dass zwei populäre griechische Komponisten die Ursprünglichkeit diese Musik entdeckten und sich dort bedienten: Mános Hadjidákis und Míkis Theodorákis. Ein Liebling des Athener Bürgertums der eine, Kommunist der andere, erkannten sie beide zu gleicher Zeit, was es da Kostbares zu finden gab: eigenartige, ungewohnte Melodiemodelle und Harmonien, jenseits von Dur und Moll, aber irgendwie der byzantinischen Kirchenmusik verwandt. Kein Wunder also, bei der komplexen Herkunft der auf den ersten Blick so vulgären Folklore, dass sich irgendwann auch Vertreter der bürgerlichen E-Musik über dieses Kulturgut hermachten. Und so entging der Rebétiko ebenso wenig wie der argentinische Tango dem Aufstieg aus dem engen Untergrund-Milieu und schließlich der Kommerzialisierung. Als Erster wurde der (international fast ausschließlich durch die Filmmusik zu »Sonntags nie« bekannte) Komponist Mános Hadjidákis auf den Rebétiko aufmerksam. Er suchte in den 1940er Jahren Rebétiko-Kneipen auf, lauschte aufmerksam und schrieb einen viel beachteten Aufsatz über diese Musik. Und nicht nur das: er komponierte eine Reihe von Klaviervariationen über einige der schönsten Rebétiko-Themen. Die Aufregung in der bürgerlichen Öffentlichkeit war groß. Mehr noch allerdings im Lager der Linken. Das half aber alles nichts. Nachdem auch der (bürgerlicher Umtriebe unverdächtige) Genosse Míkis Theodorákis Gefallen an der Underground-musik fand und sogar noch einen kämpferischen Gedichts-zyklus des linken Dichters Jánnis Rítsos teilweise in Stil und Rhythmus der Rebétika vertonte, war der Bann gebrochen. Die Partei machte kehrt, und jetzt sangen die linken Massen ihre Kampflieder nicht länger nach Melodien aus dem fernen Russ-land, Melodie und Rhythmus des lumpenproletarischen Rebé-tiko hatten plötzlich den Segen der Partei, und die Bouzoúki wurde zum städtischen Folklore-Instrument Nummer eins, wie in Buenos Aires das Bandoneon.

Spätestens in den 1960er Jahren dann wurde die verruchte Ganoven-Folklore in Athen für bürgerliche Kreise Kult. *Páme sta bouzoúkia,* lasst uns zu den Bouzoúkis gehen, hieß es immer öfter, nicht nur am Wochenende, wobei die Bouzoúki bald für das Genre stand. Und es war ein teures Ausgehvergnügen. Man trank an den, zunächst als Geheimtipps gehandelten, Orten der sündigen Folklore keinen Rétsina, sondern sündhaft teuren Whisky, um einen der Szenesänger zu hören, bzw. eine Sängerin. Rebétiko war keine Männer-Domäne, Rebetisses wie Rosa Eschkenázi und Sotiría Béllou waren Stars, die letztere vor al-lem als Partnerin von Vassílis Tsitsánis, einem der erfolgreichs-ten Volkssänger und Komponisten, zu dessen Beerdigung im Jahr 1984 sich ein Trauerzug von 100 000 Fans einfand. Die Béllou war eine streng frisierte Dame mit herben Gesichtszügen und Sonnenbrille, und mit einer unverwechselbaren rauchigen, maskulinen Stimme, die das Publikum zu Begeisterungsstürmen hinriss. Dass diese Rebétissa, eine bekennende Lesbe, ebenso wie ihr Freund und Förderer Tsitsánis auf dem Ersten Athener Friedhof beerdigt wurde, eine Ehre, die nicht jedem zuteil wird, zeugt von einer großen Toleranz. Sie ruhen dort neben pro-minenten Persönlichkeiten wie Heinrich Schliemann, Andréas Papandréou und Nobelpreisträger Jórgos Seféris. Will sagen: Spießig sind die Athener nicht.

Heute werden Rebétika oft in ungemütlichen großen Sälen dargeboten, *skyládika* (Hundeschuppen) genannt und Laut-stärke tarnt häufig die Qualität des Dargebotenen. Zu berich-ten ist noch von der alten Sitte, nach einem besonders gut ge-lungenen Bouzoúki-Solo vor Verzückung einen leergegessenen Teller vom Tisch auf die Tanzfläche zu befördern. Daraus wurde dann ein Zusatzgeschäft für den Wirt, und Ober mussten Extrateller zum Zerschmettern herbeischaffen. Doch dieser etwas vulgäre Brauch ist inzwischen weitgehend verschwunden. Heute fliegen Blumen auf die Tanzfläche, wenn ein Tänzer beim *zeybékiko* besonders schöne Figuren tanzt, oder der Bouzoúki-Spieler ein schönes Solo spielt. Was häufig erst nach Mitternacht passiert.

Auch heute gibt es unter den Rebétes der dritten Generation immer noch Puristen, die sich streng an ihren großen Vorbildern aus den 1930er Jahren, wie Vamvakáris, Stellákis, Deliás und Jenítsaris orientieren. Jórgos Xintáris gehört zu ihnen, er spielt und singt im Winter in Athen, aber wer seinen Sommerurlaub auf der Insel Skópelos verbringt, der Heimat des Künstlers, kann ihn dort nachts in seiner Taverne Anatolí erleben. Dort tritt er mit seinen beiden Söhnen auf. Xintáris ist wie auch Bábis Golés einer der letzten authentischen Vertreter des Genres. Wo diese Musiker im Winter in Athen jeweils auftreten, das kann man aus dem wöchentlichen Entertainmentführer *Athinórama* erfahren, auch, wieviel eine Flasche Whisky dort jeweils kostet (das ist der Maßstab für das Preisniveau), selten unter 100 Euro.

Die vertonten Dichter

Epitáphios heißt der Gedichtzyklus von Jánnis Rítsos, aus dem Míkis Theodorákis 1959 eine Auswahl vertont hat. Geschrieben hatte Rítsos diese Verse im Frühjahr 1936 unter dem Eindruck des Bildes einer Mutter, die ihren bei einer Demonstration streikender Arbeiter in Thessaloníki erschossenen Sohn beweint. Das Gedicht war Rítsos' erster grosser Publikumserfolg, 10 000 Exemplare wurden in wenigen Wochen verkauft, bis der General Metaxás nach der Ausrufung der Diktatur am 4. August desselben Jahres das Buch verbot. Dass dieses Gedicht heute in Griechenland fast jeder kennt, ist allerdings seiner Verbreitung als Schallplatte zu verdanken, und bei dieser ersten Vertonung von Rítsos-Gedichten ist es nicht geblieben. Dutzende CDs mit Versen dieses Dichters sind in Griechenland aufgenommen worden.

Wie fand man das eigentlich, als vielfach geehrter und mit manchem Lorbeer bekränzter Poet, in jeder griechischen Taverne gesungen zu werden, mitunter auch gegröhlt? Gewisse Vorbehalte hatte Rítsos da schon, zu Anfang, wie er mir einmal im Gespräch gestand:

»Anfangs habe ich geglaubt, die Dichtung habe niemandes Hilfe nötig, ich glaubte also an die vollständige Autarkie der Poesie. Und als die ersten Vertonungen meiner Gedichte gemacht wurden, hatte ich doch erhebliche Einwände. Ich habe jedoch im Nachhinein gesehen, dass die Musik mitgeholfen hat, die Dichtung zu den Menschen zu bringen. Ich will sagen: die einfachen Menschen gehen ja nicht so leicht in die finsteren Bibliotheken, sie fürchten sie ein bisschen – so als würden sie in ein Ministerium hinaufsteigen, zu einem ganz wichtigen Geschäft. Und anfangs dachte ich, das ist ein Sakrileg: ein Gedicht, ein nationales, ein revolutionäres Gedicht in der Taverne zu hören, in der Taverne zu spielen, wo geflucht wird, ordinär gestikuliert, wo man isst und trinkt, sich betrinkt und feiert, wo Teller zerschmissen werden – dass dort die heilige Poesie des Epitáphios zu Gehör gebracht wird, die Klage einer Mutter! Und doch, im Lauf der Zeit habe ich mich davon überzeugt, dass ich die Leute genau dort angerührt habe, dort hat ihr Ohr die Dichtung aufgenommen. Zusammen mit dem Klang der Musik. Der Klang hat mitgeholfen beim Auswendiglernen der Verse. Und so kommt es mir jetzt vor, als hätte die Musik der Poesie Flügel gegeben.«

So erlaubte Rítsos jedem der wollte die Vertonung, sei er bedeutend, sei er unbedeutend. Manchmal steckte ja nur der Ehrgeiz eines jungen Menschen dahinter, der seine Musik mit einem sehr bekannten Namen in Verbindung bringen wollte, um sich einen Erfolg zu sichern, Rítsos wusste das: »Warum nicht?«, sagte er, »wenn es eine gute Musik wird, die sich mit dem Gedicht gut verbindet, wird's ein Erfolg. Wenn nicht? Das Gedicht hat nichts zu verlieren.«

Einer, der sich stets sehr kritisch über die Vertonung von Gedichten geäußert hat, ist Mános Hadjidákis. Er hat selber auch ein paar Gedichte vertont, elf Liebeslieder zu Texten von Sapphó bis Odysséas Elýtis. Die Texte für die meisten seiner sehr beliebten Lieder hat der Dichter Níkos Gátsos exklusiv für ihn geschrieben. Der Grund für seine kritische Haltung zu der Mode der Lyrikvertonung: »Die Lyrik ist eine selbständige Kunst, sie braucht die Musik nicht, um zu existieren. Hier in Griechenland ist folgendes passiert: Die mittelmäßigen und schlechten Komponisten haben nach dem Erfolg, den Theodorákis mit der Vertonung des *Áxion Estí* von Elýtis und des *Epitáphios* von Rítsos hatte, meiner Meinung nach die bedeutendste seiner Gedichtvertonungen, ihn nachgemacht. Sie haben sich einen großen Dichter vorgenommen, damit es hieß: Papadópoulos-Elýtis, Papadópoulos-Kaváfis, und so haben sie Lieder gemacht, ohne etwas von Lyrik zu verstehen, und komponieren konnten sie auch nicht. Wenn das Volk diese Sachen hört, kommuniziert es nicht wirklich mit der Dichtung, sondern mit einer nichtssagenden Melodie, die rein zufällig wie einen Bonbon die Worte eines Dichters mit sich führt. Ein Gedicht zu vertonen ist eine sehr schwierige Sache, und ich selber, der ich unsere Dichtung sehr gut kenne, ich war befreundet mit Elýtis, mit Seféris, seit meiner Jugendzeit, ich habe es nicht gewagt, ihre Werke zu vertonen, weil ich sie zu schätzen weiß. Der Zyklus *O Megálos Erotikós* ist eine große Ausnahme, die Liebesgedichte von Sapphó bis Sarantáris, und ich habe vier Jahre daran gearbeitet. All die anderen, die das heute so ohne weiteres machen, das sind doch alles Scharlatane, und von diesen Liedern wird keines bleiben. Der Dichter wartet nicht auf den unbedeutenden Komponisten, um mit dem Volk in Verbindung zu treten, da muss sich das Volk schon selber bemühen. Lyrik will entdeckt werden, die kann man nicht aufzwingen. Kein Dichter verkauft mehr Exemplare seiner Bücher, weil der Komponist x oder y ihn vertont hat. Elýtis hatte die Auflagen, die ihm angemessen waren. Als er den Nobelpreis bekam, wurden sie größer wie bei jedem Nobelpreisträger. Alles andere ist Schwindel.«

Aus Roïdis wurde Jarry –
die unbekannte neugriechische Literatur

Im Februar 1993 erschien im Verlag 2001 das Buch *Die Päpstin Johanna,* und auf dem Umschlag war als Autor der auch in Deutschland nicht ganz unbekannte französische Theaterschriftsteller Alfred Jarry angegeben. Im Innern konnte man dann lesen, dass es sich bei der *Päpstin* um die deutsche Übersetzung einer französischen Übersetzung aus dem Griechischen handelt. Der Autor heiße in Wirklichkeit Emmanouíl Roïdis, und Jarry habe dieses 1866 erstmals erschienene Buch lediglich zusammen mit Jean Saltas 1904 ins Französische übertragen. Nun gibt es solche Übersetzungen auf dem Umweg über eine Drittsprache öfter, und des modernen Griechisch wirklich mächtige Übersetzer finden sich ja nicht allzu viele. Aber dass der Übersetzer gleich zum Autor befördert wird, ist allemal ein Kuriosum. Vielleicht glaubte man beim Verlag 2001, dass der Grieche Roïdis ein literarischer Nobody (ein Blick in Lexika hätte geholfen) und der Roman daher unter dem Namen Jarry besser zu verkaufen sei (auch wenn im Nachwort eine andere, umständlichere Begründung zu lesen ist). Heute ist *Die Päpstin Johanna* unter dem richtigen Autorennamen zu haben.

Die moderne griechische Literatur scheint es in Deutschland nicht leicht zu haben. Griechen wundern sich darüber, wie wenig Beachtung ihre belletristische Produktion bei uns findet, verglichen etwa mit dem Interesse, das Frankreich ihrem literarischen Schaffen entgegenbringt. Vor einigen Jahren zeigte mir ein Grieche auf der Frankfurter Buchmesse bekümmert eine Statistik: Gerade mal 17 Titel aus der griechischen Belletristik waren im laufenden Jahr ins Deutsche übersetzt worden, im Vergleich zu über 1000 Titeln aus dem angelsächsischen Bereich. Werde denn dort wirklich so viel mehr Beachtenswertes geschrieben? Oder gäbe es nur zu wenig qualifizierte Übersetzer für griechische Literatur? In Wirklichkeit geht es der modernen griechischen Literatur aber nicht unbedingt schlechter als anderen »kleineren« europäischen Literaturen.

Doch eines stimmt schon: Zum Bildungskanon des Durchschnittsdeutschen gehören die Werke der neugriechischen Literatur nicht unbedingt. Gewiss, es sind auch Erfolgsgeschichten festzuhalten. Eine davon heißt *Aléxis Sorbás,* aber ironischerweise behindert dieser Erfolg die Karriere anderer Bücher, meint der Autor Dimosthénis Koúrtovik. Die Deutschen seien vor allem enttäuscht darüber, dass die griechische Literatur heute keine exotischen Gestalten wie Sorbás mehr anbiete. Inzwischen hat ein Athener Kriminal-Kommissar namens Kóstas Charítos dem Sorbás den Rang abgelaufen, was die deutschen Auflagen-Zahlen angeht. Sein Schöpfer Pétros Márkaris ist heute in Deutschland der meistverkaufte griechische Autor.

Natürlich haben es die »kleinen« Literaturen ganz besonders mit dem Übersetzungsproblem zu tun. Die so schrecklich gescheiterte Ausgabe der gesammelten Gedichte von Konstantínos Kaváfis aus dem Ammann-Verlag war so ein Fall – glücklicherweise ist inzwischen eine neue, bessere Übersetzung auf dem Markt. Es gab dutzende von sinnentstellenden lexikalischen Fehlern und Stilblüten. Doch unabhängig von der Qualität verkaufte sich das Buch. Lobenswert ist, dass der Ullstein-Verlag seinen *Aléxis Sorbás* inzwischen in einer völlig neu bearbeiteten, werktreuen deutschen Fassung publiziert, nachdem er von der Neogräzistin Isidóra Rosenthal-Kamarinéa darauf aufmerksam gemacht worden war, dass die alte Übersetzung nicht nur zahllose Fehler und Auslassungen aufwies, sondern auch vom Übersetzer hinzu gedichtete Passagen.

Ob gut oder schlecht übersetzt: Die meisten modernen griechischen Autoren sind im Lauf der Zeit – oft erst mit jahrzehntelanger Verspätung – auch dem deutschen Leser zugänglich gemacht worden. Die Autoren der sogenannten 1930er Generation, von Ilías Venézis bis Stratís Myrivílis, wie die meisten Autoren der Zeit nach dem Zweiten Weltkrieg. Viele dieser oft aus dem linken Spektrum stammenden Schriftsteller wurden allerdings zunächst nur in der DDR veröffentlicht. Die Dichter Jórgos Seféris und Odysséas Elýtis profitierten dann von ihren Literaturnobelpreisen, der Linke Jánnis Rítsos mit seinem engagierten Gedichtschaffen von der »politischen Konjunktur« der Obristendiktatur von 1967. Die half auch dem politischen Roman Z von Vassílis Vassilikós zum Erfolg, der Film zum Buch von Cósta-Gavrás tat ein Übriges. Dennoch: Wirklich zum Durchbruch verholfen haben all diese Bemühungen der neugriechischen Literatur nicht.

Wenn das Münchner Nachrichtenmagazin *Focus* einen Redakteur über die kulturellen Entwicklungen des modernen Griechenland schreiben lässt, der noch nicht einmal von den beiden griechischen Literaturnobelpreisträgern Jórgos Seféris und Odysséas Elýtis gehört hat, geschweige denn von Jánnis Rítsos und Konstantínos Kaváfis, dann ist das ein Armutszeichen. Denn es gab immer deutsche Verlage, die sich der griechischen Literatur angenommen haben. So sind in der Bibliothek Suhrkamp viele wichtige, sorgfältig edierte Lyrik- und Prosabände erschienen, auch Insel, Piper und Hanser scheuen das Risiko nicht, das die Veröffentlichung schöner Literatur aus einem Peripherie-Land mit sich bringt. Bestseller sind selten dabei. Manche Bücher erscheinen auch viel zu spät oder in zu kleinen Verlagen, so der Roman *Der dritte Brautkranz (To tríto stefáni)* von Kóstas Tachtsís, einer der bedeutendsten griechischen Romane der Nachkriegszeit. 1962 in Griechenland erschienen, kam das Buch erst ein Vierteljahrhundert später in Deutschland heraus, dazu in einem Spezialverlag für griechische Literatur namens Romiossíni. Oder *Die Mörderin* von Aléxandros Papadiamántis: Fast 80 Jahre gingen ins Land, bis dieser spannende Psycho-Krimi aus der griechischen Inselwelt auf Deutsch erschien.

Die jüngeren griechischen Autoren haben inzwischen die lange bestimmenden Themen – Bewältigung der Vertreibung aus Anatolien, Aufarbeitung von Nazi-Besatzung, Bürgerkrieg und Militärdiktatur – hinter sich gelassen. Nachdem Chrónis Míssios 1985 mit seinem erschütternden autobiografischen Roman *Gut bist du früh umgekommen* die lange tabuisierte Auseinandersetzung der griechischen Linken mit dem Stalinismus eingeleitet hat, beherrschen nunmehr existenzielle Probleme wie Identitätsverlust und Entfremdung in der Großstadt mehr und mehr das literarische Leben. Aléxis Sorbás war schon im Jahr 1946, als Níkos Kazantzákis diese Figur erschuf, nicht eben der typische Grieche. Und heute, so hat kürzlich der Filmregisseur Fílippos Tsítos treffend bemerkt, ist es eher Woody Allens Stadtneurotiker als Aléxis Sorbás, dem der moderne Grieche nahesteht.

Vom Provinzkino zur Goldenen Palme – ein wenig griechische Filmgeschichte

Über das griechische Kino weiß man in Deutschland nicht allzuviel, außer dass es den Welterfolg »Aléxis Sorbás« hervorgebracht hat. Doch haben von den Berliner Filmfestspielen über die Biennale von Venedig bis hin zum Festival von Cannes griechische Filmemacher seit den 1950er Jahren in Europa eine Menge Preise eingesammelt, und nicht nur dort.

Kommerziell erfolgreich war das griechische Kino zunächst allerdings weniger mit Filmkunst als mit Unterhaltungsstreifen. Es gibt da eine erstaunliche Statistik: In der Zeit von 1955 bis 1970 wurden in Griechenland – proportional zur Bevölkerungszahl – mehr Filme hergestellt als in allen anderen Ländern der Welt. Ihren Höhepunkt erreichte diese Entwicklung im Jahre 1966, als 117 Filme griechischer Produktion in den Lichtspielhäusern gezeigt wurden. Und das hieß im Sommer: im beliebten Freilichtkino. Die Filme waren vorwiegend kitschige Melodramen, Heldenkino (sogenannte »Fustanella-Filme«, so genannt nach der Tracht der Freiheitshelden von 1821), andere wurden angekündigt als »Hyperkomödien«, ein Klamaukkino voller Kalauer mit Mímis Fotópoulos als Superstar.

Zugleich aber machte bereits in den 1950ern ein neues griechisches Kino von sich reden. Pioniere waren Michális Kakojánnis (»Stella«, 1955, mit Melína Merkoúri und einer Filmmusik von Mános Hadjidákis, aufgeführt in Cannes), Pandelís Voúlgaris und Níkos Koúndouros. Sie hatten außer mit finanziellen Problemen auch mit der Zensur zu kämpfen und mussten bei der Verfilmung politischer und sozialkritischer Stoffe mit Verboten rechnen. So kam ein Film über die Ermordung des linken Abgeordneten Grigórios Lambrákis, gedreht von Dímos Théos und Fótos Lambrinós 1963, auf der Grundlage von dokumentarischem Material, erst 1974 in die Kinos. Einen großen internationalen Erfolg verzeichnete Níkos Koúndouros bei den Berliner Filmfestspielen 1963 in Berlin, mit einem Silbernen Bären für seine »Jungen Aphroditen«, eine Adaption der altgriechischen Liebesgeschichte von »Daphnis und Chloe«. Als nächster in Berlin erfolgreich: Kóstas Férris (Silberner Bär 1984) mit »Rebétiko«, einem Musikfilm mit einer wahren Geschichte als

Hintergrund. Erfolg in Griechenland hatten u. a. Níkos Perákis, 1984, mit »Tarnen und Täuschen«, einer absurden Komödie über die Erfahrungen einiger Wehrpflichtiger mit dem griechischen Militarismus während der Obristenherrschaft, und Pantelís Voúlgaris, 1985, mit »Steinerne Jahre«, der tragischen Geschichte eines Paares in der Zeit vom Ende des griechischen Bürgerkrieges bis zum Ende der Obristenherrschaft, das die meiste Zeit seiner Ehe getrennt in Gefängnissen und Lagern zubringen muss.

1970 drehte Theódoros (»Theo«) Angelópoulos den Film »Rekonstruktion«, die Geschichte eines Mordes in einem kleinen Bergdorf im Epirus – ein heimgekehrter Gastarbeiter wird von seiner Frau und ihrem Liebhaber umgebracht. Die nächsten Filme aus der umfangreichen Produktion des bedeutendsten griechischen Regisseurs, mit Thanássis Valtinós und Pétros Márkaris als Drehbuchautoren, beschäftigen sich mit der schwierigen jüngeren Vergangenheit des Landes, von der Zeit der Metaxás-Diktatur (»Tage von 1936«) bis zum Bürgerkrieg (»Die Wanderschauspieler«). Der internationale Durchbruch kam 1980 in Venedig, mit dem Goldenen Löwen für den »Großen Alexander«, einen Silbernen Löwen bekam er 1988 für »Landschaft im Nebel«. In Cannes wartete er etwas länger auf Anerkennung. Musste er sich 1995 für den »Blick des Odysseus« (eine Auseinandersetzung mit dem Ende des real existierenden Sozialismus, nach seiner eigenen Einschätzung sein bester Film) noch mit dem Großen Preis der Jury begnügen, so bekam er dann 1998 die lang ersehnte Goldene Palme (für »Ewigkeit und ein Tag«, mit Bruno Ganz). Einen großen Preis verdient hätte, nach Ansicht mancher Filmkritiker, sicherlich auch »Der Bienenzüchter« (1986), mit Marcello Mastroianni. Angelópoulos hat die 75 überschritten, aber er denkt nicht daran, sich aufs Altenteil zurückzuziehen. Im Gegenteil: eine Filmtrilogie ist in Arbeit.

Angelópoulos ist ein Liebling der internationalen Filmkritik. Doch große kommerzielle Erfolge waren seine Filme nicht. Blockbuster waren, bekanntlich, zwei andere Streifen: 1964 »Aléxis Sorbás« von Michális Kakojánnis, mit zwei Oscars ausgezeichnet und an der Kasse ein Schlager. Weltberühmt wurde auch die Titelmusik von Míkis Theodorákis. Davor gab es schon, 1960, einen anderen griechischen Welterfolg: »Sonntags nie«, gedreht von Jules Dassin, Ehemann von Melína Merkoúri, mit diesen beiden in den Hauptrollen und der Musik von Mános Hadjidákis (für die es einen Oscar gab).

Und heute? Um die Filmförderung steht es schlecht in Athen, und der Nachwuchs hat es nicht leicht. Einer hat 2003 international auf sich aufmerksam gemacht: Tássos Boulmétis mit »Zimt und Koriander«, einem Streifen, der die Vertreibung der Griechen aus Istanbul thematisiert, und die unglückliche Liebe eines jungen Griechen zu einer Türkin, zugleich eine traurige, aber mit viel Humor dargestellte Familiengeschichte. Der griechische Titel »Polítiki Kouzína« ist in seiner Mehrdeutigkeit ins Deutsche nicht zu übertragen. Er kann, ja nach Betonung, die Kochkunst der *Polis* (d. h.: Konstantinoúpolis) meinen oder aber auch soviel wie politische Küche. Gekocht wird jedenfalls viel in diesem Film, der sich von jedem Revanchismus fernhält, und deshalb verdientermaßen nicht nur beim Film-Festival von Thessaloníki im November 2003 mit Preisen überhäuft und auf dem Internationalen Filmfestival von Karlovy Vary im Juli 2004 als einer der zehn besten europäischen Filme ausgezeichnet wurde, er hat auch im 4. Nürnberger türkisch-deutschen Filmfestival 2005 den »Öngören-Preis« der Menschenrechte erhalten. Eine kleine, aber feine Auszeichnung.

Nicht in Griechenland, sondern in Berlin lebt der Filmemacher Fílippos Tsítos. Er hat sich mit »Kleine Wunder in Athen« eines Themas angenommen, von dem man sich außerhalb der griechischen Metropole noch keine wirkliche Vorstellung macht – der massenhaften Zuwanderung von Wirtschaftsflüchtlingen und der Fremdenfeindlichkeit, und das auf eine sehr ironische Weise. Wenn der talentierte Nachwuchsregisseur Tsítos sich in Deutschland niedergelassen hat und bisher vorwiegend in Deutschland arbeitet, lieber »Tatorte« inszeniert als genuin griechisches Kino zu machen, dann sagt das auch einiges über die Arbeitsbedingungen in seiner Heimat.

Von Klassik bis Karaghiózis –
griechische Theaterlandschaft

Es hat lange genug gedauert, bis sich Athen einen repräsentativen Konzertsaal geleistet hat – 1991 wurde der Musikpalast
Mégaro Mousikís eröffnet. Über Bühnen verfügt die Hauptstadt
seit eh und je reichlich – die Spielstätten reichen vom Herodes-
Attikus-Theater aus dem Jahre 161 n. Chr. bis zum Nationaltheater, das als Königliches Theater im Jahr 1901 eingeweiht
wurde. Daneben gibt es rund drei Dutzend weitere mehr oder
weniger bedeutende Bühnen und Ensembles. Kabarett und
Revue erfreuen sich der größten Beliebtheit, vieles ist von eher
zweifelhaftem Niveau, mehr Kalauer als subtiler Witz. Aber
man spielt natürlich auch Anouilh, Brecht und Heiner Müller
in Athen, und nicht zu vergessen, die eigenen modernen Stücke-
schreiber. So etwa den im März 2011 verstorbenen Iákovos Kam-
banéllis, der allerdings international vor allem durch den von
Theodorákis vertonten Liederzyklus »Mauthausen« bekannt
geworden ist (der Autor ist ein Überlebender dieses Konzentra-
tionslagers). Bedeutende Regisseure wie Károlos Koun, der Be-
gründer der modernen griechischen Regietradition, und Spýros
Evangelátos gründeten ihre eigenen Spielstätten, das Théatro
Téchnis und das Amphithéatro, beide haben auch mustergültig
vorgeführt, wie man die griechischen Klassiker neu interpretie-
ren kann. Beide gingen mit ihren Regiearbeiten auch in die klassischen Spielstätten, die großen antiken Freilichtbühnen, zuallererst das Theater von Epídavros. Das jährliche Theaterfestival
von Epídavros ist ein Publikumsmagnet, auch andere Amphi-
theater wurden wiederhergestellt, klassisches Theater vor klas-
sischer Kulisse gibt es so beispielsweise auch in Phílippi oder in
der berühmten antiken Orakelstätte von Dodóni.

Ein Theater ganz besonderer Art kann man mit Glück noch
hier und da erleben. Es war einmal eine der beliebtesten Ver-
gnügungen für jung und alt und verschwindet heute allmählich:
Das Schattentheater Karaghiózis. Der Held Karaghiózis ist ein
Mittelding zwischen Kasperle und Harlekin. Ein kleines buckli-
ges Männchen, hässlich, arm und immer hungrig. Er bezieht oft
Prügel, und allzu oft scheitern seine Bemühungen, sich ein ar-
beits- und müheloses Einkommen zu erlisten.

Was ihn so beliebt macht, ist seine Art, sich der Obrigkeit zu widersetzen, hier repräsentiert durch den Wesir. Eine weitere Hauptfigur: Siór Dionýsios, ein Edelmann von der Insel Zákynthos, deren Einwohner sich aus historischen Gründen (lange im Besitz der Seemacht Venedig, im 19. Jahrhundert unter britischer Verwaltung) sehr deutlich von den bäuerlichen Griechen des Festlandes unterschieden. Siór Dionýsios drückt sich stets fein aus, kleidet sich nach italienischer Mode. Dann gibt es noch den ungehobelten Bauernlümmel, den Bárba Jórgos. Als Onkel von Karaghiózis ist er auch ein Gegenstück zu seinem zum städtischen Lumpenproletariat gehörenden Neffen, der gelegentlich auch seinen Söhnen das Stibitzen beibringt.

Entstanden ist die griechische Variante des türkischen Karagöz-Schattentheaters in der ersten Hälfte des 19. Jahrhunderts, und die ersten Vorstellungen gab es in der Stadt, d. h. in der ersten griechischen Hauptstadt Nafplion und in Athen. Die Stücke, die im Schattentheater gegeben werden, sind in der Regel Komödien, gespielt von Menschen aus dem Volk für Menschen aus dem Volk. Denn dessen Nöte und Probleme sind Gegenstand der Stücke, seine Fehler und Schwächen werden verspottet, die Sprache ist drastisch und derb. Allerdings verschwinden, in dem Maß, wie das Schattentheater sich auch an Kinder als Publikum wendet, die groben Zoten. Das Publikum wird zum Lachen gebracht, nicht zuletzt mit häufigen Prügelszenen, aber das kennt man auch aus dem Puppentheater anderer Länder. Ein Dauerthema ist die soziale Not, das Schattentheater ist Abbild einer sozialen Wirklichkeit, der bitteren Armut im Athen des 19. und der ersten Hälfte des 20. Jahrhunderts. Es gibt auch Stücke, die überlieferte Legenden zum Gegenstand haben, selbst das Leben Alexanders des Großen wird zum Thema. Es gibt Heldengeschichten aus der Türkenzeit, aus der Zeit des Unabhängigkeitskampfes, auch der Widerstand gegen die deutsche Besatzung im Zweiten Weltkrieg wurde thematisiert, und schließlich fehlen auch nicht die Satiren über zeitgenössische Politiker. Im Museum der Spieler-Familie Spatháris im Athener Vorort Maroússi kann man Karamanlís- und Papandréou-Figuren bewundern.

Die Figuren wurden stets von den Spielern aus Leder selbst angefertigt, sie werden an Stöcken hinter einer beleuchteten weißen Leinwand bewegt. Der Spieler pflegt allen auftretenden Figuren seine Stimme zu leihen, was einiges Talent voraussetzt. Jedes Stück beginnt mit der immer gleichen einleitenden Melodie. Und es folgt fast immer demselben Schema, in dem die Hauptfiguren ihren festen Platz haben. Die Stücke wurden in der Regel nicht aufgeschrieben, es wurde stets improvisiert, auch entsprechend der Reaktionen des Publikums variiert, d. h., das Publikum spielt im eigentlichen Sinne mit. Ein wenig erinnert die Dramaturgie an die italienische Commedia dell'Arte.

Das Schattentheater ist immer noch beliebt in Griechenland, obwohl es immer weniger gute Spieler mit dem Talent der legendären Repräsentanten Charídimos, Móllas und Spatháris gibt. Im Fernsehen bekommt Karaghiózis noch gelegentlich einen Sendeplatz. Dafür hat er unlängst die Justiz beschäftigt. Denn so beliebt dieser Held des Schattentheaters sein mag, so wenig schätzt es der Grieche, selber ein Karaghiózis genannt zu werden. 2007 musste sich der Europäische Gerichtshof für Menschenrechte (EGMR) in Straßburg, komisch aber wahr, mit der Frage befassen, ob das eine strafwürdige Beleidigung sei, und das kam so:

Die Journalistin Alexándra Katrámi hatte in einem kleinen lokalen Periodikum auf Euböa einen kritischen Artikel über den Bürgermeister von Istiaía geschrieben und in diesem Zusammenhang zur Charakterisierung des lokalen Untersuchungsrichters die Bezeichnung Karaghiózis benutzt. Woraufhin der sich beleidigt fühlte und Strafantrag wegen Verleumdung stellte. Katrámi wurde wegen Schmähkritik zu 20 Monaten Gefängnis verurteilt. Das Urteil wurde zur Bewährung ausgesetzt und 2004 in einem Berufungsverfahren aufgehoben. Aber Katrámi hatte sich inzwischen an den EGMR in Straßburg gewandt, wo der entschied, dass das griechische Urteil eine Verletzung von Artikel 10 der Europäischen Menschenrechtskonvention darstelle, und dabei zu sehr grundsätzlichen Erwägungen zum Thema Pressefreiheit ausholte. Zwar habe die Bezeichnung Karaghiózis einen negativen Beigeschmack und beziehe sich auf eine Person, die als Kasper eingeschätzt und somit als lächerlich beurteilt werde. Die Pressefreiheit erlaube indes auch ein gewisses Maß an Provokation, und es könne eine zulässige Wertung darstellen, jemanden aus gegebenem Anlass einen Karaghiózis zu nennen. Am Ende wurde der griechische Staat zur Zahlung eines Schadenersatzes in Höhe von 7000 Euro und zum Ersatz von Gerichtskosten über 3000 Euro verurteilt. So kann ein komischer Stoff zu einer sehr ernsten Sache werden.

Äußerst ernst und komisch zugleich wurde es auch im September 2009, als die Entscheidung der UNESCO bekannt wurde, das Schattentheater Karagöz als Teil des türkischen Kulturerbes anzuerkennen. Die griechische Schattentheater-Vereinigung warf daraufhin der Athener Regierung vor, nicht angemessen auf die »Turkisierung« des (eigentlich doch aus der Türkei stammenden) Helden reagiert zu haben, es handle sich da um eine Angelegenheit von nationaler Bedeutung. Irgendwie klingt das nach Aprilscherz, aber weit gefehlt, in Sachen Karaghiózis verstehen nicht nur griechische Richter keinen Spaß.

Liebling Rehakles –
Geschichten vom griechischen Fußball

Wer sich davon überzeugen möchte, welch bedeutende Rolle König Fußball im Leben der Griechen spielt, der muß sich nicht in eines der großen Vereinsstadien bemühen. Es reicht der Augenschein an einem Sonntagabend am zentralen Omónia-Platz, wo hunderte Fans lautstark und höchst erregt die Liga-Ergebnisse vom Wochenende debattieren und es oft so aussieht, als beginne jede Minute eine Schlägerei. Die gibt es – leider – nicht selten im Stadion, auch in Griechenland.

Auch wer von Fußball wenig und vom griechischen noch weniger weiß – eines ist den meisten denn doch noch geläufig: Wie der deutsche Trainer Otto Rehhagel die griechische Nationalmannschaft 2004 zum Europameister machte – eine der größten Überraschungen der europäischen Fußballgeschichte. Rehhagel bekam daraufhin zu seinen schon verliehenen Beinamen – König Otto (für seine großen Erfolge) und Otto Torhagel (nach der 0:12-Niederlage »seiner« Borussia Dortmund 1978) einen weiteren hinzu: Otto Rehakles, zusammengefügt aus Rehhagel und Herakles, sowie die Ehrenbürgerschaft der Stadt Athen. Und als er das Angebot vom DFB bekam, deutscher

Bundestrainer zu werden, musste er ablehnen, weil ihn der griechische Fußballverband nicht freigab, und die stellvertretende griechische Kulturministerin Faní Pálli-Petrália ihn gar wissen ließ: »Notfalls werden wir Sie am Dach des Olympiastadions festbinden, damit Sie nicht weggehen.« Wobei die Jahresgage von 800 000 Euro ihm das Bleiben wohl ebenso versüßt haben mag wie die Begeisterung der Fans und die Liebe der Spieler – Zitat: »Dies war ein einmaliges und noch nie dagewesenes Erlebnis für mich.« Doch schon bei der nächsten EM verließ ihn die Fortune, mit Niederlagen gegen Schweden, Russland und Spanien in der Vorrunde kam das vorzeitige Aus. Und bei der WM 2010 reichte es zwar noch für die Qualifikation, aber das wars dann auch, im Juni trat »Rehakles«, mittlerweile 72 Jahre alt und damit der älteste Trainer der WM-Geschichte, nach fast neun Athener Dienstjahren zurück.

Seitdem hat sich nicht mehr viel getan um die griechische Nationalmannschaft, Fußballfans beschäftigen sich mehr mit den Vereins-Mannschaften, vor allem mit den drei Spitzen-Teams der Profi-Liga (und fast jeder Grieche bekennt sich zu einer dieser drei): Olympiakós Piraiós, Panathinaïkós und AEK. Fußball ist in Griechenland ein Geschäft und ein Politikum. Die Profivereine sind sämtlich Aktiengesellschaften, und hinter den großen Vereinen stehen in der Regel große Unternehmer. Man hält sich als erfolgreicher Unternehmer in Griechenland aus Prestigegründen gern eine Fußballmannschaft. Man kennt das aus Berlusconis Italien, mit dem Unterschied, dass man nicht gleich nach dem Amt des Premierministers greift, denn politischen Einfluss übt man etwas diskreter aus. So gehörte der Erfolgsverein Panathinaïkós seit 1979 zunächst hundertprozentig dem Reeder, Erdöltycoon und Medienmogul Vardís Vardinojánnis. Bis eine Großdemonstration von rund 40 000 enttäuschten Fans (nach einer Serie von Niederlagen) den Multimillionär zwang, ein paar andere reiche Leute wie den Reeder Vjenópoulos am Verein zu beteiligen. Jetzt gehört ihm der Verein nur noch zur Hälfte. Die Geschäfte führt sein ältester Sohn Jánnis. Fußballvereine werden vererbt wie politische Ämter.

Der mit Abstand erfolgreichste griechische Verein ist Olympiakós Piraiós. Bis 2010 wurde 37 Mal der griechische Meister- und 24 Mal der Pokalsiegertitel gewonnen. Zwei düstere

Geschichten gilt es aber zu erzählen. An die eine erinnern sieben schwarz gestrichene Sitze im vereinseigenen Stadion – den tragischen Tod von sieben Fans im Jahr 2001 am Tor sieben. Zahlreiche Zuschauer hatten aus Verdruss über den Spielverlauf das Stadion vorzeitig verlassen wollen, fanden aber das Tor geschlossen vor, es entstand eine Massenpanik, bei der die sieben totgetrampelt wurden.

Düstere Zeiten gab es für den Verein nach der Übernahme durch den schon erwähnten Banker Geórgios Koskotás, der 1988 aus Griechenland floh. Es begannen die »steinernen Jahre«, acht Jahre ohne einen einzigen Titel, und aufwärts ging es erst wieder 1997 mit dem Kauf des Vereins durch Sokrátis Kókkalis. Kókkalis ist eine schillernde Figur. Der Vater war als Kommunist nach dem Ende des Bürgerkriegs über Rumänien nach Berlin gekommen und hatte es dort zum Leibarzt von Walter Ulbricht gebracht. Der Sohn begann nach einem Elektronikstudium an der Humboldtuniversität 1965 eine Unternehmerkarriere in Athen und wurde mit der heute international operierenden Elektronik-Firma INTRACOM Milliardär. Über seine mutmaßliche Stasi-Karriere ist viel geschrieben worden, über die Herkunft seines Startkapitals viel spekuliert, aber in Athen wird inzwischen nicht mehr viel davon geredet. Auch dafür ist der Besitz einer erfolgreichen Fußballmannschaft gut.

Die interessanteste Geschichte hat der Verein AEK, die Abkürzung steht für Athlitikí Énossi Konstantinoupóleos, Sportvereinigung von Konstantinopel. Offizielles Gründungsjahr ist 1924, aber tatsächlich hat der Verein die Nachfolge mehrerer griechischer Teams aus Istanbul angetreten. Darunter war der Pera Club, der bis 1922 eine der erfolgreichsten Mannschaften der Türkei war. Ursprünglich hieß dieser aus griechischen Spielern bestehende, 1881 gegründete Klub Ermís (Hermes), er musste aber 1922 auf Anordnung der türkischen Regierung den griechischen Namen aufgeben und nannte sich nun nach dem Istanbuler Stadtteil Beyoglou, der griechisch Pera hieß. 1923 verließen fast alle griechischen Fußballer im Zuge der großen Zwangsumsiedlung das Land, und die Spieler aus Konstantinopel gründeten in Athen den Verein, in dessen Namen die Erinnerung an die verlorene Heimat bis heute fortlebt. Und nicht nur im Namen: In das Vereinswappen nahmen sie den byzantinischen Doppeladler auf. Das hat auch ein Verein in Thessaloníki getan, der 1926 gegründete Panthessalonikós Athlitikós Ómilos Konstantinoupolitón, bekannter unter dem Kürzel PAOK, der die gleiche Vorgeschichte wie AEK hat. Eine Flüchtlingsgeschichte hat schließlich noch der 1922 im Athener Vorort Néa Smýrni von Flüchtlingen aus Smyrna gegründete Verein Paniónios. Fußballgeschichte ist eben manchmal auch ein Stück Nationalgeschichte.

Übrigens: Es gibt eine Sportart, in der Griechenland heute international erfolgreicher als im Fußball ist, und das ist (der in Deutschland nicht ganz so populäre) Basketball. Begonnen hat die nationale Basketballleidenschaft 1987, als die Griechen die Europameisterschaft gewannen. Fünfmal hat seitdem der auch im Fußball so erfolgreiche Verein Panathinaïkós den Europapokal der Landesmeister bzw. der ULEB Europaleague nach Hause gebracht, zwei Dutzend Mal erreichten griechische Vereine ein internationales Endspiel, 15 Mal waren sie dabei siegreich. 2005 wurden die Griechen dann zum zweiten Mal Europameister, 2006 gar Vizeweltmeister, nach einer Niederlage gegen Spanien, aber einem Halbfinalsieg über die hochfavorisierten USA, der das Land in einen Freudentaumel versetzte. Kein Wunder, wenn auch beim Basketball die Emotionen hochkochen, es auch schon mal, wie beim Fußball, zu Schlägereien kommt.

Klar dass die Griechen, die schon immer gern gewettet haben, auch für Sportwetten eine Menge Geld ausgeben, klar, dass alerte griechische Unternehmer daher nicht nur in die großen Ball-Vereine, sondern auch in Wettsystemtechnik investieren, auch hier ist der Besitzer von Olympiakós Piraiós, der Milliardär Sokrátis Kókkalis, voll im Geschäft, mit seiner Firma Intralot, die mittlerweile längst weltweit Sportwetten organisiert.

Zwei Städte

Moloch Hauptstadt –
die hässliche und die liebenswerte Metropole Athen

Destroy Athens – dieses provokante Motto hatte sich 2007 die erste Athener Kunstbiennale gegeben. Und das, so fanden eine Menge Leute, nicht zuletzt Urbanisten und Architekten, sei gar keine so schlechte Idee. Dabei hatten es die Kuratoren dieser Biennale so gar nicht gemeint: Sie dachten nicht an die Abrissbirne, sie wollten einen Mythos zerstören.

Denn überall in Europa seien Städte entweder aus geographischer Zweckmäßigkeit oder militärischen Gründen zu Hauptstädten geworden – der Lauf der Geschichte entschied. Anders im Falle der Hauptstadt Athen. Die 1834 getroffene Entscheidung, das Dorf Athen – und nichts anderes war dieser Ort in jenem Jahr – zur Hauptstadt des neuen Griechenland zu machen, gründete auf einer Fiktion. Sie war das Produkt kollektiver Phantasie und beruhte auf einer konstruierten Identität. Man hatte das Athen des perikleischen Zeitalters im Sinn, als dieses Athen mächtig war und reich, eine Seemacht und eine Militärmacht. In dieser kurzen Blütezeit wurden der Parthenon und das Theseion gebaut, wirkten die Baumeister Polyklet und Mnesikles, schuf Phidias seine Statuen, schrieben Aischylos und Sophokles ihre Stücke und Pindar seine Oden. Gerade einmal 100 Jahre lang gab es dieses Athen, und 2500 Jahre war das her. Und diese Phantasien, so meinte Jánnis Savvídis, einer der Ausstellungsmacher, sind uns hinderlich bei der Suche nach unserer wahren Identität. Athen als Wiege der Demokratie? Eine Zwangsvorstellung, stereotyp wie die von Athen als Rétsina-Paradies und oder Smog-Hölle. Solche Stereotypen galt es zu zerstören. Doch dann wurde das Biennale-Motto zum Menetekel, als rings um Athen die Berge in Flammen standen, Waldbrände wüteten und die Flammen bis in die Vororte züngelten. *Destroy Athens* wurde real, wenigstens in den Vororten.

Wenn von dem Athen des perikleischen Jahrhunderts im Jahr 1834 außer ein paar (wenn auch bedeutenden) Ruinen nichts mehr übrig war, dann nicht etwa wegen der osmanischen Fremdherrschaft. Nicht erst durch die türkische Eroberung im 15. Jahrhundert war die einstige Metropole der europäischen Kultur zur Bedeutungslosigkeit geschrumpft. Hieß es doch schon in einem Klagelied aus dem 12. Jahrhundert: »Du siehst, wie mich, die Gepriesene der Städte, die Zeit vernichtet hat. Ich bin zu einem kleinen und unbewohnten Orte hingeschwunden, der nur noch an seinem Namen und seinen ehrwürdigen Trümmern kenntlich ist.«

Athens Niedergang hatte allerdings noch viel früher begonnen. Bereits mit dem Sieg des nordgriechischen Flächenstaats Mazedonien über die südgriechischen Stadtstaaten war es mit der Athener Herrlichkeit vorbei. Und mit der Schließung der Athener Akademie auf Befehl von Kaiser Justinian verlor die Stadt auch ihre Bedeutung als geistiger Mittelpunkt. Mittelpunkt der griechischen Welt wurde für 1000 Jahre die byzantinische Hauptstadt Konstantinopel, und im griechischen Kernland besaßen lediglich die Hafenmetropole Thessaloníki und das geistige Zentrum Mistras auf der Peloponnes Bedeutung. Jene tausend Seiten, die der Historiker Ferdinand Gregorovius der Stadt Athen im Mittelalter gewidmet hat, sind im Grunde auch nur ein Zeugnis des Niedergangs. Die Besitzer der Stadt wechselten, kamen und gingen. Lauter fremde Herren, auch wenn sie, wie der Athener Zweig der Medici, ihre Familiennamen gräzisierten.

Und so findet sich denn auch aus byzantinischer Zeit nicht allzuviel in Athen. Anders als in der heutigen *symprotévoussa*, der Nebenhauptstadt Thessaloníki: Da gibt es eine zweite Agía Sofía und eine Großkirche des Heiligen Dimítrios, geschmückt mit Mosaiken, die sich mit denen von Konstantinopel messen konnten. In Athen gibt es ein paar kleine byzantinische Basiliken, von der Kleinen Metropolis bis zur wunderschönen Kapnikaréa, oft übersehene Kleinodien frühchristlicher Baukunst, aber nichts von der Art der Großkirchen von Thessaloníki.

Dafür hat eine Stadt, die von 4000 Einwohnern im Jahr 1821 bis heute auf über vier Millionen angewachsen, richtiger: gewuchert ist, weiß Gott, ihre hässlichen Seiten. Dabei war der Neuanfang von 1834 durchaus vielversprechend. Um aus dem heruntergekommenen Provinznest eine repräsentative Hauptstadt und eine würdige Residenz zu machen, holte der aus Bayern importierte König, der Wittelsbacher Otto, seinerseits als Stadtplaner und Baumeister fremde Fachleute ins Land. Leo von Klenze und Eduard Schaubert gehörten dazu, Friedrich von Gärtner, die Brüder Hans-Christian und Theophil Hansen aus Dänemark und, last but not least, Ernst Ziller aus Radebeul bei Dresden, von dem noch die Rede sein wird. Klassizistisch wurde gebaut, die Anlehnung an die Antike wurde visualisiert. Ein Stadtschloss entstand, repräsentative Universitätsgebäude, ein Königliches Theater. Ein Königlicher Garten wurde gepflanzt, kurz: Noch zu Anfang des 20. Jahrhunderts galt Athen als eine schöne Stadt. Man musste schon von der Borniertheit eines Gerhart Hauptmann sein, um das nicht wahrzunehmen.

Doch dann kam, was man noch heute in Griechenland die »Kleinasiatische Katastrophe« nennt: Ein Feldzug, an dessen Ende ein vom Völkerbund ausgehandelter und überwachter Bevölkerungsaustausch stand, der für Griechenland eine Nettozuwanderung von rund einer Million Neubürger bedeutete. Ein großer Teil dieser Kleinasiengriechen suchte in der Hauptstadt Zuflucht, und so entstanden rund um die Stadtkerne von Athen und Piräus jene mehr oder weniger wild gebauten Siedlungen, die heute noch teilweise Namen mit der Vorsilbe Néa- (Neu-) tragen – Néa Smýrni, Néa Ionía, Néa Philadélphia, Namen, die an die verlorene kleinasiatische Heimat erinnern sollten. Der Gewinn für Griechenland: Eine höchst aktive, nach sozialem Aufstieg strebende Neubevölkerung, der das Land einen enormen wirtschaftlichen Schub verdankte. Für die Stadt Athen aber bedeutete das leider auch ein viel zu schnelles, ungeplantes Wachstum, und der Charme der kleinen Residenzstadt war für immer dahin. Und bei diesem Wachstumsschub ist es nicht geblieben. Die Schrecken des Zweiten Weltkrieges und des anschließenden Bürgerkrieges verstärkten die Landflucht. Athen wuchs weiter unkontrolliert und wucherte aus in das attische Umland. Zwischen 1940 und 2000 hat sich die Einwohnerzahl von 1,1 Millionen auf 3,7 Millionen Menschen mehr als verdreifacht.

All diese Entwicklungen ließen die Stadt zu dem werden, was

sie heute ist. Sie teilt das Schicksal dieser Art wilder Urbanisierung mit vielen anderen Städten, vor allem der Dritten Welt. Und das ist noch keiner Stadt bekommen. Im Großraum Athen, der städtischen Agglomeration, die die Athener das *attikó lekanopédio* nennen, das attische Becken, leben heute mehr als vier Millionen Menschen, die geschätzt 200 000 illegalen Migranten nicht mitgezählt. Das sind mehr als ein Drittel der Bürger der Republik Griechenland. Zu beneiden sind die Hauptstadtbewohner nicht, die Athener Luft ist berüchtigt. Feinstaubkonzentration und Smogwerte sind hoch – Stickoxide, Kohlenwasserstoffe, Ozon, Kohlenmonoxid. *To néfos,* die Wolke, so nennen die Athener dieses Phänomen, das in den letzten Jahren zwar etwas besser geworden ist. Dennoch flieht der Athener so oft es geht. Deshalb erlebt man hier Woche für Woche den großen Exodus. Wer noch Bindungen hat zum Heimatdorf oder zur Heimatinsel seiner Vorfahren, begibt sich dorthin, oder in ein *exochikó,* ein (nur zu oft ohne Baugenehmigung errichtetes) Wochenendhaus. Und wenn ein gesetzlicher Feiertag auf einen Freitag oder Montag fällt, das nennt der Athener ein *tri-ímero,* ein Dreitages-Wochenende, dann ist das Verkehrschaos auf den Ausfallstraßen noch größer als sonst, und die Fähren zu den Inseln sind überfüllt.

Einiges ist unternommen worden, um die Hauptstadt bewohnbarer zu machen. Weil neben den Abgasen der Fabriken und Gewerbebetriebe vor allem der Autoverkehr den Athenern die Luft zum Atmen nimmt, gibt es jetzt die Abgasuntersuchung. Es gibt seit 1979 innerhalb eines gedachten Stadtrings, *daktýlio* genannt, ein teilweises Fahrverbot für private PKW. Das hängt von der Endziffer des KFZ-Kennzeichens ab, die gerade oder ungerade Endziffer entscheidet über die Berechtigung, zu bestimmten Zeiten die Innenstadt anzufahren. Wohlhabende Bewohner der feinen Außenbezirke leisten sich einen Zweitwagen. Und bis zum Beginn der großen Krise waren die Spritpreise in Griechenland die niedrigsten der EU, ein Liter Superbenzin war billiger als ein Liter Milch. Das hat sich jetzt geändert, 2010 sind die Preise um 50 Prozent gestiegen, und immer mehr Athener fahren U-Bahn.

Gab es bis 2004 nur den *ilektrikós,* gebaut um 1900, eine einzige Linie, die vom Hafen Piräus ins Athener Zentrum führt, zum Omóniaplatz, und dann weiter nach Norden in den Nobel-vorort Kifissiá, so besitzt Athen heute ein kleines U-Bahn-Netz, an das auch der neue Flughafen Elefthérios Venizélos angeschlossen ist und an dem stetig weiter gebaut wird. Die U-Bahn ist gepflegt und sauber, und, nicht zuletzt, ein Ort der Kultur und der schönen Künste. Nicht nur hat man überall dort, wo man beim Ausschachten auf Spuren der Antike stieß, vieles davon für die Metro-Nutzer sichtbar gemacht, und viele der aufgefundenen antiken Objekte in Kopien ausgestellt. Darüberhinaus findet man auf zahlreichen Bahnhöfen »Kunst am Bau«, Werke der griechischen Künstler-Avantgarde, Plastiken und Objekte, fast alle großen Namen sind da vertreten. Und kein Sprayer weit und breit, der die Werke verunzierte. Von Zeit zu Zeit ehren die Athener in der Metro ihre großen Dichter, indem sie ihre Werke auf großen Tafeln präsentieren, an Stellen, die sonst der Werbung vorbehalten sind. So geschehen zum 100. Geburtstag von Jánnis Rítsos, es folgte eine gleichartige Hommage für den Surrealisten Níkos Engonópoulos. Kurz, es ist ein Verkehrsmittel, das man gern benutzt, außer vielleicht in den Stunden der ärgsten Rush hour, wenn die Taschendiebe aktiv werden.

Es gibt, immerhin, seit der Amtszeit von Melína Merkoúri, eine Menge Anstrengungen, wenigstens das historische Zentrum der Hauptstadt zu retten, bzw. zurückzuerobern. Heute kann man den Burgberg der Akrópolis zu Fuß umrunden, ohne Gefahr zu laufen, überfahren zu werden. Selbst an die Blinden hat man gedacht. Die, die die Akrópolis nicht sehen können, aber die Aura des Monuments spüren möchten, bekamen eine in das Pflaster eingelassene Blindenleitspur, vom U-Bahnhof Thissíon bis zum Akrópolis-Museum. Aber ach, da hat die Stadtverwaltung die Rechnung ohne die Wirte gemacht – die wollen sich »ihr« Stück Trottoir vor dem Lokal nicht nehmen lassen und stellen ihre Tische und Stühle auf die Blindenleitspur. Und neben der Taverne parken die Gäste ihre Mopeds darauf.

Auch sonst gibt es Widerstände von interessierter Seite, auch viel Banausentum. Und immer wieder in Gefahr war und ist auch das liebenswerte kleine Altstadtviertel am Fuß der Akrópolis: die Pláka.

Der Kampf um die Pláka

Im August 2008 schlugen die Bewohner des Athener Altstadt-
viertels Pláka Alarm: Aus dem Ministerium für Öffentliche Arbeiten waren Pläne durchgesickert, nach denen den Gastrono-
men der Tavernenbetrieb erleichtert werden sollte. Erinnerungen
wurden wach an Zeiten, als die nächtliche Vergnügungsindustrie das Viertel fast unbewohnbar gemacht hatte.

Ein Vergnügungsviertel ist die Athener Pláka schon vor über
hundert Jahren gewesen, schon der berühmte Byzantinist Karl
Krumbacher rühmte die »unvergleichlich poetischen, urwüch-
sigen Weintavernen der Altstadt am Fuß der Akrópolis«. Aber
ein Wohnviertel war die Plaka immer auch: ein Arbeiterviertel
ursprünglich der obere Bereich, *Ta Anafiótika* (der Name erinnert an die zu Zeiten von König Otto in die Stadt gerufenen
Bauarbeiter von der Insel Anafi, ein bürgerliches Viertel der
untere, wo sich, vom Turm der Winde bis zum Denkmal des
Lysikrates, wohlhabende Athener ihre neoklassischen Häuser
errichten ließen. Und mit den Tavernen herrschte friedliche Ko-
existenz. In ihren Kellern wurde der Most aus den attischen
Weindörfern Spáta und Liópessi in großen Fässern zum Retsína
ausgebaut, die Athener Barden sangen ihre romantischen Wein-
lieder zur Gitarre, Lieder von den Ionischen Inseln zumeist, die
kantádes. Es ließ sich wohnen in der Pláka, das entdeckten zu
Anfang der 1960er Jahre auch ein paar ausländische Künstler
und Studenten. Ich habe es selbst probiert, ein kleines Ein-Zim-
mer-Häuschen im Ta-Anafiotika-Viertel kostete 20 DM im Mo-
nat. Der Blick ging zum Lykabettos, die Rückwand des Hauses
war der Akrópolis-Felsen. Leise tönten abends vom Dachgar-
ten der Tavérna Vláchou die Gitarren des Trio Athené herüber,
die romantischen Lieder der 1930er Jahre. Die Pláka war so
etwas wie ein Dorf mitten in der Millionenstadt, eine *gitoniá*,
eine Nachbarschaft, wo jeder jeden kannte. Nur ein paar Schritte
waren es bis zum *bakáliko*, dem Lebensmittelladen, und für die
Reinlichkeitsbedürfnisse ging man ins *hamám*, das türkische
Dampfbad. In den gut französisch »*boites*« genannten kleinen
Musik-Cafés hatten die Chansonniers des *néo kíma*, der Neuen
Welle, ihre ersten Auftritte, und der später so berühmt gewordene Dionýssis Savvópoulos sang hier seine ersten Protestlieder.

Dann kam 1967 die Militär-Junta. Sie verbot Theodorákis, lange Haare und den Minirock, und zugleich ließen die selbst-ernannten neuen Saubermänner in Uniform die Pláka zu einer Art Soho von Athen verkommen. Jeder, der die korrupten Ob-risten genug schmierte, bekam eine Konzession für Vergnü-gungsetablissements aller Art, Bars, Spielclubs, Discos. Laut-sprecheranlagen dröhnten um die Wette, die Anwohner brachte es um den Nachtschlaf. Die Pláka wurde zum Umschlagplatz für weiche und harte Drogen, auch das horizontale Gewerbe zog ein. Um das Wohnviertel war es geschehen. Familien zogen weg. Nicht nur, weil die Mieten stiegen, sondern vor allem, weil sie ihren Kindern das anrüchige Milieu nicht mehr zumuten wollten.

Nach dem Ende der Militärdiktatur widmete sich eine vom Raumordnungsminister Antónis Trítsis berufene Expertenkom-mission unter Leitung des Architekten und Stadtplaners Dio-nýssis Zívas vom Athener Polytechnikum dem Problemviertel. Sie untersuchte zunächst die demographische Entwicklung und stellte fest: Von 17 000 bei der Volkszählung von 1961 noch ermittelten Einwohnern waren 1975 noch gerade 4500 ver-blieben, Tendenz fallend. Gleichzeitig ließ Zívas die Kapazität der Vergnügungsindustrie des Viertels ermitteln: 18 000 Stühle in rund 200 Establissements zählten seine Leute, mit anderen Worten: Die allnächtliche Population der Amüsierindustrie des Viertels erreichte leicht das Vierfache der noch verbliebe-nen Wohnbevölkerung. Was tun? »Gegen den Fremdenverkehr haben wir ja nichts«, sagte mir Antónis Trítsis damals, »auch Nachtlokale und Bars muss es geben in einer Großstadt. Aber die Pláka war schließlich heruntergekommen zum Zentrum eines aggressiven, vulgären Tourismus, zu einem gigantischen Night-Club, ein Schandfleck unserer Stadt. Da musste einge-schritten werden, um diesen Stadtteil wieder bewohnbar zu machen!«

Ein erster Schritt: 93 Bars und Nachtclubs mit zweifelhafter Konzession ließ Trítsis in einer einzigen Nacht polizeilich schlie-ßen. Es folgte ein für griechische Verhältnisse revolutionärer Bodennutzungsplan, der jedem Hauseigentümer in der Pláka die bauliche wie die geschäftliche Verwendung seiner Immobi-lie vorschrieb. Das hieß im Regelfall: Lediglich das Erdgeschoss durfte gewerblich genutzt werden, ob für Tavernen, Restaurants, Andenkenläden oder Lebensmittelgeschäfte. Die oberen Geschosse wurden dem Wohnen vorbehalten. Und ein besonderer Bonus kam hinzu: Wer ein Wohnhaus renovieren wollte, bekam einen günstigen staatlichen Kredit, und dazu einen Zuschuss von bis zu einer halben Million Drachmen, 7500 Euro nach heutiger Währung. Bedingung war die strenge Einhaltung der Denkmalschutzauflagen. So wurde die Pláka wieder ein attraktives Wohngebiet. Auch wenn genau das geschah, was fast immer passiert, wenn ein heruntergewirtschaftetes Wohnviertel saniert wird – der Hamburger Stadtplaner Christian Fahrenholtz hatte es im Oktober 1983 auf einem Symposion zum Thema Stadterneuerung im Athener Goethe-Institut auch für die Pláka vorhergesagt: die *gentrification* – d.h.: Die kleinen Leute gehen, die Schickeria kommt.

In der Pláka kauften sich gutbetuchte Intellektuelle, Architekten, Schiffseigner ein, unter ihnen die Reederfamilie Karrás. Aber die neuen Bewohner retteten, was sich an Bausubstanz und Baudenkmälern zu retten lohnte. Sie reagierten empört, als sie 2008 von den Absichten des Bauministers Geórgios Souflías hörten, den 1982 erlassenen Bodennutzungsplan aus den Angeln zu heben. Die von der Athener Presse kolportierten Pläne: Bars und Restaurants sollten wieder in die Höhe und in die Breite wachsen dürfen. Doch jetzt waren es nicht mehr die kleinen Leute von damals, mit denen sich der Minister auseinandersetzen musste, sondern einflussreiche Leute, Leute mit Beziehungen. Sie hatten nicht in ihre komfortablen Wohnungen in der Pláka investiert, um in einem neuen Athener Soho zu wohnen. Sie mobilisierten die Medien, bis auf weiteres mit Erfolg. Souflías machte einen Rückzieher.

Was Antónis Trítsis angeht: Der wollte sich nach der Sanierung der Pláka an größere Projekte für eine bewohnbarere Hauptstadt machen. Doch 1985 setzte die regierende PASOK dem eigensinnigen Stadtplaner den Stuhl vor die Tür. Böse Zungen sagten: Er war nicht korrupt genug für sein Amt. 1990 bewarb er sich dann erfolgreich um den Posten des Athener Bürgermeisters. »Hier kann mich keine Regierung rausschmeißen, für vier Jahre bin ich jedenfalls unkündbar«, sagte Trítsis im Februar 1991 in einem Interview mit der *New York Times*.

Aber ein Jahr später starb er mit 55 Jahren an einer Herzattacke. Einen Bürgermeister dieser Tatkraft und dieses Ideenreichtums hat die griechische Hauptstadt nie wieder bekommen. Die Plakioten aber wissen, was sie ihm verdanken. Und die Versuche, seine sanfte Sanierung der Pláka rückgängig zu machen, werden sie wohl zu verhindern wissen.

Das klassizistische Erbe des Ernst Ziller aus Radebeul

Eine ganze Reihe prominenter Architekten und Stadtplaner waren nach dem Umzug der griechischen Hauptstadt von Nafplion nach Athen 1834 ins Land gekommen, um im Auftrag von König Otto fast aus dem Nichts eine Residenzstadt zu schaffen. Einer von ihnen war Ernst Ziller aus Radebeul bei Dresden. Mehr als ein halbes Jahrhundert lang arbeitete er in Griechenland als Architekt, Archäologe und Maler, hinterließ mehr als 500 Bauten, von der Privatvilla bis zum Königspalast. In seinem Geburtsland blieb er ein Unbekannter, und in seiner zweiten Heimat wurde ihm über viele Jahrzehnte nicht die verdiente Anerkennung zuteil. Das ist heute anders, die Griechen wissen jetzt, was sie an ihm hatten und haben und gehen inzwischen mit seiner Hinterlassenschaft pfleglich um.

Ernst Moritz Theodor Ziller wurde 1837 als Sohn eines erfolgreichen Bauunternehmers und Weingutbesitzers in dem Radebeuler Vorort Oberlössnitz geboren. Ab 1855 studierte er Architektur in Dresden, macht ein Praktikum im Wiener Büro des dänischen Architekten Theophil Hansen, der ihn 1861 mit der Bauaufsicht über eines seiner architektonischen Groß-Projekte, nämlich der Errichtung der Athener Akademie, betraut. 1862 werden die Arbeiten nach der Vertreibung König Ottos unterbrochen. Ziller kehrt nach Wien zurück, aber nur für kurze Zeit. 1868 geht er wiederum nach Athen, verliebt sich in Griechenland und in eine der Töchter des Landes, die Pianistin Sofía Dódou, gründet eine Familie und wird Grieche, er heißt von nun an Ernestos Tsiller. 1872 wird er Professor an der Kunsthochschule und so etwas wie der Hofbaumeister von König Georg I., für ihn entwirft er das Sommerschloss von Tatói und später den Palast des Thronfolgers Konstantin (heute Präsidentenpalast).

Zu den öffentlichen Bauten, die Ziller in seinen ersten Athener Jahren errichten konnte, gehörten das Archäologische Museum, das deutsche und das österreichische Archäologische Institut, die zwei Bahnhöfe der Stadt, aber auch zwei große Hotels, das Bángeion und das Mégas Aléxandros am Omónia-Platz. Zeit fand er aber auch noch für den Bau zahlreicher Privatvillen und Stadt-Palazzi, die er nach seinem Geschmack im neoklassischen Stil errichten konnte, sei es im Nobel-Vorort Kifissiá oder auf dem Kastélla-Hügel in Piräus, sei es am Boulevard Vassilíssis Sofías, so das Stathátos-Haus, in dem heute Teile des Museums für Kykladische Kunst untergebracht sind. Vier Theater entwarf Ziller: Das Stadttheater und das Königliche Theater von Athen (heute Nationaltheater), die Theater von Patras und Zákynthos. Von diesen vier Schauspielhäusern existieren heute nur noch zwei – das von Zákynthos fiel dem Erdbeben von 1953 zum Opfer, und das Athener Stadttheater, das Dimotikó Théatro an der Platía Kotsiá aber wurde 1942 wegen Baufälligkeit abgerissen, ein Beispiel dafür, wie respektlos die Athener mit dem Ziller-Erbe allzu lange umgegangen sind. Auch die von Ziller für den millionenschweren Ausgräber Heinrich Schliemann errichtete große Stadtvilla, das Ilíou Mélathron, war völlig heruntergekommen, bis sich der Staat in den 1980ern endlich zu einer Restaurierung entschloss, um 1998 das Numismatische Museum darin unterzubringen.

Stilistisch führte Ziller, wie es dem Zeitgeist entsprach, das bauliche Erbe verschiedener Epochen zusammen. Antikes herrschte vor, aber auch byzantinische und Renaissance-Anleihen sind zu erkennen. Kenner sprechen von pluralistischem Eklektizismus. Für den klassizistischen Baustil Athens im 19. Jahrhunderts hat Ziller Maßstäbe gesetzt wie kein anderer, und die von ihm bevorzugt angewandten neoklassischen Baudetails wurden hundertfach kopiert. So fand man schon bald auch an den Häusern weniger begüterter Bauherren verzierende Elemente wie die sogenannten *akrokérama*, jene den Akroteren am Erechtheion abgeschauten akanthusförmigen Terrakottaziegel (in der Antike waren sie aus Marmor), die Ziller massenhaft brennen und an Dachfirsten anbringen ließ, oder die von ihm immer wieder angebrachten Pseudokaryatiden. Noch an den billigsten neoklassischen Wohnhäusern kann man derlei

Anleihen finden. Ziller baute nicht nur in Athen, er ging auch immer wieder in die Provinz, berühmt ist das von ihm erbaute Rathaus von Ermoúpolis auf der Insel Sýros.

Dass ein so vielseitig begabter Architekt sich auch eingehend um die Innenausstattung seiner Häuser kümmerte, verwundert nicht. Er entwarf auch Möbel, und selbst die ökologischen Aspekte des Wohnens waren ihm wichtig. So verdankt Athen ihm die Bewaldung des Lykabettos-Hügels: Weil die Enge der Innenstadt selbst den wohlhabenden Bürgern keine angemessen großen Gärten mehr erlaubte, dachte er eben über öffentliche grüne Alternativen nach.

Vieles, allzu vieles ist verloren gegangen von der klassizistischen Pracht Athens. Abgerissen wurde in der Innenstadt vor allem unter der Regierung von Ministerpräsident Konstantínos Karamanlís (1955–1963) sowie in den sieben Jahren der Militärjunta (1967–74). Das Prinzip *antiparochí* spielte hier eine Rolle – ein sehr griechisches Arrangement: Der Besitzer eines Stadtgrundstücks bekommt von einem Käufer, in der Regel einem Bauunternehmer, anstelle eines Kaufpreises für das Grundstück eine Eigentumswohnung (oder zwei) in einem neuen mehrstöckigen Mietshaus, das auf dem Grundstück errichtet wird. Dass er dafür ein schmuckes kleines neoklassisches, vielleicht ja baufälliges Häuschen abreißen lässt, statt es für viel Geld zu restaurieren, wem war das zu verdenken.

Rund um den Weißen Turm –
das griechische und das andere Thessaloníki

En torno de la torre blanca (Rund um den Weißen Turm) – unter diesem Titel veröffentlichte Enrique Saporta y Beja 1982 die Erinnerungen an seine Jugend in Thessaloníki. Er wurde 1894 geboren, als die nordgriechische Hafenmetropole noch zum Osmanischen Reich gehörte. Verfasst hat er seine Jugenderinnerungen in seiner Muttersprache Judenspanisch, und bis heute sind sie nicht auf Griechisch erschienen. Er selber lernte nur wenig griechisch. *»Eramos la mayoria«*, sagte er, »wir waren doch die Mehrheit, und wenn die Griechen mit uns Geschäfte machen wollten, dann sprachen sie spanisch mit uns oder türkisch.«

Mit der Ansiedlung der Kleinasienflüchtlinge verkehrten sich die Mehrheitsverhältnisse grundlegend, und viele Juden wanderten nach Palästina aus, Saporta ging nach Paris, um nie zurückzukehren. Im Frühjahr 1943 gab es noch 50 000 Juden in der Stadt, die Geschichte ihrer Deportation steht an anderer Stelle. Heute ist von der jahrhundertelangen jüdischen Präsenz in der Stadt Thessaloníki so gut wie nichts mehr zu sehen. Nur zwei Synagogen gibt es noch, es waren einmal mehr als 20. Dann ist da noch die Agorá Modiáno, die nach einem wichtigen Geschäftsmann benannte Markthalle, ein paar schöne Villen reicher jüdischer Kaufleute sind erhalten, eine davon, die prächtigste, die Villa Allatíni, beherbergt heute die Provinzverwaltung, die Nomarchía. Hier und da kann man, wenn man mit offenen Augen durch die Stadt geht, noch die eine oder andere Marmorplatte mit hebräischen Buchstaben sehen, eine Grabstele, gestohlen vom alten jüdischen Friedhof.

Die wenigsten in der Stadt wollen von den 400 Jahren jüdischer Dominanz noch etwas wissen, im Gegenteil. Vor allem in der Aristotelischen Universität hört man nicht gern etwas davon. Sie wurde, was nur die wenigsten Studenten wissen, auf dem Gelände des alten jüdischen Friedhofs errichtet, den sich die Stadtverwaltung 1943 mit Zustimmung der NS-Besatzung angeeignet hatte, noch vor der Deportation der Juden. Nur einen gibt es, der sich beharrlich darum bemüht, wenigstens eine Erinnerungstafel auf dem Campus anzubringen, den Dekan der pädagogischen Fakultät Jórgos Tsiákalos. Aber er beißt auf Granit. Und die jüdische Gemeinde wird wohl vergeblich darum kämpfen, dass die im Bau befindliche Metro die Station Universität mit dem zusätzlichen Namen Alter jüdischer Friedhof versieht (weil die U-Bahn Teile des ehemaligen Friedhofs durchquert).

Ganz anders hält es die Stadt Thessaloníki mit der Erinnerung an die Antike und an 1000 Jahre Byzanz. Zwei bedeutende Museen zeigen Schätze aus dieser Zeit, und die byzantinischen Sakralbauten werden sorgfältig gepflegt. Die vor rund 2300 Jahren von Kassander gegründete und auf den Namen seiner Frau, der Halbschwester Alexanders des Großen, getaufte Stadt (sie hieß Thessaloníki, weil sie am Tag eines wichtigen Sieges der Mazedonier über die Thessaler geboren wurde) war zu allen Zeiten ein begehrter Ort. Wer hat sie nicht alles besessen nach dem Ende des Alexanderreichs: Die Römer waren da, Kaiser Galerius machte die Stadt zu seiner Residenz, und der nach seinem Sieg über die Sassaniden errichtete Triumphbogen erinnert an diese Zeit; Byzanz erhob sie zur Nebenhauptstadt des oströmischen Reiches; Sarazenen, Normannen, Franken und Bulgaren fielen ein und wurden wieder vertrieben; während des 4. Kreuzzugs wurde die Metropole vorübergehend gar katholisch, bis 1246. 1394 nahmen erstmals die Türken die Stadt ein, es kamen und gingen die Venezianer, 1430 dann bemächtigte sich Sultan Murat II. der nun Selanik genannten Stadt.

Es sind nicht zuletzt die sakralen Bauten, die das wechselvolle Schicksal der Stadt widerspiegeln. Ein Beispiel: die Rotonda. Erbaut wurde sie 306 n. Chr. im Auftrag des römischen Herrschers Galerius, der sie als sein Mausoleum gedacht haben soll. Er wurde ganz woanders bestattet, in seinem Geburtsort, dem antiken Felix Romuliana, dem heutigen Gamzigrad in Serbien. 377 wurde die Rotonda auf Befehl Kaiser Konstantins I. vom Bischof von Thessaloníki zur Kirche geweiht und mit kostbaren Mosaiken geschmückt, von denen noch Reste erhalten sind. Über 1200 Jahre diente der Bau nun als Kirche des Heiligen Georg und ab Anfang des 13. Jahrhunderts auch als Bischofssitz. 1590 dann machten die Türken eine Moschee aus der Georgskirche, ein Minarett wurde angebaut, und fortan hieß die Rotonda Süleiman-Hortaci-Effendi-Moschee, bis 1912, als die fast 500 Jahre währende Osmanenherrschaft in Selanik zuende ging, das nun wieder Thessaloníki hieß. Heute ist die Rotonda, von der es heißt, sie sei die älteste christliche Kirche überhaupt, Museum. Reste des Minaretts sind erhalten (von den vielen anderen Minaretten, die es einst in der Stadt gegeben hat, sucht man vergeblich jede Spur).

Ein anderes Beispiel: die Agía Sofía von Thessaloníki. Errichtet im 7. Jahrhundert auf den Trümmern einer frühchristlichen Basilika, wurde auch sie, wie ihre große Schwester in Konstantinopel, im 15. Jahrhundert in eine Moschee umgewidmet, ebenso wie die Kirche des Heiligen Dimítrios, des Schutzheiligen der Stadt. 1912 nahmen die Christen sie wieder in Besitz, ebenso eine Reihe weiterer, zwischenzeitlich als Moscheen benutzte byzantinische Kirchenbauten.

Die meisten architektonischen Zeugnisse der osmanischen Präsenz sind heute verschwunden, unübersehbar aber bleibt jedenfalls der von den Türken errichtete Weiße Turm am Meeresende der mächtigen Stadtmauern. *Beyaz küle* hieß er auf türkisch, *torre blanca* nannten ihn die Sepharden, und unter dem Namen *lefkós pýrgos* ist dieser Turm heute eines der Wahrzeichen der Stadt. Weiß gekalkt hatten die Türken das mächtige Bauwerk, das auch als Gefängnis und Hinrichtungsstätte diente, als symbolischen Akt – nach einer Massenexekution aufständischer Janitscharen im Jahr 1826, bei der sehr viel Blut geflossen war.

Dass heute nicht mehr zu sehen ist von der osmanischen Präsenz in der Stadt, daran sind der große Brand von 1917 und das Erdbeben von 1957 schuld, aber es fehlte wohl auch der Wille, die Baudenkmäler der vertriebenen Fremdherrschaft zu erhalten oder zu restaurieren. Die Zeugnisse der vergangenen byzantinischen Pracht sind den Stadtvätern wichtiger, Zeichen einer Zeit, als Thessaloníki die prachtvolle Nebenhauptstadt des Byzantinischen Reiches war.

Was die Stadt in der Neuzeit am stärksten verändert hat, war der Zuzug der Flüchtlinge aus Kleinasien. Und die brachten ihre eigene Kultur mit, und dazu gehörte auch eine türkisch geprägte Kochkunst. In Thessaloníki isst man besser als in Athen, das sagen nicht nur Lokalpatrioten. In den Restaurants und Tavernen muss man sich Mühe geben, wenn man seine Stammkundschaft nicht verlieren will, ob in den Lokalen in und neben den Markthallen oder im aufwendig renovierten Ladádika-Viertel, oder in den Ausflugslokalen draußen am Meer – jeder hat da seinen Geheimtip. Das trifft auch auf die Zuckerbäcker zu. Und dann gibt es da noch viele kleine unauffällige Kneipen oder Imbissbuden, vor allem in Bahnhofsnähe, die an der Inschrift *Patsás kath'ekástin,* täglich Patsás, zu erkennen sind. Eine Kuttelsuppe ist das, eine deftige, sehr fette Angelegenheit, zu der ein kräftiger Schuss Knoblauchessig gehört. Ein Essen für kalte Tage, vor der Arbeit. Oder nach einer durchzechten Nacht, als Katerfrühstück. Und so soll man im proletarischen *patsatzídiko* morgens außer Bauarbeitern gelegentlich auch etwas feiner gekleidete Herrschaften sehen, die die Nacht *sta bouzoúkia* verbracht haben, in einem Rebétiko-Lokal. Das Wort *patsás* kommt wie die Sache aus der Türkei, aber dort heißt diese Kuttelsuppe anders, nämlich *işkembe çorbasi*.

Heute ist Thessaloníki, die Stadt mit der großen Vergangenheit, eine Stadt mit viel Zukunft. Sie hat zwar eine Reihe von Industrie-Betrieben durch deren Verlagerung ins benachbarte Billiglohnland Bulgarien verloren, andererseits expandiert der Dienstleistungs- und Bankensektor. Denn mit dem Ende des real existierenden Sozialismus gewann sie ihr natürliches Hinterland zurück, wurde als Freihafenzone und Ölhafen wieder ein Tor zum Balkan, zudem hat ihre Bedeutung als Messestadt zugenommen. Thessaloníki ist auch schon einmal Kulturhauptstadt Europas gewesen, aber über dieses missglückte Event schweigt des Sängers Höflichkeit. Doch das Filmfestival und die Buchmesse von Thessaloníki haben einen wirklich guten Ruf.

Sprachprivatissima

Einmal abgesehen von dem immer wieder herausgekramten Argument, mit dem den Griechen die genetische Gräzität abgesprochen wird, stellt sich auch das philologische: Wie griechisch ist eigentlich das moderne Griechisch noch? Wenn Absolventen des humanistischen Gymnasiums zum ersten Mal nach Griechenland kommen, haben sie jedenfalls ihre Probleme, aus ihrem alten Griechisch ein verständliches neues zu machen, und die Neugriechen ihrerseits verstehen sie kaum. Das hat nicht nur etwas mit der für sie merkwürdig klingenden Aussprache zu tun (ob die aus dem deutschen Gymnasium jemals einer gesprochenen Version entsprach, ist eine andere Frage), während die Schreibweise sich seit der Antike so gut wie überhaupt nicht geändert hat, sondern auch damit, dass der Grieche zu so wichtigen Dingen des täglichen Bedarfs wie Wasser, Wein und Brot nicht, wie die Alten, *hýdor, oínos* und *ártos* sagt, sondern so merkwürdige Wörter wie *neró, krassí* und *psomí* benutzt.

Da hätten wir doch schon den Beweis, der neue hat mit dem alten Griechen wenig zu tun. Aber so einfach ist es nicht: Denn die jetzt gebräuchlichen Wörter haben sehr wohl eine altgriechische Wurzel. *Neró,* das Wasser, ist die Abkürzung von *nearón hýdor,* frisches Wasser. Und *krassí,* der Wein? Dazu gehört eine ganze Geschichte. In den sonnenverwöhnten Weingärten des Mittelmeers gediehen schon immer Trauben mit hohem Mostgewicht, und entsprechend stark waren die Weine. Bei Homer kann man, im neunten Gesang der Odyssee, von einem Wein lesen, mit dem der in der Höhle des Polyphem gefangene Odysseus den gefräßigen Riesen trunken machte, um ihm dann mit einem glühenden Olivenast das einzige Auge auszustechen. Einen ziegenledernen Schlauch voll solch süßen Weins hatte sich der Listenreiche vom Apollonpriester Maron schenken lassen, und der Trank sei so stark gewesen, dass man einen Becher davon zum Trinken mit zwanzig Bechern Wasser verdünnte.

Etwas übertrieben, diese Geschichte, aber mit Wasser gemischt, in einem *kratér* genannten Mischkrug, wurde der Wein bei den Alten stets. Ihn unverdünnt zu trinken, galt als barbarisch. Das Wort für Mischung aber, *krásis*, wurde den mäßigen Trinkern schließlich zum Synonym für Wein. Und schließlich, drittens, das Brot: dieses wurde in der Antike bekanntlich nicht geschnitten sondern gebrochen. Das Brotstück aber hieß *psomós* oder *psomíon,* und aus dem *psomíon ártou* wurde, abgekürzt, das *psomí.* Das Wort *ártos* muss der des Altgriechischen Kundige im neuen Griechenland dennoch nicht entbehren, auf der Quittung beim Bäcker heißt es noch wie in der Antike, und manchmal steht über seinem Geschäft auch noch das Wort *artopoieíon.* Und *hýdor,* das Wasser? In allen zusammengesetzten Wörtern mit Wasser findet's sich noch, von der Wasserversorgung, der *ýdrevsi,* bis zum *ydrokéfalos,* dem Wasserkopf. Ähnlich ist das mit einer Vielzahl von Wörtern aus der Antike, die heute in den sogenannten Komposita, den zusammengesetzten Wörtern, weiterleben, übrigens auch bei uns. Das antike *oíkos,* das Haus, ist so ein Beispiel. Der neue Grieche sagt zwar *spíti* zum Haus, was eine Kurzform des lateinischen *hospitium* ist, aber das alte *oíkos* findet sich vielfach in Komposita wieder, nicht nur wie bei uns in der Ökonomie und der Ökologie. Es findet sich wieder in der *oikodéspina,* der Dame des Hauses, der Bauarbeiter ist ein *oikodómos* und das Grundstück ein *oikópedo.* Auch der gute alte *oínos* ist ja noch da, auf dem Weinetikett heißt der Landwein *topikós oínos,* und die Weinkellerei ist nach wie vor ein *oinopoieíon,* sprich: *inopiíon,* und *oinológos* heißt der akademisch ausgebildete Kellermeister.

Der Sprachenstreit –
von der »Reinsprache« zur Volkssprache

Bis in die 1960er Jahre konnte man sie noch vor Ministerien und anderen Behörden an kleinen Tischchen sitzen sehen: die Schreiber, die dem weniger gebildeten Bürger beim orthographisch korrekten Ausfüllen eines Antragsformulars behilflich waren. Die Wünsche der einfachen Leute aus dem gesprochenen Griechisch ins Amtsgriechisch, *katharévoussa* genannt, zu übertragen, war ein lukrativer Berufszweig. Ein Absolvent der Volksschule konnte das nicht, er hatte auch Schwierigkeiten beim Zeitunglesen, da sich die Zeitungen überwiegend der *aplí katharévoussa* bedienten, der vereinfachten Reinsprache, die dem humanistisch gebildeten Mitteleuropäer oft weniger Schwierigkeiten machte als den einfachen Leuten in Athen. Inzwischen ist die *katharévoussa* abgeschafft, der Schreiber mit dem Tischchen ist weg, und man schreibt weitestgehend so, wie man spricht, in der Volkssprache *dimotikí*.

Auch hatten die Griechen kürzlich eine Rechtschreibreform: Das polytonische System (von *tónos,* der Akzent) mit den vielen verschiedenen Zeichen auf den Vokalen wurde beseitigt. Vorher paukten die Schüler die völlig überflüssigen, weil phonetisch bedeutungslosen Häkchen vor die anlautenden Vokale zu setzen, die Hauchzeichen, die Philologen *spiritus lenis* (»leichter Hauch«) und *spiritus asper* (»rauher Hauch«) nennen, die Griechen sagen *psilí* und *dasía* dazu, sowie einen der drei möglichen Akzente auf die betonte Silbe zu malen. Den Akut, den Gravis oder den Zirkumflex, den letzteren, griechisch *perispoméni* genannt, immer beim Genetiv Plural. Nur war es für die Betonung bedeutungslos, welchen der drei man auf die betonte Silbe setzte. Jetzt gibt es nur noch einen Akzent, auf der betonten Silbe. Die beiden Häkchen *psilí* und *dasía* sind ersatzlos entfallen, zur Freude der Schüler wie der Erwachsenen. Man schreibt also jetzt mit dem *monotonikó sýstima,* doch mit der Einführung dieser »Monotonie« sind die Probleme der Orthographie noch lange nicht zu Ende. Schreibt sich denn nun das Schwein, gesprochen *chíros,* mit einem οι (omikron jota), einem ει (epsilon jota), einem υ (ypsilon), einem ι (jota), oder einem η (ita)? Und wie schreibt sich der Witwer, ausgesprochen *chíros* – wie das Schwein? Man hat die Qual der Wahl, und die Zahl der Rechtschreibfehler ist groß, auch weiterhin. Und sie war es schon vor 2000 Jahren, wie wir gleich sehen werden.

Vom Nutzen der Rechtschreibschwäche der Steinmetzen

Pingelige Humanisten mag es irritieren, wenn sie im Byzantinischen Museum von Athen einen frühchristlichen Grabstein aus der Nähe betrachten, der folgende Inschrift trägt: ΚΛΗΜΑΤΕΙ0Υ ΔΟΥΛΟC ΤΙΜΕΙΟC ΚΙΤΕ ΕΝ ΤΩ ΤΟΠΩ ΤΟΥΤΩ ΠΡΙΜΟC. Auf Deutsch heißt das: Hier ruht Primos, der ehrenwerte Diener des Klimatios. Und so müsste es orthographisch korrekt eigentlich heißen: ΚΛΗΜΑΤΙΟΥ ΔΟΥΛΟC ΤΙΜΙΟC ΚΕΙΤΑΙ ΕΝ ΤΩ ΤΟΠΩ ΤΟΥΤΩ ΠΡΙΜΟC.

Was kann man aus diesen Schreibfehlern lernen? Vor allem dies: Die Steinmetzen nahmen es in den frühen Jahren der Christenheit mit der Rechtschreibung nicht so genau. Vielmehr meißelten sie die Texte so in den Stein, wie ihnen der Schnabel gewachsen war. Aus dem ΚΕΙΤΑΙ, er ruht, wurde im vorliegenden Fall ein ΚΙΤΕ, so wie man es heute ausspricht. Und ebenso sprach man, offenbar, auch vor 2000 Jahren schon. Der umgekehrte Rechtschreibfehler – aus dem korrekten ΤΙΜΙΟC macht der Steinmetz ein ΤΙΜΕΙΟC – zeigt uns, dass die Buchstabenfolge ει (epsilon jota) ausgesprochen wurde wie ein ι (jota) allein. Ein lautliches Phänomen, das man Itazismus nennt. Auch dass das αι (alpha jota) den gleichen Lautwert wie ein ε (epsilon) besaß, beweist uns die Inschrift.

Solche »Fehler« findet man auf vielen erhaltenen Grabsteinen, und die Rechtschreibschwäche der frühchristlichen Grabsteinmacher hat ihr Gutes – sie verrät uns einiges über die griechische Phonetik in dieser Zeit: Sie entsprach höchstwahrscheinlich oft der heutigen Sprechweise. Und sie liefert Beweise dafür, dass die Art, wie noch heute die meisten deutschen Theologen aus dem Neuen Testament zitieren (ich meine das gesprochene Wort), ein ziemlicher Anachronismus sein dürfte – die von Erasmus von Rotterdam befürwortete Aussprache des Griechischen entspricht jedenfalls nicht der, der sich die Verfasser des Neuen Testaments bedienten. Vielleicht sollten die Theologen von heute den Frieden nicht mehr *airéne* nennen, sondern das Wort ειρήνη lieber wie die Griechen von heute *iríni* aussprechen.

Gastwörter im Neugriechischen

So wie unsere Sprache reichlich ausgestattet ist mit Wörtern aus der Fremde, die Einwanderer aus dem Altgriechischen seien hier mit gutem Grund zuallererst genannt, so haben die Griechen ihrerseits eine Menge Wörter importiert, aus mehr als nur einer Sprache. Das betrifft nicht zuletzt das Vokabular bestimmter Berufsgruppen, auch aus historischen Gründen.

Über einige Jahrhunderte mussten die Griechen der Seemacht Venedig in der Ägäis die maritime Vorherrschaft abtreten, und das kann man noch heute überall hören. Wer einmal mit griechischen Fischern unterwegs ist und aufmerksam ihren Gesprächen lauscht, wird auf ein eigentümliches Vokabular stoßen, von dem der des Altgriechischen Kundige allerdings wenig versteht. Er mag sich aus dem Gymnasium noch erinnern, dass der Westwind Zephyros heißt und der Ostwind Apeliotes. Doch das sagt der Fischer nicht, auch nicht *anatolikós ánemos,* wie es im Neugriechisch-Lexikon steht, nein, er sagt *levándis* – eine sprachliche Hinterlassenschaft der Venezianer. So geht das die ganze Windrose herum (siehe Tabelle). Auch das kleine Ruderboot *várka* ist deutlich italienischer Herkunft, das Schleppnetz und das Boot, das es zieht, heißen italienisch *tráta, apóplous* heißt es offiziell, wenn ein Schiff ausläuft, aber *apopléo* sagt kein Matrose oder Fischer, *salpáro* heißt es in der Ägäis, vom venezianischen *salpáre.* Und so gibt es zahlreiche andere Beispiele.

Die Windrose

deutsch	altgriechisch	neugriechisch	fischergriechisch
Nord	boreás	vórios ánemos	tramoundána
Süd	nótos	notiás	óstria
Ost	apeliótes	anatolikós	levándes
West	zéphyros	dytikós	pounéndes
Nordost	kaikías	vorioanatolikós	graígos
Nordwest	skíron	voriodytikós	maïstros
Südost	eúros	notioanatolikós	sirókos
Südwest	lips	notiodytikós	garbís

Der Türke im Griechen

Als der griechische Filmregisseur Fílippos Tsítos mit 25 Jahren in der deutschen Hauptstadt seinen Wohnsitz nahm, und dies im Stadtteil Kreuzberg, war das für ihn auch die erste Begegnung mit wirklichen Türken. »Ich war schockiert, wie ähnlich ich den Türken war«, erinnert sich Tsítos. «Der Geschmack, die Art zu sein, alles. Ich hatte noch nie Türken gesehen in meinem Leben. Mir gefiel das aber, ich fand es interessant. Und gleichzeitig hatte ich das Gefühl: Jemand hat dich betrogen. Du wusstest nichts von diesen Menschen, die dir so nah sind.«

Wie nah Griechen und Türken sich auch sprachlich sind, ist vielen seiner Landsleute gar nicht bewusst. Aber schon, wenn sie einmal, statt zum Landsmann in der Taverne Akrópolis an der Ecke, bei der türkischen Konkurrenz essen gehen, werden sie auf der Speisekarte jede Menge Dinge vorfinden, die ihnen sehr bekannt vorkommen – aus der eigenen Küche nämlich.

Beim Essen bedient sich der Grieche nämlich höchst selbstverständlich bis heute der türkischen Namen einer Menge Speisen. Sieht man ab vom traditionellen Döner, der in Griechenland heute Gýros (sprich: jíros) heißt, findet man die meisten Gerichte aus der türkischen Küche mit ihren türkischen Namen auf der Speisekarte. Wer hätte sie nicht schon mal beim Griechen an der Ecke gegessen, die Gerichte mit türkischem Küchenhintergrund, die *mezédes* genannten kleinen Leckerbissen, die *dolmádes*, die gefüllten Weinblätter, die *soutzoukákia*, in denen sich das türkische *sucuk* wieder findet, bis hin zum *moussaká*, dem *briámi* und jenem urtürkischen *imám baildí*, bei dessen Verzehr der Geistliche vor Wonne in Ohnmacht fällt, und der beim Türken bis auf ein kleines y genauso heißt, nämlich *imám bayíldi*. Noch hat der ungriechische Name dieses beliebten Auberginengerichts die Griechen nicht gestört, wie auch umgekehrt der Türke kein Problem damit hat, dass die weißen Bohnen bei ihm *fasulya* heißen, was von altgriechischen Wort *fasíolos* stammt, und die Artischocken *anginer*, griechisch *angináres*, altgriechisch *kinara*. Die vielen süßen Sachen, die man in der griechischen Konditorei findet, stammen zum großen Teil aus der Türkei, vom *baklavás* bis zum *kataífi*. Vieles davon haben die griechischen Anatolienflüchtlinge mitgebracht.

Was viele Griechen hingegen nicht mehr wissen, ist, was im Lauf der Jahrhunderte während der griechisch-türkischen Symbiose sonst noch in den täglichen Sprachgebrauch eingewandert ist. Wenn der Grieche einen Menschen, den er besonders gern mag, *mátia mou* nennt, meine Augen, so ist das nichts anderes als die Übersetzung des türkischen *gözlerim*, sagt er *psichí mou*, meine Seele, so findet das im türkischen *canim* seine Entsprechung. Das sind harmlose Sprachimporte, es gibt da noch ein paar weniger schöne. Wenn von den kleinen Gefälligkeiten die Rede ist, die der Politiker seinen Gefolgsleuten zukommen lässt, dann heißt das *rousféti*, abgeleitet vom osmanischen *rüsvet*. Etwas weniger anrüchig ist eine Gefälligkeit namens *chatíri* (türkisch *hatir*), die erfolgt auch ohne Gegenleistung. Kauft der Grieche auf Kredit, so sagt er auch das gern auf Türkisch: *veresé*. Und im Ganoven-Rotwelsch finden sich Turkismen die Menge, vom *daís* bis zum *kavgás*, der Schläger ist das eine, die Schlägerei das andere Wort. Die türkische Faulheit *(tembellik)* findet sich im griechischen *tembélis* (Faulpelz) wieder. Ein erfreulicherer Import ist das Wort *moussafíris,* von türkisch *misafir,* der Gast.

Mit all diesen Anleihen hat der Grieche meist kein Problem. Während umgekehrt der Türke kein Problem damit hat, dass seine großen Städte, mit wenigen Ausnahmen, aus dem Griechischen stammende Namen tragen, Ankara (Angora), Izmir (Smyrna), Ismit (Nikomedia) etc. Und natürlich Istanbul: εις την πόλιν (sprich: istimbólin) sagte der Grieche einst, wenn er in die Haupstadt Konstantinopel ging, die er einfach nur die *polis* nannte, die Stadt. Und daraus wurde Stambul ebenso wie Istanbul.

Nachwort zur zweiten Auflage

Als ich im November 2009 mit der Arbeit an diesem Buch begann, hatten Jórgos Papandréou und seine Partei PASOK gerade die Parlamentswahlen gewonnen und einen Staatshaushalt übernommen, der dem Bankrott entgegenstürzte. Als Chef der PASOK konnte dem Ministerpräsidenten diese Tendenz nicht unbekannt sein – schließlich hatte seine Partei daran mitgewirkt. Auch an jener Form der kreativen Buchführung, die permanente Verstöße gegen die Regeln des Maastricht-Vertrages bemänteln half, war bereits die vorige PASOK-Regierung unter Konstantínos Simítis beteiligt gewesen. Und im übrigen Europa war all das ebenfalls weitestgehend bekannt, vom Chef der Euro-Gruppe, Jean-Claude Juncker, bis zum kleinen Eurostat-Beamten in Brüssel wusste man Bescheid, schien aber wegen des Interesses von Banken und Unternehmen an guten Geschäften mit Griechenland darüber hinwegzusehen. Dennoch überraschte die dramatische Eskalation, die mit dem öffentlichen Eingeständnis der Höhe der Verschuldung ihren Anfang nahm. Damals konnten die aktuellen Entwicklungen in die erste Auflage dieses Buches keinen Eingang finden, da jedes Wort dazu im Moment der Drucklegung überholt gewesen wäre. Mit dem Regierungswechsel vom November 2011 ist aber eine Zäsur erreicht, die einen kurzen Rückblick auf die Ereignisse der vergangenen zwei Jahre erlaubt.

Stunde der Wahrheit

Im November 2009 verkündete die neugewählte Regierung Papandréou, dass das griechische Staatsdefizit nicht – wie zuvor noch von ihrer Vorgängerin unter Kóstas Karamanlís geschwindelt – sechs, sondern 12,7 Prozent betrage. Eine wirkliche Neuigkeit war das für Insider nicht. Auch die Tricks, mit denen das Bankhaus Goldman Sachs der griechischen Regierung geholfen hatte, ihre Bilanzstatistiken zu frisieren, waren längst kein Geheimnis mehr. Nach Informationen der französischen Tageszeitung *Le Monde* soll daran maßgeblich der Ende 2011 amtierende griechische Interims-Premier Loukás Papadímos beteiligt gewesen sein. Schon im Juli 2003 hatte das britische Fachmagazin *Risk* das erste Mal über den Deal berichtet. Auch über den Trick, Milliarden für Rüstungsbeschaffungsprogramme zeitweilig aus den Bilanzen herauszuhalten, wussten zumindest die Hauptlieferanten Deutschland und Frankreich Bescheid. Wie dem auch sei: Nachdem die Wahrheit öffentlich geworden war, begannen die Finanzspekulanten auf den griechischen Staatsbankrott zu wetten, stiegen die Zinsen für griechische Staatsanleihen auf über 15 Prozent, stuften die Rating-Agenturen die Kreditwürdigkeit des Landes auf Ramschniveau hinab, kurz: Die Insolvenz, der ungeordnete Staatsbankrott, schien unausweichlich. Diese Konsequenz aber wollte die EU um jeden Preis vermeiden. Ein erstes Kreditpaket für Griechenland über 110 Milliarden Euro wurde im Mai 2010 von Europäischer Union und Internationalem Währungsfonds (IWF) geschnürt, verbunden mit der Auflage immens harter Sparpläne. Nachdem Griechenland im Frühjahr 2011 erneut die Zahlungsunfähigkeit drohte und aus Furcht vor Folgepleiten in anderen Krisenstaaten von Portugal bis Irland einigten sich die EU-Staaten im Juli 2011 bei einem Sondergipfel in Brüssel auf das nächste Rettungspaket für Griechenland: Neue Kredite in Höhe von 109 Milliarden Euro, die Rückzahlungsfristen für Kredite aus dem EU-Rettungsfonds auf bis zu 30 Jahre verlängert, Zinsen für die Notkredite auf 3,5 Prozent gesenkt. Hinzu kam der Erlass eines Teils der Schulden.

Zerrbild

Natürlich sorgte die drohende Pleite Griechenlands auch in Deutschland für Aufregung. Die Berichterstattung in den Medien nahm teilweise die Form eines Kampagnen-Journalismus an. Michael Spreng, früher Chefredakteur der *Bild am Sonntag* und Medienberater von Edmund Stoiber, meinte, was in der *Bild-Zeitung* über Griechenland zu lesen sei, grenze an Volksverhetzung. Dass die Quandt-Stiftung diesem Blatt für seine Griechenland-Berichterstattung ihren Medienpreis verlieh, haben nicht nur Griechen als Hohn empfunden. Aber nicht *Bild* allein erzeugte ein verzerrtes Griechenland-Bild. »Es gibt eine große, übergreifende Erzählung über Griechenland in der Schuldenkrise, und diese Geschichte handelt von faulen, korrupten Griechen, die um ›unsere‹ Hilfe betteln – und am Ende auch noch undankbar sind« – so beschreibt der deutsche Journalist Michális Panteloúris, Sohn eines griechischen Vaters, das Griechen-Bild, das ein Teil der deutschen Medien in den letzten zwei Jahren gezeichnet hat, im Journalistenmagazin *Medium*. Nimmt man einige seriöse Zeitungen wie das *Handelsblatt* oder die *Süddeutsche Zeitung* aus, so dürfte er im Großen und Ganzen wohl recht haben, wenn er den deutschen Medien drei fundamentale Fehler ankreidet: »Der erste, ›die Griechen‹ als eine Gruppe zusammenzufassen, in der Politik und Bevölkerung an einem Strang ziehen, um Europas reiche Nordländer auszunehmen; der zweite, ›den Griechen‹ moralische Verdorbenheit zu unterstellen, denen Faulheit, Korruption und Betrug zur Natur geworden sind – was angesichts der Tatsache, dass sich in Griechenland in praktisch allen großen Korruptionsskandalen deutsche Firmen besonders hervortun, für Verbitterung und heftige polemische Gegenwehr sorgt. Und drittens ist offensichtlich, dass viele, wenn nicht die meisten Redaktionen überfordert sind mit der Einordnung der komplexen Informationen.«

So ist es wohl zu erklären, dass der Großteil der Journalisten und manche Spitzenpolitiker gedankenlos über »die faulen Griechen« plappern. Dabei gibt es seriöse Statistiken, in denen die Urlaubstage, die Wochen- und Lebensarbeitszeit exakt verzeichnet sind und aus denen etwas ganz anderes hervorgeht. So berichtet die zuständige EU-Agentur Eurofound, dass die Griechen durchschnittlich 1816 Stunden im Jahr arbeiten, und damit deutlich mehr als die Deutschen, die auf 1655 Stunden kommen. Doch obwohl besonnene Beobachter wie Kurt Biedenkopf darauf hinweisen, dass Deutschland eine Menge Mitverantwortung trägt an der aktuellen griechischen Schuldenkrise, und obwohl Politiker wie Siegmar Gabriel betonen, dass Deutschland bislang gut an dieser Krise verdient hat, sorgen die antigriechischen Pressekampagnen mittlerweile für ein regelrechtes Griechen-Mobbing.

Leben auf Pump

Dass der griechische Staat chronisch mehr ausgegeben hat, als er einnimmt und dementsprechend verschuldet ist, hat nicht nur mit Korruption und dem Klientelismus der Parteien zu tun, die den Staat stets als Versorgungseinrichtung für ihre Anhänger betrachteten und so für einen aufgeblähten Staatsapparat sorgten. Es hat vor allem mit dem griechischen Steuerwesen zu tun. Der griechische Staat könnte viele Milliarden mehr in der Kasse haben, ja er könnte fast schuldenfrei sein, hätte er nur alle Steuern eingenommen, die ihm zustehen. Etwa 30 Prozent des Mehrwertsteueraufkommens, so schätzten griechische Finanzbeamte 2011, werden hinterzogen. Nun gibt es diese Art der Steuerhinterziehung zwar auch im übrigen Europa, doch liegt der Durchschnitt dort bei zwölf Prozent. Die Differenz hat nichts mit landestypischen Charaktereigenschaften zu tun, sondern damit, dass in den meisten anderen Ländern die Steuerfahnder und die Staatsanwälte eifriger sind. Steuerehrlichkeit ist keine Frage der Moral, sondern eine von Kontrolle und Sanktionen, und die gab es in Griechenland in der Vergangenheit nur höchst unzureichend, in manchen Fällen so gut wie überhaupt nicht. Griechenlands Reiche konnten sich auf die stille Duldung der Finanzverwaltung verlassen, wenn sie sich nur entsprechend erkenntlich zeigten. Dass das anders werden soll, darum kümmert sich seit September 2011 eine EU-Taskforce. Auch sollten spektakuläre Verhaftungen einiger der größeren Steuersünder im November den öffentlichen Eindruck erwecken, dass sich tatsächlich etwas ändert. Daran hatte die Athener Tageszeitung *Kathimerini* allerdings ihre Zweifel – zwar habe der Leiter der Taskforce, Horst Reichenbach, herausgefunden, dass sich die Steuerschulden mittlerweile auf runde 60 Milliarden Euro beliefen, von denen seien aber, realistisch gesehen, nicht mehr als drei Milliarden noch einzutreiben. Und ob die Versuche gelingen,

z. B. nach Zürich abgeflossenes privates Fluchtkapital in Absprache mit der Schweizer Regierung zu besteuern, ist ungewiss.

Stattdessen greift der Staat zu bei Lohnabhängigen, Staatsbeamten und Rentnern: Kürzung der Beamtengehälter um bis zu 30 Prozent und Kürzung der (ohnehin meist kargen) Renten. Und schließlich wurde die Mehrwertsteuer stufenweise erhöht, 2011 auf 23 Prozent. Doch die drastischen Sparmaßnahmen haben die Schuldenlast nicht vermindert, stattdessen stieg die Arbeitslosigkeit und die Verelendung weiter Bevölkerungskreise nahm zu. Die griechische Sektion von *Ärzte der Welt* sammelt Geldspenden und Nahrungsmittel für öffentliche Armenspeisungen, Vergleichbares hatte es zuletzt in der Zeit der deutschen Besatzung gegeben. Vielen Haushalten wurde der Strom abgesperrt, weil sie die neue, von der staatlichen Elektrizitätsgesellschaft einzutreibende Immobiliensteuer nicht bezahlen können.

Unter Aufsicht

Mit der Auszahlung des ersten Hilfspakets an Griechenland im Mai 2010 war die Auflage verbunden, dass das Land die Überwachung durch ein internationales Dreiergremium akzeptieren muss, dem der Internationale Währungsfonds, die Europäische Zentralbank und die Europäische Kommission angehören. Voraussetzung für die Auszahlung der letzten Tranche war die Verpflichtung zur Annahme der gestellten Bedingungen. Doch der Parteichef der Néa Dimokratía, Antónis Samarás, zögerte lange und medienwirksam. Er dachte bereits an Neuwahlen im Frühjahr 2012 und rechnete sich, indem er den Volkszorn auf Papandréous PASOK lenkte, eine relative Mehrheit aus. Mit einer absoluten Parlamentsmehrheit kann in Griechenland keine Partei mehr rechnen. Womit allerdings gerechnet werden muss, sind zunehmend massivere Proteste der Bevölkerung.

Der Chef des Magazins *Wirtschaftswoche,* Roland Tichy, sagte zu den Anpassungsleistungen, die die griechische Gesellschaft jetzt tragen muss: »Ich kann mir nicht vorstellen, dass deutsche Beamte Gehaltsabschläge von 30 Prozent oder deutsche Rentner Kürzungen ihrer Bezüge um 20 Prozent hinnehmen würden. Insofern bewundere ich das griechische Volk. Es ist eher Opfer in dieser Situation als Täter, und die Wut der griechischen Bevölkerung verstehe ich sehr gut.« Und doch hielten sich bis November 2011 die Proteste, so gewaltsam sie in der Athener Innenstadt gelegentlich auch aussahen, immer noch in Grenzen. Und es streiken in vielen Fällen, von ihren Branchengewerkschaften oder Berufsverbänden aufgerufen, vor allem bestimmte Berufsgruppen für ihre partikularen Privilegien, ohne Rücksicht auf den Rest der Nation. Von bürgerkriegsähnlichen Zuständen ist angesichts der Äußerungen der Volkswut immer häufiger in deutschen Medien die Rede, gar von einem drohenden Bürgerkrieg, wenn die Verelendung größerer Bevölkerungsschichten zunehme. Das ist purer Unsinn – selbst wenn im deutschen Fernsehen gezeigte Gewaltszenen dieses Bild suggerieren. Griechenland hat in den 1940er Jahren einen Bürgerkrieg erlebt, mit mehr als 100 000 Toten. Die Griechen wissen, was Bürgerkrieg bedeutet, und sie werden nie wieder einen erleben wollen. Doch wächst bei den Hauptleidtragenden der Krise die Wut. Wut auf Politiker wie den stellvertretenden Ministerpräsidenten Theódoros Pángalos, der Anfang 2011 seinen protestierenden Landsleuten zurief: *Fágame óli* – »wir haben alle gegessen« –, womit der beleibte Politiker sagen wollte: Es hätten doch alle von den Segnungen der EU profitiert. Was die Mehrzahl der Bezieher ohnehin sehr kleiner Einkommen nach den letzten Kürzungen verständnislos und zornig aufnahm.

Gefahr von rechts

Für eine Zuspitzung der gesellschaftlichen Konflikte in Zeiten der Finanzkrise haben nicht nur Einkommensverluste und Sozialabbau gesorgt, sondern auch das im Ausland bislang wenig beachtete Flüchtlingsproblem. Brisant ist, dass sich die Krise ausgerechnet in den Regionen, wo die griechische Bevölkerung am härtesten betroffen ist, mit den Problemen der verelendeten illegalen Einwanderer mischt.

Am 10. Mai 2011 wurde mitten in Athen auf dem zentralen Boulevard Tríti Septemvríou der Familienvater Manólis Kantáris erstochen. Der 44-Jährige war auf dem Weg zu seiner Frau im Krankenhaus, die ihr drittes Kind erwartete. Die bald geständigen Täter waren zwei Afghanen und ein Pakistani; ihr Mordmotiv: die Videokamera, die Kantáris bei sich trug.

Diese Tat bewegte die Nation, und sie war Wasser auf die Mühlen einer rechtsradikalen Szene, die in den vergangenen zwei Jahren zunehmend an Boden gewann und die von der wirtschaftlichen Krise ebenso profitierte wie vom Migrantenproblem. Ihr harter Kern ist die neofaschistische Gruppe *Chryssí Avgí* (Goldenes Morgenrot). Nach dem Mord an dem Familienvater Kantáris machten die faschistischen Schlägertrupps regelrecht Jagd auf Migranten, schlugen sie zu Dutzenden zusammen und erstachen einen, ohne dass die Polizei eingriff. Das war wohl kein Zufall, denn nach Recherchen der Tageszeitung *Eleftherotypía* sind diese Neonazis vernetzt mit Teilen des Athener Polizeiapparats, vor allem mit der für ihre extreme Brutalität bekannten Bereitschaftspolizei MAT, die sich der Kontrolle durch das zuständige »Ministerium für Bürgerschutz« weitgehend entzogen hat. Was Beobachter mit großer Sorge sehen, ist die enge Zusammenarbeit der *Chryssí Avgí* mit der im Parlament vertretenen Partei *Laikós Orthódoxos Synagermós* (LA.O.S.). Deren Chef, der Rechtspopulist Jórgos Karatzaféris, gibt sich zwar nach wie vor betont bürgerlich; doch werden seine Sympathien für die *Chryssí Avgí* immer wieder deutlich. Extremer Nationalismus und Ausländerhass sind ihnen gemeinsam, in ihrem wüsten Antisemitismus stehen sich Mitglieder beider Formationen in nichts nach. In den von Karatzaféris (Spitzname: »Karatzaführer«) kontrollierten Fernsehkanälen wird Werbung gemacht für den bekennenden Neonazi Kóstas Plévris und seine antisemitischen Veröffentlichungen.

Ob es bei den Ausschreitungen einer zahlenmäßig relativ kleinen Neonazi-Szene bleibt, vermag niemand zu sagen. Jedenfalls versuchten LA.O.S. und *Chryssí Avgí* geschickt, die Ausländer als Sündenböcke für die gegenwärtige Krise hinzustellen.

Ausblick

Die Aussichten sind düster. Wie von vielen Experten erwartet, haben die Griechenland auferlegten Reformen nicht die erhofften Erfolge gezeigt. Trotz der extremen Sparmaßnahmen haben die Staatsschulden zu- statt abgenommen. Stand November 2011: 360 Milliarden Euro. Weiter zugenommen hat auch die Arbeitslosigkeit, für das zweite Quartal 2011 wurden 16,7 Prozent gemeldet (2009: 9,5 Prozent), bei den Jugendlichen waren es 42,9 Prozent. Die Erhöhung der Mehrwertsteuer auf 23 Prozent für fast alle Güter des täglichen Bedarfs bringt ebenso wie eine neue Immobiliensteuer vor allem die Ärmeren in Not. Wer es schafft, wandert aus, das Land verliert viele der Hochqualifizierten. Griechenlands Reiche aber schaffen ihr Geld in zweistelliger Milliardenhöhe auf Auslandskonten oder kaufen Immobilien in London und Berlin.

Mit der dramatisch sinkenden Kaufkraft schrumpft die ohnehin marode Wirtschaft weiter, um 4,5 Prozent ging das Wachstum im Jahr 2010 zurück, für 2011 lauten die Schätzungen auf -5,5 Prozent, für 2012 wird ein Minus von 2,8 Prozent erwartet. Die griechischen Staatsschulden betrugen Ende 2010 142,8 Prozent des BIP, die Schätzungen für 2011 belaufen sich auf 157,7 Prozent.

Selbst in dieser Situation ist die herrschende Politikerkaste nicht gewillt, ihre Macht, ihre Pfründen und Privilegien aufzugeben. Und weil Oppositionsführer Samarás keine Bereitschaft zeigte, öffentlich Mitverantwortung für die Sparmaßnahmen zu tragen, trat Papandréou am 9. November 2011 zurück. Kurz zuvor hatte er mit der spontanen und schnell wieder zurückgezogenen Ankündigung einer Volksabstimmung über die Rettungsbedingungen das Demokratieverständnis der EU-Partner auf die Probe gestellt. PASOK und ND einigten sich schließlich auf die Wahl einer Übergangsregierung unter dem ehemaligen Vizepräsidenten der Europäischen Zentralbank, Loukás Papadímos, die die weitere EU-Krisen-Finanzierung sichern und das Land zu Neuwahlen führen soll. Für viele Beobachter war schwer verständlich, dass in dieser wirren Phase der Athener Politik PASOK und ND die ultrarechte L.A.O.S. in ihre Koalition aufgenommen haben. Zusammen verfügten die beiden bürgerlichen Parteien über 240 der 300 Parlamentssitze, wären also auf die 15 Abgeordneten der L.A.O.S. nicht angewiesen gewesen, um eine Übergangsregierung zu wählen. Doch dass eine der beiden großen Parteien aus den für Frühjahr 2012 geplanten Neuwahlen mit einer autonomen Mehrheit hervorgeht, ist so gut wie ausgeschlossen, und so spekulieren beide auf ein Bündnis mit den Rechten, die nach neueren Umfragen ihren Stimmenanteil auf über acht Prozent vergrößern könnten. Mit vier Minister- und Staatssekretärsposten im Übergangskabinett Papadímos vertreten und so erstmals hoffähig geworden, könnten sie zum Mehrheitsbeschaffer auf Dauer werden und die politische Zukunft des Landes mitgestalten – eine schlimme Perspektive.

Was die mittelfristigen wirtschaftlichen Tendenzen angeht, gibt es auch optimistische Stimmen. So meint etwa Volker Treier, der stellvertretende Hauptgeschäftsführer des Deutschen Industrie- und Handelskammertages, Griechenland besitze vielfältige Möglichkeiten, seine Wirtschaft selbst zu stärken. Am häufigsten werden die maritime Logistik, der Tourismus (der 2011 im Vergleich zum Vorjahr um knapp zehn Prozent zugenommen hat) und die erneuerbaren Energien genannt. Bei der Produktion von Solarstrom wollen die Griechen demnächst zur Weltspitze aufschließen. So soll auf dem verwüsteten Gelände des Braunkohletagebaus von Ptolemaída in der Region Mazedonien, wo heute noch hoch schwefelhaltiges Lignit zu Lasten der Umwelt verstromt wird, ein Solarkraftwerk entstehen, das eines Tages das größte der Erde werden soll. Doch das ist Zukunftsmusik.

Zum Schluss noch etwas Erfreuliches, und zwar aus dem Hoheitsgebiet des Weingottes Dionysos: Die Weinkellerei Gerovassilíou auf der Halbinsel Chalkidikí, von den vielen hundert griechischen Qualitätsweingütern das international renommierteste, konnte von dem angesehenen internationalen Wettbewerb Decanter World Wine Awards 2011 ein halbes Dutzend Medaillen mit nach Hause nehmen, unter anderem eine goldene für ein Weißwein-Cuvée aus den autochthonen Reben Malagousiá und Assýrtiko. Absatzprobleme hat Gerovassilíou keine. Und er ist nicht der einzige griechische Winzer, dem es gut geht – einen Exportzuwachs von 6,7 Prozent verzeichneten die griechischen Weinproduzenten im Jahr 2011. Nicht viel mehr als ein symbolischer Erfolg für die griechische Ökonomie, aber ein Lichtblick.

Berlin, Ende November 2011   Eberhard Rondholz

Anhang

Zeittafel ab 1821

25. März 1821   Der Bischof Germanós von Pátras segnet die Fahnen der griechischen Befreiungskämpfer. Beginn der griechischen Erhebung gegen die Osmanenherrschaft.

1822   Erste griechische Verfassung verabschiedet.

1823   Anerkennung der griechischen Freiheitskämpfer als Kombattanten durch den britischen Außenminister George Canning.

1827   Griechische Nationalversammlung von Troizen bestimmt Ioánnis Kapodístrias zum Regenten von Griechenland.

1827   Schlacht von Navaríno, eine britisch-französisch-russische Seestreitmacht vernichtet die türkisch-ägyptische Flotte.

1831   Regent Kapodístrias ermordet.

1832   Griechenland von den Schutzmächten Großbritannien, Frankreich und Russland zur Erbmonarchie bestimmt.

1833   Ankunft des ersten griechischen Königs Otto von Wittelsbach in der provisorischen Hauptstadt Náfplion.

1834   Athen wird griechische Hauptstadt.

3. Sept. 1843	Militärrevolte gegen König Otto und sein absolutistisches Regime, Griechenland wird konstitutionelle Monarchie.
1862	König Otto zum Rücktritt gezwungen. Ein Prinz aus dem Haus Schleswig-Holstein-Sonderburg-Glücksburg folgt ihm 1863 als Georg I. auf den Thron.
1864	Die sieben Ionischen Inseln werden von Großbritannien an Griechenland abgetreten.
1881	Thessalien und Teile des südlichen Epirus werden griechisch.
1896	Griechenland richtet die ersten Olympischen Spiele der Neuzeit in Athen aus.
1897	Griechisch-Türkischer 30-Tage-Krieg nach Aufstand auf Kreta. Griechische Niederlage.
1909	Militärputsch von Goudí, Elefthérios Venizélos zum Ministerpräsidenten bestimmt.
1910	Parlamentswahlen, die Venizélos mit Abstand gewinnt.
1912	Beginn des ersten Balkankriegs. Bulgarien, Griechenland und Serbien vertreiben die Osmanen aus Mazedonien und Thrazien. Am 26. Oktober marschieren griechische Truppen in Thessaloníki ein.
1913	Zweiter Balkankrieg. Serbien und Griechenland kämpfen mit Bulgarien um die Aufteilung des mazedonischen Territoriums. Griechenland erwirbt das südliche Mazedo-

nien, im Frieden von Bukarest und London werden die noch heute gültigen Grenzen Mazedoniens festgelegt.

1914   Zypern von Großbritannien annektiert.

1916   Venizélos ruft in Thessaloníki Gegen-
        regierung aus, Griechenland tritt an der
        Seite der Entente in den Ersten Weltkrieg
        ein.

1918   Konstantin I. verlässt Griechenland.

1919   Griechische Truppen landen mit diploma-
        tischer Unterstützung der Briten in Klein-
        asien.

1922   Totale Niederlage der griechischen Truppen
        in Kleinasien. Smýrna wird zerstört. Fünf
        Politiker und der letzte Oberkommandie-
        rende der Kleinasienexpedition werden in
        Athen als Hochverräter hingerichtet.

1923   Vertrag von Lausanne, Griechisch-Türki-
        scher Bevölkerungsaustausch unter Aufsicht
        des Völkerbundes beschlossen. Eine Million
        Griechen müssen Kleinasien verlassen, eine
        halbe Million Türken und andere Muslime
        im Gegenzug Griechenland. 100 000 Mus-
        lime in Westthrazien werden von der
        Umsiedlung ausgenommen, im Gegenzug
        bleiben 100 000 Griechen und das Öku-
        menische Patriarchat der orthodoxen Kirche
        in Konstantinopel. Die Griechen werden
        1957 gewaltsam vertrieben, nur 2000 Ortho-
        doxe und das Ökumenische Patriarchat
        bleiben.

1924	März: Ausrufung der Republik, im Mai durch Volksabstimmung bestätigt.
1925	General Theódoros Pángalos proklamiert Diktatur.
1925	Zypern wird britische Kronkolonie.
1926	Pángalos-Diktatur gestürzt.
1928	Venizélos zum letzten Mal Premierminister.
1935	Wiedereinführung der Monarchie nach gefälschtem Referendum, Georg II. kehrt zurück auf den Thron.
1936	Tod von Elefthérios Venizélos. Nach Wahlen mit unklarem Ausgang, bei denen die Kommunistische Partei im Parlament zum Zünglein an der Waage wird, ergreift General Ioánnis Metaxás am 4. August mit Zustimmung der Krone die Macht. Massive Verfolgung jeder Opposition, Tausende von Kommunisten in Gefängnissen und Internierungslagern. Institutionalisierte Folter.
28. Okt. 1940	Italienisches Ultimatum und militärischer Einmarsch in Griechenland. Metaxás erklärt sein kategorisches »Óchi« (Nein) gegen Mussolini-Ultimatum, Niederlage der Italiener.
1940	Tod von Ioánnis Metaxás, Nachfolger Koryzís begeht wenig später Selbstmord
1941	Deutsche Truppen überfallen Griechenland. Am 2. Mai Einmarsch in Athen und griechische Kapitulation. König und Regierung flüchten ins Exil. September: Gründung der

linken Widerstandsorganisation EAM (militärischer Arm: ELAS), militärischer Führer wird Athanássios Klarás, bekannt unter dem Kampfnamen Áris Velouchiótis. Zweitgrößte Widerstandsgruppe wird der Bund EDES, geführt von dem Ex-Offizier Napoléon Zérvas. Der kleinere bürgerliche Kampfbund EKKA unter Oberst Psarrós wird von Áris Velouchiótis zerschlagen. Beginnende Rivalitäten auch zwischen ELAS und EDES.

1942 Weite Teile Griechenlands unter Kontrolle der EAM, die zur Massenorganisation mit einer Million Mitglieder wird. Zunehmende Partisanenaktionen gegen die deutschen, italienischen und bulgarischen Besatzer, die mit äußerster Brutalität gegen die Zivilbevölkerung vorgehen. 25. November: Sprengung der Eisenbahnbrücke über den Fluss Gorgopótamos, Unterbrechung der Nachschubroute für Rommels Afrika-Korps für sechs Wochen.

8. Sept. 1943 Italienische Kapitulation, Massenmorde an gefangenen italienischen Soldaten durch deutsche Gebirgsjäger. 13. Dezember: Die Kreisstadt Kalávryta in der nördlichen Peloponnes wird von Einheiten der 117. Jägerdivision niedergebrannt, 696 männliche Einwohner massakriert. Größter Massenmord der Wehrmacht in Griechenland, einer von mehreren hundert.

10. Juni 1944 Massaker der SS in Dístomo. 4. Oktober: Stalin und Churchill verabreden in Moskau die Aufteilung des Balkans in Interessensphären. Griechenland wird britisches Einflussgebiet.

1944   Oktober: Abzug der deutschen Truppen aus
        Griechenland, britische Panzerverbände
        landen in Athen. Dezember: von den Briten
        provozierte Zusammenstöße mit der ELAS,
        die sich aus Athen zurückzieht.

1945   Januar: Vertrag von Várkiza, Entwaffnung
        der ELAS, weißer Terror unter Beteiligung
        ehemaliger SS-Kollaborateure treibt viele
        linke Widerstandskämpfer in die Berge.

1946   Überfall der Kommunisten auf Polizei-
        station von Litóchoro. Startsignal für den
        »Trítos Gýros«, die dritte Runde des
        Bürgerkriegs.

1947   Verkündung der Truman-Doktrin, Grie-
        chenland und die Türkei zur US-Einfluss-
        sphäre erklärt. US-Militärhilfe für die
        griechischen Royalisten. Stalin akzeptiert
        stillschweigend die amerikanische Supre-
        matie, die griechische Linke erhält Hilfe nur
        von Marschall Tito, der sich im Fall eines
        kommunistischen Sieges Gebietsgewinne in
        Griechenland (Mazedonien) verspricht.

1949   Die Kommunisten geben auf und ziehen
        sich über die albanische Grenze zurück.
        Offizielles Ende des Bürgerkriegs.

1952   Marschall Papágos, Sieger im Bürgerkrieg,
        wird Ministerpräsident.

1955   Konstantínos Karamanlís wird Nachfolger
        von Papágos. Sein autoritäres Regime bleibt
        bis 1963 an der Macht.

1960   Zypern wird unabhängig.

1963	Mord an dem linken Abgeordneten Grigórios Lambrákis, Karamanlís geht ins Exil. Geórgios Papandréous liberale Zentrumsunion gewinnt Parlamentswahlen.
1965	Papandréou durch eine Hofintrige gestürzt. Politische Dauerkrise.
21. April 1967	Eine Militärjunta, angeführt von Geórgios Papadópoulos, kommt Parlamentswahlen zuvor und ergreift die Macht.
1971	Tod von Geórgios Papandréou. Beerdigung wird zu einer Massenprotestkundgebung.
17. Nov. 1973	Panzer walzen einen Aufstand der Studenten im Polytechnikum nieder.
1973	Monarchie abgeschafft, Papadópoulos erklärt sich zum Staatschef.
1974	CIA-Agent Níkos Sampsón putscht, in Absprache mit der Athener Junta, gegen zypriotischen Staatspräsidenten Erzbischof Makários, der – anders als vorgesehen – überlebt und flüchten kann. Türkische Truppen landen auf Zypern und erobern in zwei Etappen den Norden der Insel, ca. ein Drittel des Territoriums, und bleiben dort bis heute.
Juli 1974	Die Militärjunta gibt die Macht ab, Ex-Premier Konstantínos Karamanlís kehrt aus dem Exil zurück und übernimmt die Regierungsgewalt. Er gewinnt mit der neu gegründeten Partei *Néa Dimokratía* Parlamentswahlen im November. Bei Volksabstimmung stimmen 70 Prozent der Wähler für die Abschaffung der Monarchie.

September 1974	Andréas Papandréou gründet die Panhellenische Sozialistische Bewegung (PASOK), die an die Stelle der Partei seines Vaters *(Énosis Kéntrou)* tritt.
1975	Die Militärputschisten vor Gericht. Die Protagonisten Papadópoulos, Makarézos, Pattakós und Ioannídis werden zum Tode verurteilt, später zu lebenslänglicher Haft begnadigt.
1980	Karamanlís wird Staatspräsident.
1981	Griechenland wird zehntes Mitglied der Europäischen Gemeinschaft (EG), gegen den Widerstand der PASOK. Diese gewinnt im Oktober die Parlamentswahlen und stellt für acht Jahre die Regierung.
April 1990	Die *Néa Dimokratía,* jetzt unter dem ehemaligen liberalen Politiker Konstantínos Mitsotákis, gewinnt Parlamentswahlen.
1993	PASOK kehrt unter Andréas Papandréou nach vorzeitigen Neuwahlen an die Macht zurück.
1996	Kóstas Simítis wird Nachfolger von Andréas Papandréou als Regierungschef und PASOK-Vorsitzender.
1996	Militärischer Zwischenfall in der Ägäis bringt Griechenland und die Türkei an den Rand eines Krieges.
2001	Griechischer Beitritt zur Eurozone.
2004	Jórgos Papandréou Nachfolger von Kóstas Simítis als Vorsitzender der PASOK. Sieger

der Parlamentswahlen wird Kóstas Karamanlís. Griechenland ist zum zweiten Mal
nach 1896 Gastgeber der Olympischen
Sommerspiele.

2009   Wahlsieg der PASOK, Jórgos Papandréou
Regierungschef.

2010   Griechische Schuldenkrise, Milliarden-
kredite zur Abwendung des Staatsbank-
rotts. Griechenland unter Aufsicht der
»Troika« (Vertreter der Europäischen
Kommission, der Europäischen Zentralbank und des Weltwährungsfonds),
die Stabilitätsprogramme kontrollieren.

2011   Regierung beschließt eine Reihe von
drastischen Sparmaßnahmen, Bevölkerung
reagiert mit Massenprotesten und Streiks
auf Sozialabbau und Steuererhöhungen.

Juli 2011   EU-Sondergipfel, zweites Rettungspaket
verabschiedet (109 Milliarden Euro von
Euro-Rettungsfonds EFSF und Internationalem Währungsfonds IWF bis 2014
zugesagt), weitere Sparpakete beschlossen.

November   Griechische Staatsschulden steigen auf
2011   157,7 Prozent des Bruttoinlandsproduktes,
Arbeitslosenquote 16,7 Prozent. Regie-
rungskrise, Ministerpräsident Papandréou
tritt zurück. Übergangsregierung unter
Einbindung der oppositonellen ND und der
ultrarechten LA.O.S.-Partei. Regierungschef wird der Ex-Vizechef der Europäischen
Zentralbank (EZB) Loukás Papadímos.

Zur Transkription und Aussprache griechischer Namen und Begriffe

International verbindliche Transkriptionsregeln haben sich für das Neugriechische noch nicht eingebürgert. Man findet daher auf Ortsschildern, Speisekarten und sonstwo die verschiedensten Schreibweisen, mitunter auch komische. Wir sind in diesem Buch nach folgendem Prinzip verfahren:

Mehrsilbige Wörter erhalten entsprechend den heute gültigen griechischen Regeln auf der betonten Silbe einen Akzent. Das ist zur Vermeidung von Verwechslungen durchaus von Bedeutung.

Die Transkription folgt weitestmöglich folgenden Regeln:

Der Doppelvokal $\alpha\iota$ wird *e* ausgesprochen und geschrieben, bei Eigennamen behalten wir aber das *ai* bei, $\Phi\varepsilon\rho\alpha\iota\varsigma$ = Feraios.

$O\iota$ und $\varepsilon\iota$ werden zu *i*. Das *Y*/υ (Ypsilon) wird gewöhnlich als *y* geschrieben, aber wie ein deutsches *i* gesprochen. Vor Konsonanten kann es aber zum einem *f* werden (Beispiel: $E\lambda\varepsilon\upsilon\theta\acute\varepsilon\rho\iota\varsigma$ = *Elefthérios*) oder zum *v* (Beispiel $\Pi\alpha\acute\upsilon\lambda\varsigma$ = *Pávlos*), desgleichen vor einem α (alpha) oder ε (epsilon), Beispiel: $E\upsilon\alpha\gamma\gamma\acute\varepsilon\lambda\iota\nu$ = *Evangélion*). Der häufige Doppelvokal υ wird *u* gesprochen, wir behalten aber die international verbreitete Schreibweise *ou* bei, aus dem $\upsilon\acute\zeta$ wird also * oúzo*.

Der (als stimmloses, »scharfes« *s*) ausgesprochene Buchstabe Σ σ *(sigma)* wird anlautend als *s* geschrieben, in der Wortmitte aber als Doppel-*s*, aus $\kappa\rho\alpha\sigma\acute\iota$, dem Wein, wird *krassí*. Der Buchstabe ζ/Z wird, einer internationalen Gepflogenheit folgend, als *z* geschrieben, gesprochen wie ein stimmhaftes *s,* wie im deutschen Wort »Sause«. Θ/θ wird wie ein englisches stimmloses *th* (wie in *thousand*) gesprochen, und auch so geschrieben, $\Theta\acute\alpha\sigma\varsigma$ also *Thássos*; Δ δ wird wie ein englisches stimmhaftes *th* (wie in *that*) gesprochen, wir behalten es als *d*. Als *d* wird aber auch der in Fremdwörtern enthaltene griechische Doppelkonsonant *ντ* transkribiert, in seltenen Fällen, wie bei der beliebten türkischen Speise *ντολμάδες* (*dolmádes*) haben wir es dann mit einem *d* und einem *th* zu tun. Der Doppelkonsonant *μπ*, den Griechen brauchen, um den im neugriechischen Alphabet nicht vorhandenen Laut *b* in Fremdwörtern wiederzugeben, wird in der Transkription wieder zum *b*, aus *μπουζούκι* wird *bouzoúki*, aus *ρεμπέτικο* wird *rebétiko (fälschlich oft: rembétiko)*. *Γ/γ* wird vor *e* und *i* als *j* gesprochen, wir behalten aber die Schreibweise *g* bei. Ágios ist dann also *ajios* auszusprechen, Germanós wie *jermanós*. Ausnahmen: die häufigen Vornamen Giórgos und Giánnis haben sich fest als Jórgos und Jánnis eingebürgert, dass wir dabei bleiben.

Etwas kompliziert kann es werden mit aus antiken Zusammenhängen vertrauten geographischen Begriffen wie *Euböa*, was neugriechisch wie *Évvia* ausgeprochen wird, oder mit *Mytilene*, heute ausgesprochen *Mitilíni*, auch mit Namen wie *Odysseus/Odissévs*, *Olympia/Olimbía* etc. Hier wird in vielen Fällen die vertraute Schreibweise beibehalten, auch wenn es zu fehlerhafter Aussprache führen kann. Auch bleibt es bei *Athen* statt *Athína*, *Korfu* statt *Kérkyra*, ganz ohne Ausnahme geht es eben nicht. Auch bei Eigennamen: *Mános Hadjidákis* müssten wir streng genommen *Chatzidákis* schreiben, aber der Komponist schrieb sich halt stets anders. Und wenn einmal zu Demonstrationszwecken (»das alte Griechenland im neuen«) das altgriechische Wort für Weinkellerei erwähnt wird, machen wir aus dem *οινοποιείον* ein *oinopoieíon*, gesprochen wird's aber *inopiíon*.

Einige Leseempfehlungen

Einen guten historischen Überblick gibt Richard Clogg mit seiner *Geschichte Griechenlands im 19. und 20. Jahrhundert: Ein Abriß*, erschienen bei Romiosini, Köln 1997. Wesentlich ausführlicher wird Heinz A. Richter mit dem großangelegten Geschichtswerk *Griechenland im 20. Jahrhundert;* erschienen ist bisher Band 1: *Megali Idea – Republik – Diktatur. 1900–1940,* wiederum bei Romiosini. Eine gut lesbare, kursorische Einführung in die neugriechische Geschichte enthält Hubert Eichheims Buch *Griechenland: Geschichte und Gegenwart,* München (C. H. Beck) 2006, darin auch eine verständliche Darstellung des komplizierten seerechtlichen Hintergrunds der griechisch-türkischen Auseinandersetzungen um die ägäischen Hoheitsgewässer. Zu diesem Thema sei auch empfohlen Niels Kadritzke: »Der Streit um die Ägäis: Luftraum, Hoheitsgewässer und Meeresboden« in: *Le Monde Diplomatique* vom 11. Oktober 1996.

Wer sich ausführlicher über die Geschichte der deutschen Okkupation in Griechenland informieren möchte, dem seien aus der umfangreichen Literatur drei ausgewählte Titel empfohlen: Immer noch das Standardwerk ist *Im Kreuzschatten der Mächte. Griechenland 1941–1944* von Hagen Fleischer, erschienen im Verlag Peter Lang, Frankfurt am Main 1986. Zum zweiten eine Fallstudie: Die Monographie über die neben der Waffen-SS schlimmste Truppe, die in Griechenland gewütet hat, ist unter dem Titel *Blutiges Edelweiß. Die 1. Gebirgsdivision im Zweiten Weltkrieg* im Ch. Links Verlag, Berlin 2008, erschienen, verfasst von dem 2009 bei einem Unfall ums Leben gekommenen Hermann Frank Meyer. Als drittes: In der Reihe »Osnabrücker Schriften zur Rechtsgeschichte« gibt es die 650 Seiten starke Dissertation von Anéstis Néssou *Griechenland 1941–1944. Deutsche Besatzungspolitik und Verbrechen gegen die Zivilbe-*

völkerung – eine Beurteilung nach dem Völkerrecht, V&R uni-press, Göttingen 2009. Hier enthalten ist auch eine profunde Darstellung der Entschädigungsfrage. Außerdem widmet sich der Autor der Frage der je unterschiedlichen juristischen Aufarbeitung der Kriegsverbrechen durch die alliierte, die bundesrepublikanische und die DDR-Justiz. Was die einschlägige »Rechtsfindung« in der Bundesrepublik angeht, so konstatiert Néssou hier »ein Desinteresse an der Durchsetzung des Rechts, das als Angriff auf den Rechtsstaat aus seinem Inneren heraus verstanden werden kann«.

Einer besonderen deutschen »Hinterlassenschaft« der Besatzungszeit hat sich Kerstin Muth in ihrem 2008 im Leipziger Eudora-Verlag erschienenen Band *Die Wehrmacht in Griechenland – und ihre Kinder* gewidmet, ein (nicht nur in Griechenland) lange verdrängtes Geschichtskapitel. Und ein Stück *oral history* hat Christoph Schminck-Gustavus beim Verlag Wallstein (Göttingen 2010) vorgelegt mit dem Band: *Winter in Griechenland. Krieg – Besatzung – Shoah 1940–1944.* Dringend zu empfehlen ist allen, die sich für die Geschichte der jüdischen Gemeinde von Thessaloniki interessieren (und jeder Deutsche sollte das tun), das vom Romiosini-Verlag in deutscher Sprache vorgelegte Bändchen *Jüdische Orte in Thessaloniki.* Ein historischer Rundgang, verfasst von Réna Mólho und Vílma Hastáoglou-Martinídis.

Um den griechischen Bürgerkrieg und seine Vorgeschichte kreisen zwei aus unterschiedlicher Sichtweise geschriebene Dissertationen: zum einen die 620 Seiten starke Arbeit von Heinz A. Richter *Griechenland zwischen Revolution und Konterrevolution (1936–1946),* Heidelberg 1973, und die Studie von Matthias Esche *Die Kommunistische Partei Griechenlands 1941–1949* (München/Wien 1982).

Aus der Fülle der deutschsprachigen Publikationen zum Obristenputsch hier nur einige der frühen Titel: Zum ersten Jahrestag des Putsches erschien im Bonner Verlag Studentenschaft die von Eberhard Rondholz zusammengestellte Dokumentensammlung *Griechenland. 21. April 1967.* Ebenfalls im Frühjahr 1968 erschien bei Kiepenheuer & Witsch das Buch *Soldaten gegen Demokraten. Militärdiktatur in Griechenland* von Ansgar Skriver; es folgte 1969 in der edition suhrkamp der Sammelband *Die verhinderte Demokratie: Modell Grie-chenland,* herausgegeben von Mários Nikolinákos und Kóstas Nikoláou, das unter anderem ein Brevier griechischer Résis-tancegeschichte aus der Feder des heutigen griechischen Staats-präsidenten Károlos Papoúlias enthält.

Das Buch *Meilensteine deutsch-griechischer Beziehungen,* hrsg. von Wolfgang Schultheiß und Evángelos Chrysós, ver-sammelt auf 380 Seiten die Referate eines Athener Symposions vom April 2010, eine Menge interessante Beiträge zum Thema vom frühen 19. Jahrhundert bis in unsere Tage. Darin sei be-sonders zur Lektüre empfohlen der Beitrag von Sigrid Skarpe-lis-Sperk »Griechenland und Deutschland. 40 Jahre persönliche und politische Erfahrungen«. Eine Fülle nützlicher Vorträge, ge-halten auf einer Tagung in Osnabrück im Mai 2007, enthält der von Chryssoúla Kambás und Marilísa Mítsou herausgegebene Band *Hellas verstehen. Deutsch-griechischer Kulturtransfer im 20. Jahrhundert,* Böhlau-Verlag, Köln, Weimar, Wien 2010. Ei-nige Titel mehr zur neugriechischen Geschichte finden sich auf der Webseite des Autors unter der Überschrift *Griechenland 1821–2010. Ein bibliographischer Streifzug* (www.rondholz.de).

Die neugriechische Literatur von Pávlos Tzérmias, erschie-nen 1987 im Francke Verlag, Tübingen, ist eine bewährte Ein-führung in dieses Thema. Nicht nur regionale Informationen über Geschichte und Gegenwart des griechischen Weinbaus fin-den sich in dem Bändchen *Mazedonische Weinstraßen. Ein Füh-rer zu den Weingärten Nordgriechenlands* von Eberhard und Peter Rondholz (zu beziehen über www.mak-wein.de). Wer hinter dem Titel *Zimt in der Suppe. Überraschendes Griechen-land* (erschienen beim Rotpunkt Verlag, Zürich 2008) einen Wegweiser durch die griechische Küche erwartet, sieht sich ge-täuscht und wird tatsächlich überrascht, mit einer Menge Infor-mationen, die nicht überall stehen, u. a. einem konzisen Kapitel über Griechenlands dunkle Jahrzehnte von der Metaxas-Dikta-tur bis zum Putsch der Obristen. Zum Schluss noch eine Film-Empfehlung: den im Buch ausführlich besprochenen Dokumen-tarfilm »Ein Lied für Argýris« von Stefan Haupt gibt es auch als DVD.

Basisdaten

Fläche: 132 000 km², davon Festland: 107 000 km²; rund 3000 Inseln, davon bewohnt ca. 100, auf 78 Inseln leben mehr als 100 Einwohner.

Bevölkerung: ca. 11,3 Millionen; davon Ausländer (registriert) ca. 1 Mio, ohne Papiere rund eine halbe Million

Bevölkerungswachstum: 0,16 %

Geburtenrate: 1,4 Kinder pro Frau

Lebenserwartung: Frauen 80,5 Jahre, Männer 76,6 Jahre

Verwaltungsstruktur: 13 Regionen, 53 Präfekturen (Nomarchien)

Hauptstadt: Athen, 4,5 Mio Einwohner (Großraum Athen-Piräus u. Attika)

Weitere Großstädte: Thessaloníki (397 000 Einwohner), Patras (211 000), Heraklion (137 000), Ioannina (103 000)

Landessprache: Griechisch. Minderheitensprachen: offiziell anerkannt türkisch (in Westthrazien), außerdem slawomazedonisch, vlachisch, albanisch (arvanitisch).

Religionen: griechisch-orthodox (98 % der Bevölkerung). Sonstige: Muslime ca. 130 000; Katholiken und Protestanten ca. 50 000 (offizielle Angaben); Juden ca. 6500

Bruttoinlandsprodukt (BIP): 222,8 Mrd. € (2011, Schätzung)

Staatsverschuldung: 157,7 % (2011, Schätzung)

Politisches System: Parlamentarische Demokratie (Verfassung von 1975); Einkammersystem, das Parlament (»Voulí«) hat 300 Abgeordnete, davon (nach Wahlergebnis 4. Oktober 2009) PASOK (Panellínio Sossialistikó Kínima / Panhellenische Sozialistische Bewegung) 160 Sitze (43,92 % der Stimmen), ND (Néa Dimokratía / Neue Demokratie) 91 Sitze (33,48 %), KKE (Kommounistikó Kómma Elládas / Kommunistische Partei Griechenlands) 21 Sitze (7,54 %), LA.O.S (Laikós Orthódoxos Synagermós / Völkisch-Orthodoxe Sammlung) 15 Sitze (5,63 %), SYRIZA (Synaspismós Rizospastikís Aristerás / Bündnis der Radikalen Linken) 13 Sitze (4,6 %)

Staatspräsident: Károlos Papoúlias

Ministerpräsident: Loukás Papadímos

Größte Inseln: Kreta (8331 km²), Euböa (3660 km²), Lesbos (1634 km²), Rhodos (1408 km²)

Höchster Berg: Mýtikas (2917 m), ein Gipfel des Olymp

Flüsse: Aliákmonas (297 km), Achelóos (217 km)

Quellen: Griechische Botschaft Berlin, Presse- und Informationsbüro; Eurostat.